Romanik im Heiligen Land

MCMXC
ZODIAQUE

Paul Deschamps

Romanik im Heiligen Land

Burgen und Kirchen der Kreuzfahrer

zodiaque – echter

Titelbild des Schutzumschlags: *Der Krak des Chevaliers, West- und Südseite*
Umschlag Rückseite: *Der Krak des Chevaliers, Esplanade mit Innenhof*

Dank

Die meisterhaften Schwarzweißaufnahmen dieses Kunstbildbandes erlangen ihre volle Brillanz erst durch die Anwendung des heute selten gewordenen Druckverfahrens der Heliogravüre (Kupfertiefdruck). Diese Technik ermöglicht die volle Ausspielung der Schwarzweißnuancen in der Fülle des Lichtes wie in der Tiefe des Schattens. Trotz des relativ hohen Kostenaufwandes, der mit diesem hochwertigen Verfahren verbunden ist, hat der Kupfertiefdruck bei Zodiaque-Echter Tradition. Da er immer seltener Anwendung findet, fühlen wir uns verpflichtet, der Druckerei Hautes-Vosges in Saint-Dié besonderen Dank zu sagen.

Übersetzung ins Deutsche: Eva Wiesmann
Fotos: Zodiaque, außer 101 (Archiv der Weißen Väter, Jerusalem) sowie 128 und 129 (Nazar Bannayan)

(2. französische Auflage 1990 bei Zodiaque, La Pierre-qui-Vire)

Der Bildteil wurde in Frankreich gedruckt.
Satz und Druck des Textteils sowie buchbinderische Verarbeitung:
Echter Würzburg, Fränkische Gesellschaftsdruckerei und Verlag GmbH
ISBN 3-429-01435-2

Inhalt

KIRCHEN

SKULPTUREN

Einführung

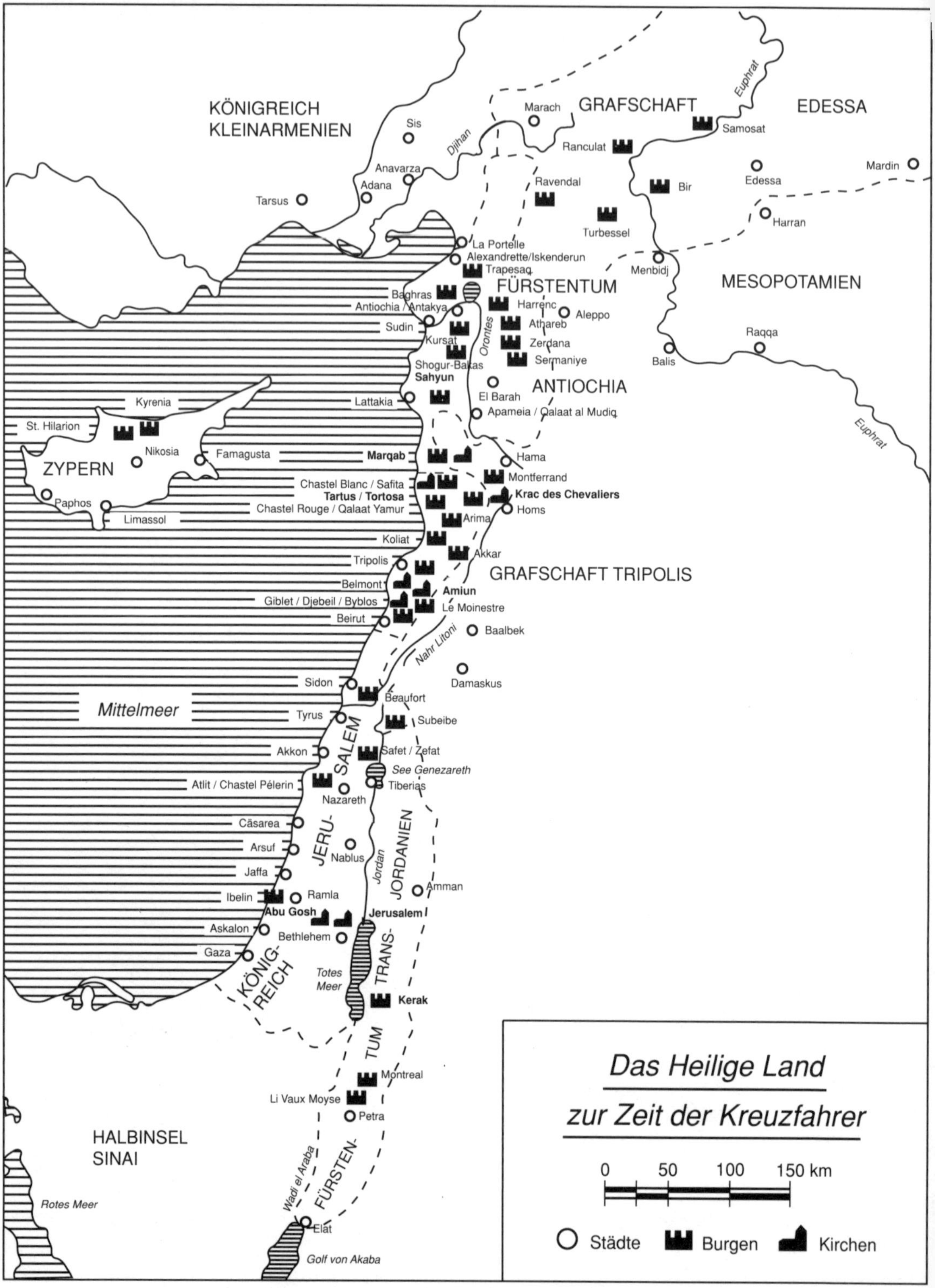
KÖNIGREICH
KLEINARMENIEN
GRAFSCHAFT
EDESSA
Euphrat
Marach
Sis
Djihan
Samosat
Ranculat
Anavarza
Adana
Tarsus
Mardin
Edessa
Bir
Ravendal
Turbessel
Harran
La Portelle
Alexandrette/Iskenderun
Trapesaq
Menbidj
FÜRSTENTUM
MESOPOTAMIEN
Baghras
Antiochia / Antakya
Harrenc
Aleppo
Sudin
Athareb
Kursat
Orontes
Zerdana
Raqqa
Sermaniye
Balis
Shogur-Bakas
Sahyun
ANTIOCHIA
El Barah
Kyrenia
Lattakia
Apameia / Qalaat al Mudiq
St. Hilarion
Euphrat
Nikosia
Famagusta
Marqab
Hama
ZYPERN
Montferrand
Chastel Blanc / Safita
Tartus / Tortosa
Krac des Chevaliers
Paphos
Chastel Rouge / Qalaat Yamur
Homs
Limassol
Arima
Koliat
Akkar
Tripolis
GRAFSCHAFT TRIPOLIS
Belmont
Amiun
Giblet / Djebeil / Byblos
Le Moinestre
Beirut
Baalbek
Nahr Litoni
Damaskus
Sidon
Beaufort
Mittelmeer
Tyrus
Subeibe
Akkon
Safet / Zefat
See Genezareth
Atlit / Chastel Pélerin
Tiberias
Nazareth
Cäsarea
Arsuf
Nablus
JERU-
SALEM
Jaffa
Jordan
JORDANIEN
Amman
Ibelin
Ramla
Abu Gosh
Jerusalem
Askalon
Bethlehem
TRANS-
Gaza
KÖNIG-
REICH
Totes
Meer
Kerak
TUM
Montreal
Li Vaux Moyse
Petra
HALBINSEL
SINAI
Wadi el Araba
FÜRSTEN-
Rotes Meer
Elat
Golf von Akaba
Das Heilige Land
zur Zeit der Kreuzfahrer
0
50
100
150 km
Städte
Burgen
Kirchen

Das Heilige Land zur Zeit der Romanik

Galiläa ist die Wiege des Evangeliums. Doch rasch breitete sich das neue Gesetz entlang der gesamten Mittelmeerküste aus. Die Bekehrung Kaiser Konstantins zum christlichen Glauben sowie die Gesetzgebung Kaiser Theodosius', der das Christentum zur alleinigen Staatsreligion des römischen Reiches erhob, begünstigten später die Weitervermittlung der christlichen Religion auch in östlicher gelegenen Teilen des Morgenlandes, in denen noch viele heidnische Kulte fest verwurzelt waren. Kaiser Konstantin ließ über dem Grab Jesu eine Rundkirche, die sogenannte *Anastasis*, errichten und verband sie mit dem in ein Atrium integrierten Golgathafelsen. Den Abschluß der Anlage im Osten bildete eine große fünfschiffige Basilika, das dem Andenken der Passion geweihte *Martyrion*. Die Gemahlin des oströmischen Kaisers Theodosius II., Eudokia, ließ die heiligen Stätten des Gelobten Landes im 5. Jahrhundert mit weiteren Sakralbauten schmücken, und der byzantinische Kaiser Justinian erweiterte um 540 die von Konstantin in Bethlehem errichtete Geburtskirche um eine Dreikonchenanlage.

Während dieser Zeit wurden im reichen und verhältnismäßig dicht besiedelten Syrien zahlreiche Kirchen, Baptisterien, Mausoleen und großangelegte Klöster gebaut, deren imposante Überreste die Reisenden noch heute in Erstaunen versetzen. Von den Bauwerken im Djebel Seman zwischen Antiochia/Antakya und Aleppo ist vor allem das Pilgerheiligtum von Qalaat Seman (Simeonskloster) hervorzuheben, eine gewaltige Anlage, deren vier Kirchen kreuzförmig um die Säule des heiligen Simeon angeordnet wurden. Im Djebel Barisha erheben sich der Klosterkomplex Deir Turmanin sowie die Basiliken von Qalb Lhose, Baqirha, Behio und Deir Seta. Südlich dieser beiden Bergketten, etwa in der Höhe der Brücke von Shogur (Djisr esh Shogur) über den Orontes, im Djebel Zauiye liegen die Basilika von Ruweiha und das Mausoleum von Dana. Und im Hauran-Gebirge, östlich des Sees Genezareth, schließlich finden wir die Kirche von Qanawat (4. Jahrhundert), das Kloster von Shakka (5. Jahrhundert) und die Kirchen von Ezraa und von Bosra (Anfang des 6. Jahrhunderts).

Im Jahre 636 wurde das Heer des byzantinischen Kaisers Herakleios von den Muslimen in einer großen Schlacht am Yarmuk geschlagen. Palästina und Syrien waren damit dem Islam ausgeliefert. Im Jahre 638 besetzte der Kalif Omar Jerusalem, und ab diesem Zeitpunkt wurden die ehemals christlichen Regionen und mit ihnen die herrlichen Kirchenbauten aus der frühchristlichen Zeit vernachlässigt und zunehmend sich selbst überlassen. Erst als die Kreuzfahrer das Heilige Land zurückeroberten, gewannen die alten Sakralbauten wieder an Bedeutung. Neben den abendländischen Kirchen dienten sie, sowohl hinsichtlich der Architektur als auch was die Ausschmückung anbelangt, als Vorbilder für die neuen christlichen Kirchen.

In Palästina gewährleistete Omar den Christen, wenn auch nur gegen Zahlung einer Abgabe, die Sicherheit ihres Eigentums und die Freiheit der religiösen Betätigung. In Jerusalem ließ er sie sogar ihren Glauben in der Grabeskirche und an der Stätte des heiligen Abendmahles praktizieren.

In der Folgezeit wechselten Jahre der Toleranz mit Jahren der Bekämpfung ab. Ende des 8. Jahrhunderts wurde das Land von den im fernen Bagdad residierenden Abbasiden beherrscht. Karl der Große schickte im Jahre 797 eine Gesandtschaft zum Kalifen Harun al Rachid, der dem abendländischen Kaiser die Schutzherrschaft über die in Palästina ansässigen Christen gewährte. Daraufhin beorderte Karl der Große eine Gruppe von Benediktinermönchen nach Jerusalem, die dort die Kirche Santa Maria Latina sowie ein Hospiz für die fränkischen Pilger gründeten. Nach und nach konnten alle Christen, die auf muslimischem Boden lebten, von der Großzügigkeit des Kaisers profitieren.

Die Einnahme Palästinas durch die ägyptischen Fatimiden im Jahre 969 änderte an der Situation der Christen zunächst nur wenig. Erst unter dem Fatimidenkalifen el Hakim (1009–1020), Sohn einer Christin und auch christlich erzogen, wurden sie, wie auch die Juden, grausam verfolgt.

Im Jahre 1070 eroberten dann die türkischen Seldschuken das Land und bemächtigten sich in den Jahren 1076/1077 auch der Heiligen Stadt Jerusalem; dort schändeten sie die schon zuvor wiederholt schwer beschädigte, doch immer wieder ausgebesserte beziehungsweise neu aufgebaute Grabeskirche.

Im Laufe des 11. Jahrhunderts kamen abendländische Pilger in sehr großer Zahl ins Heilige Land. Doch die Muslime zeigten sich den frommen Reisenden gegenüber immer feindseliger. Viele Pilger, die das Gelübde abgelegt hatten, diese anstrengende und gefährliche Reise zu unternehmen, sahen sich daher gezwungen, sich trotz des friedlichen Charakters ihrer Mission mit Waffen auszurüsten. Und diejenigen, die nach geraumer Zeit in ihr Heimatland zurückkehrten, erzählten von den zahllosen Gefahren, denen sie mit knapper Not entkommen waren, und von belästigten, ausgeraubten oder sogar kaltblütig ermordeten Weggefährten.

Dies alles brachte die Gemüter in Erregung und trug dazu bei, die Kreuzzugsidee entstehen zu lassen, die bereits Papst Gregor VII. propagiert hatte. Ihr Ziel war die Zurückeroberung des Landes, in dem Christus auf die Welt gekommen war und in dem er gepredigt und Wunder gewirkt hatte.

Als ein weiterer Auslöser der Kreuzzüge ist die schwere Bedrohung des byzantinischen Reiches durch die Türken zu sehen, die in den gleichen Zeitraum, nämlich in das ausgehende 11. Jahrhundert, fällt. Cäsarea in Kappadokien war bereits im Jahre 1068 eingenommen worden, und Nicäa fiel im Jahre 1081. Antiochia schließlich, die glorreichste christliche Stadt des Morgenlandes nach Jerusalem, wurde 1085 von den Ungläubigen überrollt. – Dazu kommt, daß das Christentum auch auf der anderen Seite des Mittelmeeres, nämlich durch das Einfallen der Mauren in Spanien, angegriffen wurde. Wäre nun auch Konstantinopel gefallen, so wäre ganz Europa in Gefahr gewesen.

Die Stunde des ersten Kreuzzugs ins Heilige Land hatte geschlagen. Die Idee war in der Zwischenzeit in Frankreich herangereift; sie wurde von Papst Urban II. begeistert aufgegriffen und nahm immer konkretere Züge an. Sowohl der Adel als auch das einfache Volk hatten sich darauf eingestellt. Zahlreiche Feudalherren, Bischöfe und Äbte hatten aus dem Heiligen Land Reliquien mitgebracht, die mit Inbrunst verehrt wurden. Die Pilgerfahrten waren organisiert, die Wege bekannt, die Etappen lagen fest, und es standen Hospize zur Aufnahme der frommen Reisenden bereit. Nach der Bekehrung der Ungarn zu Beginn des 11. Jahrhunderts war auch die Route entlang der Donau nicht mehr so gefährlich, und damit stand dem ersten Kreuzzug nichts mehr im Wege.

Wie man weiß, hat sich das von Gottfried angeführte Heer im Mai 1097 mit anderen Kreuzzugstruppen in Konstantinopel vereint und ist durch Kleinasien hinunter nach Palästina gezogen. Nach langer Belagerung nahm es Antiochia ein, verjagte die Muslime in Syrien und im Libanon von einigen wichtigen strategischen Punkten und zog nach mehreren heftigen Vorstößen am 15. Juli 1099 endlich in Jerusalem ein.

Nach der Eroberung der Heiligen Stadt, dem Hauptziel des sowohl religiösen als auch militärischen Unternehmens, dem die Christenheit mehrere Jahre lang entgegengefiebert hatte, kehrte die Mehrzahl der Kreuzfahrer nach Europa zurück.

Einige Heerführer ließen sich jedoch mit ein paar hundert Rittern und bewaffneten Kriegern im eroberten Land nieder, festigten ihre Macht und dehnten im Laufe der Zeit ihren Einflußbereich weiter aus. Auf diese Weise entstanden die christlichen Kreuzfahrerstaaten, die sich entlang der ganzen Ostküste des Mittelmeeres über ungefähr 700 Kilometer vom Golf von Iskenderun bis zu den Grenzen der ägyptischen Wüste erstreckten.

Nur zwei große Hafenstädte in dieser langen Küstenzone, Tyrus und Askalon/Aschkelon, hatten den Angriffen der Kreuzfahrer standzuhalten vermocht und wurden von der ägyptischen Flotte weiterhin mit Nachschub und Vorräten versorgt. Die erste von ihnen, Tyrus, kam dann im Jahre 1124 in fränkische Hand. Askalon dagegen schien uneinnehmbar, und die Garnison der Stadt fiel häufig in Judäa ein. Um diesem Übel Einhalt zu gebieten, wurde die Stadt mit einem Ring von Festungen umgeben. Im Jahre 1153 wurde schließlich auch Askalon erobert.

Einige Jahre nach dem Ende des ersten Kreuzzugs waren die Sarazenen auf die Ostseite des eroberten Gebiets, nach Damaskus, Homs, Hama und Aleppo zurückgedrängt, also jenseits der großen, in Nord-Süd-Richtung verlaufenden Täler, die von parallelen Bergketten wie dem Libanon und dem Antilibanon eingefaßt werden.

Der Orontes, der Nahr Litani, der Jordan, das Tote Meer und das Wadi el Araba haben sich ihr Bett in der großen syrischen Senke gegraben, die die natürliche Grenze der fränkischen Staaten bildete. Nur während der ersten Eroberungszeit hat sich das fränkische Territorium in einigen Bereichen auch über diese Senke hinaus nach Osten erstreckt.

Das große Kreuzfahrerreich war in vier Staaten unterteilt:

Den ersten bildete die *Grafschaft Edessa*, die im Westen und im Osten des Euphrat einen Teil von Kilikien und Mesopotamien einnahm und sich bis nach Mardin in einer Entfernung von 150 Kilometern von Edessa erstreckte.

Das *Fürstentum Antiochia* war der zweite Kreuzfahrerstaat. Sein Gebiet reichte über den Orontes hinaus bis in die Nähe von Aleppo.

Die *Grafschaft Tripolis*, der dritte Staat im Reich, war mit dem Tal des Orontes und den muslimischen Städten Homs und Hama durch ein fruchtbares, zwanzig Kilometer langes Tal verbunden, das die letzten Ausläufer des Libanon von einer anderen, weiter nördlich gelegenen Bergkette, dem Djebel al Ansariye, auch Alawitengebirge genannt, trennt. Auf einem Vorberg dieses Djebel entstand die mächtigste aller Kreuzfahrerfestungen, der Krak des Chevaliers, der den Zugang zum christlichen Gebiet gegen die Sarazenen verteidigte.

Der vierte Kreuzfahrerstaat schließlich war das *Königreich Jerusalem*, das einige Kilometer im Norden von Beirut an die Grafschaft Tripolis angrenzte und sich in südlicher Richtung an der Mittelmeerküste entlang bis zur nördlichen Sinaihalbinsel hinzog. Es nahm also den Süden des Libanon ein, den der Nahr Litani von den Ebenen von Galiläa trennt (jenseits des Sees Genezareth besaß es eine Zeitlang ein Territorium an den Ufern des Yarmuk), und hatte sein Kerngebiet in Samaria und Judäa.

Bald schon weitete das Königreich seinen Herrschaftsbereich auch auf die Gebiete Edom und Moab aus, die es in einem großem Lehen, dem Land jenseits des Jordan oder Oultrejourdain (Transjordanien), vereinte. Das neue Lehen erstreckte sich von Norden nach Süden über eine Länge von 300 Kilometern und reichte damit von Amman/Ahamant, der Hauptstadt des heutigen Jordanien, bis zur Hafenstadt Elat/Aila am Roten Meer, in der vermutlich das biblische Ejlat zu sehen ist. Das Gebiet war sehr fruchtbar und stellte für das Königreich Jerusalem eine reiche Quelle dar. Darüber hinaus hatte es auch noch eine große Bedeutung für den Schutz des Reiches, denn es trennte die muslimische Welt in zwei Hälften: Syrien auf der einen und Ägypten und Arabien auf der anderen Seite. Im Jahre 1115 errichteten die Franken die Kreuzritterburg Montreal, und im Jahre 1142 bauten sie neben der stark befestigten Stadt Kerak eine weitere gewaltige und zum großen Teil noch erhaltene Festung. Von den Burgen auf den Hochebenen von Moab aus sollte der Derb el Hadj, eine sehr befahrene Karawanenstraße, überwacht werden, über die nicht nur viele Händler kamen, sondern auch große Pilgerscharen von Syrien nach Medina und Mekka zogen.

Ein Vierteljahrhundert nach dem ersten Kreuzzug herrschte Frieden in den Territorien der Kreuzfahrer, die einerseits ihre Landsleute dazu aufforderten, ebenfalls in das neue Gebiet zu kommen und sich dort niederzulassen, andererseits in ihren Ländereien aber auch muslimische Einheimische duldeten.

Der Mönch Fulcher von Chartres, der den Bruder Gottfried von Bouillons und ersten König von Jerusalem, Balduin I., auf all seinen Feldzügen als Kaplan begleitet hatte, konnte im Jahre 1125 begeistert schreiben: »Gott hat das Abendland zum Morgenland gemacht. Wer einst in Reims oder Chartres wohnte, ist heute Bürger von Tyrus oder Antiochia. Der eine besitzt in dem neuen Land bereits Häuser und Diener, der andere hat eine Einheimische, eine Syrerin oder gar eine Sarazenin geheiratet, die die Gnade der heiligen Taufe empfangen hat. Das Vertrauen führt die am weitesten voneinander entfernten Rassen zusammen ... Immer mehr von unseren Verwandten folgen uns ins neue Land. Denjenigen, der in seinem Land arm war, hat Gott hier reich gemacht. Warum soll ins Abendland zurückkehren, wer sich im Morgenland so wohlfühlen kann?«

In dieser Friedenszeit kamen immer mehr Pilger ins Heilige Land. Sie nahmen den Seeweg und legten bevorzugt im Hafen von Jaffa an, der Jerusalem am nächsten gelegen war. Manche Schiffe konnten 300 Passagiere befördern. Wenn der Wind günstig blies, brauchten sie von Marseille bis Jaffa nur achtzehn Tage.

Fast zwei Jahrhunderte lang befand sich das Heilige Land in den Händen französischer Adliger. Zu ihnen gehörten die beiden Söhne des Eustachius von Boulogne, Gottfried von Bouillon und Balduin I., König von Jerusalem, deren Cousin, Balduin II., Graf Fulko von Anjou und dessen Söhne und Enkel, die ihm auf den Thron von Jerusalem folgten, dann Guido von Lusignan aus Poitiers, Graf Heinrich aus der Champagne und Johann von Brienne, Graf aus der Marche. Französischer Nationalität waren auch die Tolosaner Grafen von Tripolis sowie die Herren von Courtenay, die im Heiligen Land die Herrschaft über die Grafschaft Edessa übernahmen, des weiteren die Fürsten von Antiochia, Raimund von Poitiers und seine Nachfahren. Und Franzosen waren schließlich auch die Herren über das Oultrejourdain, Roman von Le Puy, Philipp von Milly und Rainald von Châtillon.

Wenn diese tapferen Fürsten auch immer kampfbereit waren und mehrere von ihnen auf dem Schlachtfeld ihr Leben ließen, so lebte die Mehrzahl der sechs oder gar sieben Generationen abendländischer und vor allem französischer Familien doch lange Zeit in Reichtum und Wohlstand.

Zwar kam es des öfteren zu Auseinandersetzungen an den Grenzen im Landesinneren, doch dafür ließ es sich entlang der Küste recht angenehm leben. Die Franken verbesserten den Anbau in den fruchtbaren, küstennahen Ebenen, stellten Luxusartikel her und machten als Kaufleute ihr Geschäft. Der Handel zwischen dem Orient und dem Okzident blühte, die Häfen wurden oft angefahren, und die Städte waren reich und mit zahlreichen Kathedralen, Kirchen, Klöstern und prachtvoll verzierten Palästen bestückt. Als Beispiele brauchen nur Antiochia, Tartus/Tortosa, Tripolis, Beirut, Sidon, Tyrus, Akkon und Jaffa genannt zu werden.

Der Reisende Wilbrand von Oldenburg, der das Heilige Land im Jahre 1212 besuchte, beschrieb einen Saal im Schloß von Beirut: »Der Saal geht auf der einen Seite auf das Meer, auf der anderen auf die Gärten, die die Stadt umgeben. Sein Mosaikfußboden stellt eine durch eine leichte Brise gekräuselte Wasseroberfläche dar, und man ist beim Gehen ganz erstaunt, daß man keine Abdrücke im Sand auf dem Grund hinterläßt. Das Gewölbe ist dem Himmel nachempfunden ... Was für ausgezeichnete Dekorateure waren doch die Syrer, Sarazenen und Griechen. In der Mitte des Saales befindet sich ein Becken aus verschiedenfarbigem Marmor. Dort sprudelt aus einem Drachen ein Strahl klaren Wassers hervor, das aufgrund der zwischen den großen Fenstern zirkulierenden Luft im Raum eine köstliche Frische verbreitet.«

Von den herrlichen Residenzen des Hochadels ist leider nichts mehr übriggeblieben. Doch sind uns dafür aus der Kreuzfahrerzeit in den ehemals fränkischen Städten zahlreiche Sakralbauten erhalten, die eine starke Verwandtschaft mit der abendländischen Kunst spüren lassen.

Die fränkischen Sakralbauten aus der Zeit der Kreuzfahrer

Im 12. und 13. Jahrhundert war im Orient sowohl die romanische als auch schon die gotische Kunst vertreten. Baumeister, die über das Mittelmeer gekommen waren, hatten die Bautraditionen der Provence, des Rhônetals, Burgunds und der Ile-de-France mitgebracht und wollten die großen abendländischen Sakralbauten jener Zeit nachempfinden. Daneben griffen sie jedoch auch auf die Formen der bereits erwähnten Kirchen aus der frühen Zeit des Christentums in Syrien zurück. Ein Beispiel dafür ist die Fassade der Kathedrale von Beirut, die an die alte Basilika von Qalb Lhose und den Klosterkomplex Deir Turmanin erinnert.

Die Kreuzfahrer ließen in Jerusalem eine neue Grabeskirche und andere Kirchenbauten errichten, von denen hier nur die fast vollständig erhaltene Annenkirche angeführt werden soll. In Bethlehem bauten sie die Geburtskirche, die sie im Jahre 1169 mit herrlichen goldgrundigen Mosaiken versahen, und in Nazareth die Verkündigungskirche, die von Sultan Baibars im 13. Jahrhundert dem Erdboden gleichgemacht und erst in unserer Zeit wieder aufgebaut wurde. Von der letztgenannten Kreuzfahrerkirche wurden Anfang des 20. Jahrhunderts fünf von einem Bildhauer aus der Nähe von Bourges geschaffene, herrlich gearbeitete romanische Kapitelle entdeckt. – Weitere Kreuzfahrerkirchen sind die Bischofskirche von Hebron und die Johannesbasilika von Ramla, die heute in Trümmern liegenden Kirchen von Gaza und Sebastije, dem alten Samaria, sowie die Kirche von Tyrus, von der nur noch einige umgestürzte Säulen am Rande des Meeres übriggeblieben sind. Auch die von den Muslimen in eine Moschee umgewandelte Kathedrale von Beirut ist auf die Kreuzfahrer zurückzuführen, und in der Nähe der Ruinen von Byblos erhebt sich die Kreuzfahrerkathedrale von Giblet/Djebeil, deren feingliedriges Baptisterium italienische Einflüsse erkennen läßt (die Stadt gehörte zum Herrschaftsgebiet der Genuesen). Ähnlich ist es bei dem lombardischen Glockenturm der Kathedrale von Tripolis, den die Muslime in ein Minarett umfunktionierten. Außergewöhnlich gut erhalten ist die Kirche Notre-Dame von Tartus; in ihr verknüpfen sich romanische und gotische Stilelemente auf harmonische Weise. Weiterhin stammen aus der Kreuzfahrerzeit die freskenverzierte Kirche von Abu Gosh, die Kapelle von Amiun mit ihren byzantinischen Wandmalereien, die Abteikirchen von Montjoie und Belmont, bei denen man schon im Namen den französischen Einfluß erkennt, sowie die Kirchen in den Kreuzfahrerfestungen: in Castel-Blanc/Qalaat Safita, wo das untere Donjongeschoß noch immer eine christliche Kirche birgt, in Marqab und schließlich im Krak des Chevaliers, wo man die strengen Linien romanischer Kirchen aus der Provence wiederfindet und eine Galerie entdeckt, deren Maßwerk mit seinen zart sich öffnenden Rosen der Sainte-Chapelle entnommen zu sein scheint.

Wenn man Kairo, die heutige Hauptstadt Ägyptens, besichtigt, dann wird man sich wundern, in einer der Straßen der Stadt ein eindeutig französisches Portal aus dem 13. Jahrhundert zu finden. Es stammt von der Andreaskirche in Akkon, der Stadt, die sich dem Islam am hartnäckigsten widersetzte und erst im Jahre 1291 von Sultan el Ashraf Khalil eingenommen wurde. Nach dem Tod des Mamelukkensultans wurde das besagte Portal dann in seine Einzelteile zerlegt und auf dem Rücken von Kamelen von Akkon nach Kairo gebracht, wo man es wie eine Trophäe am Eingang des Sultangrabs wieder aufbauen ließ.

Die Kreuzritterburgen

Um die Sicherheit in ihren Staaten zu gewährleisten, haben die fränkischen Herrscher ein strategisch außerordentlich gut angelegtes Netz von Verteidigungsanlagen geschaffen. Zu diesem gehörten in erster Linie die mächtigen Höhenburgen, die sich auf einem durch einen tiefen Graben abgeschnittenen Bergrücken erhoben und von denen aus man Täler und Hügel überschauen konnte. Sie waren in der Regel von zwei großen Ringmauern umgeben, die eine ganze Garnison fassen konnten und sogar einen Zusammenzug mehrerer Truppen vor einer Schlacht möglich machten. Andere Burgen wiederum beherrschten die wichtigsten Straßen des Reiches und hatten hohe Wachtürme, auf deren oberer Plattform man ein großes Feuer zur Übermittlung von Nachrichten an andere Kreuzfahrerheere anzünden konnte. Es gab auch Türme, die auf einer Insel oder auf einem Felsen errichtet wurden und die die Einfahrt eines Hafens zu verteidigen hatten, sowie in der Ebene liegende Festungen, die den in die Schlacht ziehenden Heeren als Stützpunkt dienten. Letztendlich wurden auch in Felswände gehauene Grotten zu Kriegszwecken genutzt, da sie so gut wie unzugänglich waren und dabei einen guten Überblick über die Schachzüge des feindlichen Heeres boten. Von all diesen Verteidigungsanlagen ist uns, ob ihrer starken Mauern, die den Jahrhunderten zu trotzen vermochten, noch eine große Zahl erhalten geblieben.

Die Festungen sind von den Königen von Jerusalem und den anderen großen Landesherren errichtet worden, die jedoch bald einsehen mußten, daß sie weder über ausreichend Streitkräfte zur Einrichtung einer dauerhaften Garnison verfügten, noch genügend Möglichkeiten an der Hand hatten, um ihre Burgen auf lange Zeit im Verteidigungszustand zu halten. Das hatte zur Folge, daß die Kreuzritterburgen nach und nach den großen, zugleich militärischen und religiösen Orden übergeben wurden, die sich kurze Zeit nach der Eroberung des Heiligen Landes entwickelten und für die Verankerung des Christentums im Orient sorgten.

Die wichtigsten Kreuzritterfestungen – wie der an die Johanniter abgetretene, gegenüber von Homs gelegene Krak des Chevaliers, die Johanniterfestung Marqab an der großen Küstenstraße und die auf einem Hügel in Galiläa über der nach Damaskus führenden Straße plazierte Templerburg von Zefat/Safet – waren mit einer doppelten, starken Umfassungsmauer mit mächtigen Türmen ausgestattet. Im Laufe der zwei Jahrhunderte abendländischer Besetzung haben die im Heiligen Land tätigen Kriegsbaumeister ihre Verteidigungssysteme so sehr verbessert, daß sich die Baumeister Frankreichs und Englands nach der Rückkehr von den Kreuzzügen – und insbesondere vom dritten Kreuzzug – die im Orient beobachteten Fortschritte in der Kunst des Festungsbaus zunutze machten und die Burgen in ihrem Heimatland danach ausrichteten.

Es wurde bereits darauf hingewiesen, daß die großen, von Antiochia bis zum Golf von Akaba parallel zum Levantischen Becken verlaufenden Täler die natürliche Grenze der Kreuzfahrerstaaten bildeten, die aufgrund der Tiefe der Täler und der Höhe der sie auf beiden Seiten begrenzenden Bergketten auch am einfachsten verteidigt werden konnte. In dem Gebiet auf der anderen Seite dieser Grenze, in das die Franken beim ersten Kreuzzug ebenfalls vorgedrungen waren, konnten sie sich nur mit großer Mühe und auch nur eine kurze Zeit lang halten.

So wurde die alte christliche Stadt Edessa in Mesopotamien Graf Joscelin II. von Courtenay bereits im Jahre 1144 entrissen, was der Auslöser für den zweiten, mit einem Mißerfolg endenden Kreuzzug war. Die Frau Joscelins, die mutige Beatrix von Sahyun, konnte sich in der Stadt noch eine Zeitlang halten. Im Jahre 1150 mußte jedoch auch sie ihre Stellung räumen, ihre Mannen von den Festungen der Grafschaft abziehen und mit Unterstützung des Königs von Jerusalem, Balduin III., den Auszug der Familien ihrer Vasallen sowie der christlichen Bevölkerung der Stadt in das Fürstentum Antiochia gewährleisten.

Die Kreuzfahrer hatten zwischen Antiochia und Aleppo auch das fruchtbare Tal jenseits des Orontes besetzt. Doch mehrere Positionen wurden ihnen schon 1135 wieder genommen, während andere, wie Harim und die alte Stadt Apameia, erst kurz nach Edessa in die Hände der Muslime fielen.

Am 4. Juli 1187 trug der Ajjubidensultan Saladin in der Schlacht von Hattin in der Nähe des Sees Genezareth einen entscheidenden Sieg über das Heer des Königs von Jerusalem, Guido von Lusignan, davon. Er machte den König zu seinem Gefangenen und tötete eigenhändig den Herrn über das Oultrejourdain, Rainald von Châtillon, einen gefürchteten Gegner, der ihm mehrere schwere Niederlagen beigebracht hatte.

So schien an einem einzigen Tag das Werk eines ganzen Jahrhunderts zerstört. Palästina war ohne christliche Streitkräfte und konnte nicht mehr verteidigt werden. Saladin durchzog das Land als Triumphator. Am 2. Oktober übernahm er die Herrschaft über Jerusalem, und nach und nach fielen nahezu alle Städte der Region in seine Hand. Allein Tyrus hielt den muslimischen Angriffen stand. Im darauffolgenden Jahr unternahm Saladin einen Feldzug in den Norden des fränkischen Reiches und bezwang mehrere Festungen, darunter Qalaat Sahyun im Osten von Lattakia.

Die Burgen des Ostjordanlandes, Kerak und Montreal, leisteten dem Sultan besonders lange Widerstand. Doch durch den Hunger besiegt, ergaben sich ihre Ritter schließlich in den Jahren 1188 und 1189.

Die Kunde von der Einnahme Jerusalems und der wichtigsten christlichen Städte und Festungen des Heiligen Landes drang alsbald nach Europa durch und löste unter den Christen helle Empörung aus.

Zum dritten Mal sammelten sich die Truppen und zogen unter der Führung der Könige Philipp August von Frankreich und Richard Löwenherz von England sowie des Kaisers Friedrich Barbarossa ins Heilige Land. Der Kreuzzug brachte jedoch nur einen halben Erfolg, denn es gelang den abendländischen Heeren nicht, Jerusalem zurückzuerobern. Dafür fielen Akkon, Gaza, Jaffa und Askalon in christliche Hand, und Akkon wurde für genau hundert Jahre, von 1191 bis 1291, Hauptstadt eines wenn auch stark verkleinerten Königreichs Jerusalem.

König Ludwig IX., der Heilige genannt, hielt sich nach dem Mißerfolg seines Ägyptenkreuzzugs von 1250 bis 1254 in Palästina auf, um den dort ansässigen Christen neuen Mut zuzusprechen und unter großem Kostenaufwand die Festungen von Jaffa, Cäsarea, Akkon und Sidon zu erneuern. Ungefähr zehn Jahre später griffen die Muslime Palästina jedoch erneut massiv an, und Cäsarea mußte sich bereits im Jahre 1265 ergeben. Daraufhin organisierte der schwerkranke König einen weiteren Kreuzzug, der allerdings mit seinem Tod am 25. August 1270 in Tunis ein abruptes Ende nahm. Nach diesem traurigen Ereignis gaben die Staaten des lateinischen Orients jede Hoffnung auf Hilfe aus Frankreich auf, und noch im selben Jahr wurde Askalon von den Muslimen eingenommen. Im Jahr darauf bemächtigte sich Sultan Baibars des Krak des Chevaliers, der mächtigen Johanniterburg und wichtigsten fränkischen Festung an der Ostgrenze des Reiches, und im Jahre 1285 verlor der Johanniterorden auch die zwischen Tartus und Lattakia gelegene Festung Marqab. Tripolis fiel im Jahre 1289, und 1291 mußte schließlich Akkon seinen fünf Wochen dauernden hartnäckigen Widerstand aufgeben. Die Tempelritter schlugen sich in den schweren Straßengefechten wie Helden, bereit, für den Glauben zu sterben. Sie drängten die Sarazenen unter Einsatz ihres Lebens zurück, glaubten eine Zeitlang, die Stadt retten zu können, wurden dann aber selbst nach und nach aus Akkon hinausgetrieben und mußten dieses letzte große Bollwerk der Christenheit im Heiligen Land schließlich ganz den Andersgläubigen überlassen.

Der Fall Akkons bedeutete das Ende der Besetzung des Heiligen Landes durch die Franken. Zwei Monate später hatten sie an den Ufern des Levantischen Beckens keine einzige Stadt mehr in Besitz.

Die Kreuzfahrerstaaten im 12. und 13. Jahrhundert

Nach der Eroberung Jerusalems durch die Franken im Jahre 1099 und der Rückkehr der Truppen ins heimatliche Europa beschloß eine kleine Zahl von Kreuzfahrern, sich für immer im Orient niederzulassen. Als ihr Oberhaupt ernannten sie Gottfried von Bouillon, der zu bescheiden war, um sich zum König krönen zu lassen, und sich mit dem Titel *Advocatus Sancti Sepulchri* (Beschützer des Heiligen Grabes) begnügte.

Noch vor dem Aufbruch nach Jerusalem hatten sich zwei christliche Heerführer der Hoheitsrechte über ein weites Gebiet bemächtigt, das sie untereinander in zwei Staaten aufteilten. Balduin, der Bruder Gottfrieds von Bouillon, schuf in Kilikien und Mesopotamien die Grafschaft Edessa, und Bohemund von Tarent gründete südlich davon das Fürstentum Antiochia. Raimund von Saint-Gilles, ein dritter christlicher Heerführer, machte sich dann gegen Ende des ersten Kreuzzugs in den nördlichen Teil des eroberten Landes auf und schuf im Libanon die Voraussetzungen für einen weiteren Kreuzfahrerstaat, die Grafschaft Tripolis.

Mit seinem treuen Lieutenant Tankred, ungefähr 300 Rittern und ebenso vielen bewaffneten Männern plante Gottfried von Bouillon die Besetzung von ganz Palästina, wo er bislang nur einige Städte im Landesinnern und nur einen einzigen Hafen, die Stadt Jaffa, beherrschte. Doch starb er schon ein Jahr später, am 18. Juli 1100. Sein Bruder Balduin überließ daraufhin die Grafschaft Edessa seinem Vetter Balduin von Le Bourg und zog eilends nach Palästina, wo er an der Stelle

Gottfrieds zum Herrscher ernannt wurde und sich noch im selben Jahr zu Weihnachten in der Geburtskirche von Bethlehem zum König von Jerusalem krönen ließ.

Die vier als große Lehnsgebiete organisierten Kreuzfahrerstaaten des Heiligen Landes besaßen eine oligarchische Regierung, und die Entscheidungen des Königs mußten ihre Zustimmung durch die *Haute Cour*, die Versammlung der Kronvasallen, finden. Beim Tod des Königs wählte diese *Haute Cour* den Nachfolger, der vor ihr den Eid ablegen mußte, entsprechend der Assisen, der Gesetze und Gewohnheiten des Reiches, zu handeln. Die großen Landesherren verfügten über weitgehende Autonomie, und die Rolle des Königs war in erster Linie die eines Heerführers, der die für die Sicherheit in seinem Reich nötigen Feldzüge organisierte. Von den Königen von Jerusalem, die sich ihrer Funktion sehr bewußt waren, wurde denn auch das Bild überliefert, daß sie an der Spitze ihrer Truppen lange Ritte unternahmen, um einen bedrohten Teil des christlichen Reiches zu verteidigen.

Nachdem der König und seine Vasallen für die Sicherheit in den Küstenzonen gesorgt hatten, verlagerten sie ihre Eroberungszüge ins Landesinnere. Sie besetzten und befestigten die strategisch wichtigen Verteidigungsanlagen auf den Pässen und in den Tälern, über die die nach Osten zurückgedrängten muslimischen Gruppen erneut ins Land einzufallen drohten. Zur Verwirklichung ihrer imposanten Konstruktionen griffen sie sowohl auf ortsansässige Arbeitskräfte als auch auf die Hilfe der Pilger zurück, die nach dem siegreichen ersten Kreuzzug nun wieder in großen Scharen ins Heilige Land kamen. Die Mitarbeit am Bau der für die Verteidigung des Christentums wichtigen Festungen galt als ein Weg zur Sühne der Sünden.

Die fränkischen Herrscher verfügten, wie bereits angedeutet, über keine festen Garnisonen und gingen, da sie ihre Burgen auf lange Zeit hin nicht instandhalten, geschweige denn verteidigen konnten, im 12. Jahrhundert nach und nach dazu über, sie den Orden der Johanniter und der Templer zu übergeben. Die in Grenznähe gelegenen Festungen gelangten dabei als erste in kirchliche Hand.

Die beiden besagten Ritterorden wurden kurz nach der Eroberung des Heiligen Landes durch die Franken gegründet, der nach dem Hospital des heiligen Johannes benannte Johanniterorden bereits im Jahre 1099. Offiziell bestätigt wurde dieser Orden 1113 durch eine Bulle des Papstes Paschalis II., die an den ersten Meister des Ordens, den Provenzalen Gerhard, gerichtet war. Der Johanniterorden bot den Kreuzfahrern Herberge, pflegte Verwundete und Kranke und bildete schon bald eine Miliz von kampfbereiten Rittern aus. Er unterhielt jedoch während der ganzen Zeit seines Bestehens weiterhin Hospitäler, kümmerte sich um die Bedürftigen und vollbrachte andere wohltätige Werke. Zu seinen Aufgaben gehörte es darüber hinaus, mit den muslimischen Emiren zu verhandeln und für den Rückkauf der christlichen Gefangenen zu sorgen.

Im Jahre 1118 gründeten neun französische Ritter den Templerorden, der eine ähnliche Rolle wie der Johanniterorden spielen sollte. Sein erster Großmeister war Hugo von Payens aus der Champagne. Die Ordensregeln der Tempelritter wurden vom heiligen Bernhard von Clairvaux mitverfaßt.

Die beiden sowohl religiösen als auch militärischen Orden kamen dank der Schenkungen adliger Familien aus dem Abendland rasch zu großem Reichtum und erwarben im Heiligen Land weitläufige Landgüter. Sie waren dem König von Jerusalem und den großen Lehnsherren der anderen Kreuzfahrerstaaten von großem Nutzen. Die Mönchsritter, die durch ihr Gelübde zu strenger Disziplin verpflichtet waren, das Leben im Militärlager gut kannten und sich in allen Kampfestechniken erprobt hatten, waren bestens darauf eingestellt, ein hartes Garnisonsleben an der Grenze zu führen. Und so verkauften oder überließen ihnen die fränkischen Herrscher im Laufe der Zeit fast alle ihre Festungen. Es ist zum Beispiel dokumentiert, daß Thoros, der Fürst von Armenien, als er im Jahre 1166 zu Gast bei König Almarich in Jerusalem war, sein Erstaunen darüber zum Ausdruck brachte, daß von den Burgen im königlichen Gebiet nur drei dem König selbst gehörten, während alle anderen im Besitz des Templer- beziehungsweise des Johanniterordens waren.

Im Jahre 1142 überließ Raimund, der Graf von Tripolis, den Johannitern den mächtigen Krak des Chevaliers. Im Jahre 1170 erhielt derselbe Orden, diesmal von König Almarich, dann auch noch die Burg von Akkar, die auf dem letzten nördlichen Ausläufer des Libanon gegenüber dem Krak gelegen war. Von diesem wurde die Festung durch die breite Senke von Homs getrennt, die sich in west-östlicher Richtung zwischen dem Libanon und dem Djebel al Ansariye erstreckt. Dieses Tal verbindet den Orontes mit der Küstenebene und hätte es den muslimischen Heeren von Homs und Hama leicht ermöglichen können, in die Grafschaft Tripolis einzufallen. So wurde nun der Zugang durch zwei große Festungen versperrt.

Im Jahre 1186 trat ein Vasall aus dem Fürstentum Antiochia die Burg von Marqab an die Johanniter ab, die daraus eine mächtige Festungsanlage machten. Der Templerorden besaß insgesamt mindestens achtzehn Burgen.

Den militärischen Orden unterstanden zahlreiche Garnisonen, zu deren Aufgaben nicht allein die Bewachung der Festungen gehörte. Beim ersten Signal des Königs von Jerusalem zogen die Truppenkontingente der Johanniter und der Templer aus ihren Burgen aus und eilten dem königlichen Heer zu Hilfe. Bei allen großen Schlachten waren unter den Toten Ritter aus dieser kirchlichen Miliz. Durch Wilbrand von Oldenburg, der sich um 1212 im Krak des Chevaliers aufhielt, ist uns überliefert, daß im Krak allein in Friedenszeiten 2000 Krieger untergebracht waren. Die Burg von Zefat, eine wichtige Festung der Templer in Galiläa, versorgte in Friedenszeiten 1700 Menschen, während in Kriegszeiten Nahrung für 2200 Personen zur Verfügung gestellt werden konnte. Den täglichen Dienst übernahmen 50 Ritter, 30 Mönche und 50 »Turkopolen« mit ihren Waffen und ihren Pferden sowie 300 Mann zur Bedienung der Kriegsmaschinen, die sogenannten *balistarii*.

Unter den verschiedenen Truppenkontingenten befanden sich auch zahlreiche christliche und muslimische Ortsansässige wie Armenier, Griechen und Maroniten, von denen man behauptete, daß sie besonders gute Bogenschützen seien. Die Christen wurden zur Unterscheidung oft als »Syrer« bezeichnet, während man die Muslime »Turkopolen« zu nennen pflegte. Letztere bildeten in der Regel die leichte Kavallerie, die nach Art der Sarazenen bewaffnet und organisiert war. Beim dritten Kreuzzug befanden sich im Heer des Königs Richard Löwenherz auch Mineure aus Aleppo, die sich auf das Untergraben der Festungen spezialisiert hatten.

Bei der Wahl des Standorts einer Festung spielte nicht nur die für die Verteidigung günstige Lage eine Rolle. Man achtete auch darauf, daß in der Nähe eine fruchtbare Anbauzone lag, die die Versorgung der Garnison erleichterte. In der Regel entwickelte sich in geringer Entfernung von der Burg ein Dorf, dessen Einwohner die Felder des jeweiligen Burgherrn bestellten. Wenn dann der Feind nahte, flüchteten sich die Dorfbewohner samt ihren Herden ins Innere der Burg. Dort waren einerseits sie selbst in Sicherheit, andererseits konnten die Herden im Falle einer Belagerung zur Versorgung der Burgbewohner dienen.

Durch eine große Festung konnte die Sicherheit in einem sehr weiten Gebiet gewährleistet werden. Ein Beispiel gibt uns eine Chronik, die von der Erneuerung der Burg Zefat durch die Tempelritter um 1240 berichtet. Dort heißt es, daß unterhalb der Burg eine Stadt mit einem Markt lag, um die herum man 260 Pachtstücke bewirtschaftete, und daß sich die Zahl der ländlichen Bevölkerung auf mehr als 10000 Menschen belief.

Die Wasserversorgung

Zum Unterhalt einer Burg und ihrer Bewohner mußten nicht nur Nahrungsmittel, sondern auch ausreichend große Wasservorräte zur Verfügung stehen, und das sowohl im Innern der Burg als auch in ihrer näheren Umgebung.

In den Gebieten, die manchmal über Monate hinweg ohne Regen blieben, war die Wasserversorgung für die Franken immer reichlich problematisch. Um die Probleme zu verringern, waren sie daher darum bemüht, während der Regenzeit so viel Wasser wie möglich zu sammeln und in Reservoirs zu speichern. Auf den Terrassen wurde das Auffangen des Wassers durch in Zisternen mündende Rinnen und Kanalsysteme aus Ton gewährleistet. Im Krak des Chevaliers gab es insgesamt sieben solcher Zisternen, die im Innern der Festung verteilt lagen. Darüber hinaus befand sich im Krak noch ein tiefer Brunnen. In der Burg von Montreal in Transjordanien, die König Balduin im Jahre 1115 zusammen mit seinen Männern errichtete, führte eine Wendeltreppe mit 365 Stufen zu zwei in den Felsen gehauenen Wasserreservoirs hinunter, die durch eine große Quelle kontinuierlich gespeist wurden.

Abgesehen von den Brunnen und den Zisternen gab es in den Festungen entweder innerhalb der Mauern oder außen an den Wällen auch noch große, ausgemauerte und offene Becken oder Wassergräben, die vor allem zum Tränken der Tiere dienten. Im Arabischen bezeichnete man sie als *birket*, ein Wort, das im Lateinischen zu *berquilium* und im Französischen zu *berchil* beziehungsweise *berquil* geworden ist.

Im Krak des Chevaliers befindet sich ein solches Wasserreservoir auf der Südseite der Burg, und zwar zwischen den beiden mächtigen Ringmauern. Es hat eine Länge von 72 und eine Breite von 8 bis 16 Metern und war ständig mit Wasser gefüllt. Wie wir einer Beschreibung der Burg von Zefat entnehmen können, dienten die Becken bei einigen Festungen auch zur Bewässerung der Gemüsegärten.

Zusätzlich zu den Becken legten die Kreuzritter im Bedarfsfall auch Aquädukte an, die das Wasser von einer in der Nähe gelegenen Anhöhe aus in die Burg leiteten. Dies traf zum Beispiel auf den Krak und auf die Burg von Baghras im Norden von Antiochia zu.

Um in ihren Festungen gut leben und auch langen Belagerungen standhalten zu können, hatten die Kreuzfahrer im Innern der Burganlage für alles gesorgt, was damals für das tägliche Leben unabdingbar war. So gab es zum Beispiel neben den Ställen zur Unterbringung der Pferde auch Ställe für das Vieh, das zur Nahrungsmittelversorgung der Burgbewohner diente. Es waren große Speicher vorhanden, in denen die Reserven an Lebensmitteln aufbewahrt wurden, und Kellerräume mit irdenen Krügen, gefüllt mit Öl oder Wein. Das Getreide wiederum war in großen Silos untergebracht.

Es ist auch überliefert, daß es in den Kreuzfahrerburgen Öfen zum Backen von Brot gab sowie Keltern und Mühlen, die im Normalfall entweder durch Wasserkraft oder durch Tiere angetrieben wurden. Im Krak stand auf einem Turm der ersten Ringmauer sogar eine Windmühle.

Obwohl die fränkischen Herrscher ein Netz von Verteidigungsanlagen schufen, das ihnen Schutz vor feindlichen Angriffen bot, waren sie im allgemeinen auf eine friedliche Eroberung des Landes bedacht und behandelten die Bewohner der jeweiligen Gebiete gerecht und wohlwollend. Sie respektierten die Sitten und Bräuche, die sie gelegentlich sogar selbst übernahmen, und ließen die angesehenen Einwohner einer Stadt oftmals an der lokalen Verwaltung teilhaben. Der lateinische Klerus zeigte sich in den neueroberten Gebieten besonders tolerant, und so war ein Nebeneinander verschiedener Religionen und Kulte möglich. Die Muslime durften ihre Moscheen behalten und die Juden ihre Synagogen, und die Vertreter der anderen orientalischen Religionen – Armenier, Syrer, Maroniten, Griechen, Abessinier, Jakobiten und Nestorianer – durften ihren besonderen Riten nachgehen.

Im Jahre 1115 ließ Balduin I. nach Jerusalem und Umgebung Syrer und christliche Araber kommen, die sein Herrschaftsgebiet bevölkern und kolonisieren sollten.

Auch die Muslime, die weiterhin im nunmehr christlichen Gebiet wohnten, lobten den Großmut ihrer Herrscher, und ein arabischer Chronist beschreibt die Frankenzeit mit den folgenden Worten: »Zwischen Tibnin und Tyrus sahen wir zahlreiche von Muslimen bewohnte Dörfer, die unter den Franken einen großen Wohlstand kannten. Die einzigen Bedingungen, die ihnen gestellt wurden, waren die Abgabe der Hälfte ihrer Ernte und die Zahlung einer Steuer... Dafür blieben die Muslime Herren über ihre Häuser und walteten, wie sie es gewohnt waren. So war die Lage im gesamten von den Franken beherrschten Gebiet an der syrischen Küste... Die Muslime können die Führung der Franken nur loben, denn diese üben eine Gerechtigkeit, auf die man sich verlassen kann.«

Die Schulen und Universitäten der Muslime blieben auch nach der Eroberung des Landes offen. In Tripolis genossen die Philosophie und Medizin während der Besetzung sogar einen besonders guten Ruf, und die Studenten kamen von sehr weit her, um die berühmten arabischen Lehrer zu hören.

Zwei große Kulturen, die voneinander lange Zeit überhaupt nichts wußten, kamen in engen Kontakt. Eines der beachtenswertesten Resultate dieser gegenseitigen Annäherung war das Interesse, das in den Kreisen des abendländischen Adels an der wissenschaftlichen Weiterbildung geweckt wurde. Die rauhen fränkischen Krieger wurden durch den Kontakt mit den muslimischen Gelehrten geistig geformt und begannen sich teilweise sogar selbst den Wissenschaften zu widmen, die im Orient bereits seit längerer Zeit gepflegt wurden. Dazu gehörten die Geographie, die Medizin, die Astronomie und die Philosophie. König Almarich, den ein Chronist als den intelligentesten fränkischen Herrscher über Syrien bezeichnete, nahm zum Beispiel an theologischen Diskussionen teil, und seiner Initiative ist es zu verdanken, daß Wilhelm von Tyrus seine *Geschichte der Kreuzzüge* schrieb. Viele fränkische Feudalherren sprachen arabisch, und manche befaßten sich sogar mit der arabischen Literatur. Von Renaud de Sayette (Saïda) ist uns, um noch ein Beispiel zu nennen, bekannt, daß in seinem Hause ein muslimischer Gelehrter wohnte, der ihn in verschiedenen Wissenschaften unterwies. So konnte der Franke bei einem Aufenthalt am Hof Saladins im Jahre 1188 den Hofstaat des Sultans durch seine Gelehrsamkeit verblüffen.

Die Landwirtschaft

Ein wichtiges Kriterium für die Auswahl neu zu besiedelnder Gebiete war die Fruchtbarkeit des Bodens und seine Eignung für den landwirtschaftlichen Anbau. Daher unternahm Balduin I. bereits im Jahre 1100 eine Erkundungsfahrt in die jenseits beziehungsweise unterhalb des Toten Meeres gelegenen Regionen Edom und Moab und vereinte sie zu einem neuen Lehen, dem Oultrejourdain. Das Lehen erstreckte sich über eine Länge von 300 Kilometern von Amman – dem später von den Templern eingenommenen Ahamant – im Norden bis zum Golf von Elat im Süden und über eine Breite von 60 Kilometern von Kerak im Osten bis nach Hebron im Westen.

Die lang sich aneinanderreihenden Ebenen von Moab waren reich an großen Weideflächen für die Herden der Franken und eigneten sich hervorragend zum Anbau von Getreide. Neben diesen beiden Einnahmequellen besaßen die Franken mit der Stadt Elat auch noch einen Hafen am Roten Meer, der ihnen die Kontrolle über den Handel ermöglichte.

Sieben Burgen errichteten die Franken entlang des Derb el Hadj, der wichtigen Karawanen- und zugleich Pilgerstraße, über die die

Händler asiatische Produkte in die Levante transportierten und auf denen die frommen Muslime zu den heiligen Stätten des Islams zogen. Die bedeutendste dieser Festungen war die Kreuzritterburg Kerak, die über einen Hafen am Toten Meer verfügte. Eine Flotte von Handelsschiffen sorgte für den Transport der Anbauprodukte aus Moab ans westliche Ufer.

Die Franken legten vor allen Dingen große Zuckerrohrplantagen an, und so begegnet man am Ufer einiger Flüsse – so zum Beispiel am Wadi el Frandji, dem Fluß der Franken am Fuß der Kreuzritterburg Kerak – noch den Überresten von Mühlen, in denen die Pflanzen ausgepreßt wurden. Der bei Kerak gewonnene Zucker wurde bis nach Zypern verkauft, und die Zuckererzeuger von Tyrus standen in so hohem Ansehen, daß Kaiser Friedrich II. im Jahre 1239 einige von ihnen nach Sizilien holte. Auf diese Weise ist der Zucker nach Europa gelangt.

Die hohen Temperaturen in den am Toten Meer gelegenen Gebieten begünstigten auch den Anbau von Obstbäumen. Die Franken schufen aufwendige Bewässerungsanlagen, die Dattelpalmen, von Jacques de Vitry als Paradiesbäume bezeichnete Bananenbäume, Orangen-, Zitronen- und Pfirsichbäume sowie Oliven-, Feigen- und Mandelbäume gedeihen ließen. Überall wurde Wein angepflanzt, sowohl in Galiläa als auch in der Umgebung von Beirut, Tartus und Lattakia.

Baumwollpflanzen setzte man vor allem im Norden Syriens, und seit 1140 exportierte man die Baumwolle aus dem Fürstentum Antiochia nach Genua. Darüber hinaus baute man im Heiligen Land auch aromatische Pflanzen an, das heißt Rosenstöcke, Lilien, Veilchen, Narzissen, Henna und Levkojen. Einige Gemüsesorten waren ebenfalls besonders beliebt. Zu ihnen gehörten die grünen Melonen aus Zefat sowie der Spargel und die Schalotten aus der Umgebung der Stadt Askalon, von der sie auch ihren Namen haben. Mit großer Wahrscheinlichkeit wurde Gemüse aus diesen Zonen schon damals nach Frankreich exportiert. Das gleiche gilt für Pflanzen, die zu medizinischen Zwecken verwendet werden konnten, also Balsame, Sennesblätter und Skammoniumwurzeln aus Antiochia, die im Mittelalter im übrigen das meist verwendete Abführmittel waren. Zu der gleichen Spezies gehören auch der Sirup, die Latwergen aus Akkon und die von den Franken als verdauungsförderndes Mittel hochgeschätzten Trockenfrüchte.

Zwischen den fränkischen Staaten und den Herrschaftsgebieten der Muslime wurden aufgrund von Abkommen zahlreiche Geschäftsbeziehungen geknüpft. Fränkische Handelshäuser schickten ihre Vertreter nach Damaskus und Aleppo, und arabische Händlerkarawanen versorgten die christlichen Gebiete regelmäßig mit Waren.

In Aleppo wurde das größte Warenlager zwischen dem Euphrat und dem Orontes eingerichtet. Dorthin wurden die Produkte aus dem Fernen Osten gebracht, die über den Euphrat bis nach Balis gelangten. Auf dem Rücken von Kamelen wurden sie dann weiter bis nach Antiochia transportiert und schließlich bis zu den Häfen von Sudin und Lattakia. In Tartus wiederum kamen die Transporte aus Homs an, und Elat am Roten Meer war der Umschlagplatz für die Waren aus Persien und Indien. Die Karawanen der großen Händler aus Damaskus gewährleisteten den Weitertransport durch das Oultrejourdain bis zu den Häfen von Tyrus und Akkon.

Ibn Djobaïr hat im Jahre 1184 die Handelsbeziehungen zwischen dem lateinischen Königreich und den muslimischen Staaten schriftlich festgehalten: »Es gab in Damaskus zwei sehr reiche Händler, Nasr Ibn Kauam und Abu Dar Yakut. Ihr Handelsgebiet war die fränkische Mittelmeerküste, wo man lediglich ihre Namen kannte und wußte, wo ihre Beschäftigten saßen. Laufend schickten die beiden ihre Karawanen auf den Weg, und sie hatten einen großen Einfluß auf die muslimischen und die fränkischen Staatsmänner.«

Durch den regen Handel im Heiligen Land erlebte auch der asiatische Handel einen neuen Aufschwung. Die Waren aus dem Fernen Osten gelangten über die großen Warenhäuser von Venedig, Genua und Pisa sowie die Händler von Marseille, Narbonne und Katalonien nach Europa.

Der Handel mit Stoffen erlebte damals eine besondere Blütezeit. Zu den Stoffen, die man in großen Mengen in Europa einführte, gehörten in erster Linie der Damast, dessen bedeutendstes Herstellungszentrum, wie schon der Name besagt, Damaskus war, der Brokat aus Antiochia, die mit Gold durchwirkte, zur Ausschmückung der Kirchen bestimmte Seide aus Tarsus und Antiochia, das Moiré aus Tripolis und schließlich der Kamelott, ein sehr warmer Stoff aus Kamelhaar oder Ziegenfell, den man in Tartus und in Tripolis herstellte. Die Stofferzeugung dehnte sich in der Zeit der Franken auf weite Gebiete Syriens aus, und allein in der libanesischen Stadt Tripolis zählte man im Jahre 1283 viertausend Manufakturen für das Weben von Seide und Kamelott. Letztendlich bezogen die Kreuzfahrerstaaten auch noch zur Wiederausfuhr bestimmte Pelze aus dem Christlichen Königreich Kleinarmenien und ließen aus Arabien Straußenfedern kommen, die die Männer zur Zierde an ihre Helme steckten.

In Europa breitete sich die Teppichherstellung aus, und man bezeichnete alle aus dem Orient kommenden Teppiche, ob sie nun aus Bagdad, Persien, Ägypten oder Kleinasien stammten, als »sarazenische Teppiche«.

Damaskus war das wichtigste Zentrum für die Herstellung von Keramik und Gläsern. Darüber hinaus war dieser Produktionszweig auch in Akkon, Tyrus und Tripolis vertreten. Man stellte kunstvoll gearbeitete Lampen, Schalen, Wasserkannen, Trinkbecher, Behälter für Süßigkeiten und tausend andere Luxusgegenstände her, die in Frankreich, gleich welches nun die Herstellungsstätte war, unter dem Namen »Damaszener Gläser« gehandelt wurden.

Die Franken, die sich im Heiligen Land fest niederließen, entdeckten nach und nach die Geheimnisse, die der Kulturkreis des Vorderen Orients in sich barg. Diese Begegnung mit einer anderen Welt war für sie höchst bereichernd und erweiterte ihren Horizont. Durch ihr abenteuerliches Leben konnten sie jedoch auch die Qualitäten ihrer eigenen Kultur beweisen, das heißt ihre Ritterlichkeit und ihren christlichen Glauben sowie die Großzügigkeit und die Ehrenhaftigkeit ihren Feinden gegenüber.

Ihre neue Aufgabe als Herren über ein erobertes Land bewältigten sie mit Klugheit und ermöglichten dadurch auch den Austausch auf dem Gebiet der Kunst. So konnte zum einen die abendländische Sakralarchitektur – zuerst die romanische und dann die gotische – im Heiligen Land Fuß fassen. Andererseits wurden die alten syrischen Kirchen durch die Vermittlertätigkeit der Kreuzfahrer zum Vorbild für Bauten im fernen Abendland.

Auch der fränkische Festungsbau wurde vom Orient beeinflußt und im Land der Kreuzzüge wesentlich verbessert. Man muß dazusagen, daß die Befestigungsanlagen in Frankreich bis zum Ende des 12. Jahrhunderts außerordentlich unterentwickelt waren. Der romanische Donjon war eine schwerfällige Konstruktion, die lediglich auf die passive Verteidigung ausgerichtet war. Seine Räume waren finster und erhielten nur durch schmale Schießscharten Licht. Als Wehr- und Wohnturm war er eine Art Refugium, das als einzigen Zugang eine Tür im ersten Stockwerk hatte.

Das von Richard Löwenherz nach der Rückkehr von seinem dritten Kreuzzug errichtete Château-Gaillard stellte im Vergleich zu den vorherigen Festungsbauten in Frankreich schon einen beachtlichen Fortschritt dar. Etwa zu der gleichen Zeit bildete sich auf Geheiß Philipps II. August ein Korps von Kriegsbaumeistern, die an den Grenzen des Reiches, vor allem an den Küsten der Normandie, eine

Reihe von stark befestigten Burgen bauten, durch die das Einfallen eines feindlichen Heeres ins Land gewaltig verzögert werden konnte. In diesen Burgen gab es helle Räume für die Burgbewohner, und es war ausreichend Verpflegung und Munition vorhanden, so daß die fränkischen Truppen für eine lange Belagerung gewappnet waren.

Auch wenn es an den Grenzen der Kreuzfahrerstaaten häufiger zu kriegerischen Auseinandersetzungen kam, ließ es sich in den großen küstennahen Städten, wo von den Franken prunkvolle Häuser errichtet wurden, doch recht gut leben. Bereits zitiert wurde der Reisende Wilbrand von Oldenburg, der zu Beginn des 13. Jahrhunderts einen Saal in der Burg von Beirut beschrieb. An anderer Stelle rühmt er auch die eleganten Häuser der reichen Bürger Antiochias, die architektonische Schönheit des Bischofspalastes von Tripolis und den Luxus der Residenzen, die der Fürst von Galiläa und die Herren von Tyrus und Toron in Akkon besaßen. Wilbrand brachte seine Begeisterung über das Gesamtbild der Stadt Antiochia mit ihren Gärten voller duftender Sträucher und erfrischender Quellen zum Ausdruck und beschrieb die Bewohner der Stadt, die ihre Zeit gerne in diesen Gärten verbrachten und sich durch die feine Brise des Wassers erfrischen ließen. Aus der Weltchronik Hermann Corners wiederum wissen wir, daß über die Straßen der Stadt große Tücher gespannt wurden, die die Passanten vor der Sonne schützen sollten.

Der Handel mit dem Abendland stand in voller Blüte, und in den Häfen Syriens und Palästinas gab es regen Schiffsverkehr. So wird beispielsweise der Hafen von Akkon von Ludolf von Sundheim mit den folgenden Worten beschrieben: »In Akkon lebten die reichsten Händler unter Gottes Himmel, die aus Pisa, Genua und der Lombardei stammten... Von Sonnenaufgang bis Sonnenuntergang wurden hier die Waren des Universums zusammengetragen, alles was an Außergewöhnlichem und Seltenem auf dieser Welt zu finden war.«

Mit den Luxusartikeln, den Seidenwaren und den Kunstgegenständen kamen auch die heiligen Reliquien in den Okzident. Zwar waren die Reliquien aus dem Heiligen Land bereits zu Beginn des 11. Jahrhunderts von großer Wichtigkeit, doch erhöhte sich ihre Bedeutung nach der Niederlassung der Franken im Orient noch mehr. Prälaten und Feudalherren kamen von ihrer Pilgerfahrt mit Reliquien zurück, für die die Goldschmiede wertvolle Schreine und kunstvoll ziselierte Reliquiare schufen, von denen noch heute viele in den Schatzkammern Westeuropas aufbewahrt werden. Angeregt wurde die Schöpfung neuer Kunstwerke vor allen Dingen durch den religiösen Eifer, den diese Reliquien entfachten, und die von ihnen ausgehende Wunderwirkung.

Balduin II. von Courtenay, der lateinische Kaiser Konstantinopels, zum Beispiel überließ König Ludwig IX. die Dornenkrone Jesu, und dieser wiederum ließ, um das Zeugnis vom Leidensweg Christi aufzubewahren und zu würdigen, in seinem Palast die Sainte-Chapelle errichten, die eine der formreinsten Bauwerke der französischen Architektur ist und ein überraschendes Ergebnis der Kreuzzüge ins Heilige Land darstellt.

Ohne die Kreuzzüge, die in erster Linie auf die Initiative der französischen Päpste, Könige, Feldherren und Prediger zurückgingen und an denen unzählige Krieger und Pilger teilnahmen, wäre das 13. Jahrhundert nicht das gewesen, was es letztendlich war: das goldene Zeitalter des Königreichs, das durch Ludwig IX., den Heiligen, das ideale Bild des Christen und Kreuzfahrers, am besten verkörpert wird. Frankreich hätte nicht diese Glanzzeit erlebt und keine Historiker wie Villehardouin und Joinville gekannt, die die Ereignisse in einem so einfachen, natürlichen und bildreichen Französisch beschrieben haben. Die Lehrer an den berühmten Universitäten des Landes, die Studenten aus ganz Europa um sich sammelten, hätten keine solch umfassende Bildung besessen, und auch die neu erblühten Künste hätten keinen solch großen Einfluß auf die gesamte Christenheit von Burgos bis Uppsala und von Prag bis Famagusta und Tortosa ausgeübt.

Burgen

Die Kreuzritterburg Sahyun

Besichtigung

Sahyun, in lateinischen Texten als *Saone* oder auch *Sehone* bezeichnet, ist immer schon ein Punkt von großer strategischer Bedeutung gewesen. René Dussaud wollte an dieser Stelle sogar das antike Sigon wissen, das die Phönizier von Aradus in ihren Besitz nahmen.

Im 10. Jahrhundert saßen die Hamdaniden von Aleppo in Sahyun, bis sie im Jahre 975 vom byzantinischen Kaiser Tzimiskis während seines siegreichen Feldzugs, auf dem er fast ganz Syrien und Palästina bis Ramla und Cäsarea eroberte, vertrieben wurden.

Es ist anzunehmen, daß die Byzantiner die von ihnen errichtete Burg Sahyun, oder Qalaat Sahyun, wie sie im Arabischen genannt wird, zur Zeit des ersten Kreuzzugs noch besaßen und daß sich auch der Hafen von Lattakia in ihrem Besitz befand. Der Eroberung der Hafenstadt im Jahre 1108 durch Tankred ging dann vermutlich die Eroberung von Sahyun voraus. Demzufolge besaßen die Franken die Burg also seit Anfang des 12. Jahrhunderts – und sie verloren sie wieder im Jahre 1188.

Die Franken haben aus Qalaat Sahyun eine der mächtigsten Festungen des Fürstentums Antiochia gemacht und sich damit eine vorzügliche Möglichkeit zur Überwachung der großen Straße geschaffen, die vom Hafen von Lattakia zum Orontes führte. Dort gabelte sie sich dann in drei nicht weniger wichtige Straßen. Die erste Straße verlief auf der linken Seite des Flusses und führte in den Norden, nach

Antiochia. Die anderen beiden Straßen dagegen überquerten den Orontes bei Djisr esh Shogur und führten zum einen nach Aleppo im Osten und zum anderen zur alten christlichen Stadt Apameia im Süden. Die größte Bedeutung kam jedoch der Straße nach Antiochia zu, und die Kreuzritter besetzten mit Sahyun demzufolge eine wichtige Position zur Verteidigung dieser Stadt.

Die Befestigungsanlagen der Franken sind heute noch zum Teil so erhalten wie in dem Jahrhundert, in dem sie gebaut wurden. Ihre Lage auf einem 730 Meter langen und zwischen 50 und 100 Meter breiten Bergrücken zwischen zwei tiefen, von Bergen begrenzten und auf der Westseite der Burg zusammenlaufenden Schluchten ist von strenger Schönheit. Die Fläche der Festung beträgt über fünf Hektar und paßt sich damit genau dem Bergrücken an. Auch heute noch ist es fast unmöglich, Sahyun mit dem Auto zu erreichen.

Vor ungefähr 50 Jahren stieg man in Haffe, in einer Entfernung von ungefähr 30 Kilometern von Lattakia, auf Pferde um. Man ritt auf einer Hochebene gen Osten, bis man die Höhen des Djebel el Alawia erreichte. Nachdem man dann eine erste Schlucht durchquert und einen ersten Berg erklommen hatte, lag einem die Nordseite der Kreuzritterburg in ihrer ganzen Breite vor Augen. Über einen in den leuchtend roten Felsen gehauenen Weg stieg man in eine zweite tiefe Schlucht hinunter. Dort überquerte man an einer Furt einen wilden Wasserlauf, in dem den Pferden das Wasser manchmal bis zur Brust stand, und stieg auf den nächsten Berg hinauf. Der Weg war steil, und durch das geschichtete Gestein sah es aus, als hätte die Natur hier riesige Treppenstufen in den Felsen gehauen.

Nach der Überwindung dieses letzten Hindernisses war man am Fuß der Festung angelangt und stand am nördlichen Ende eines großen, von Schatten erfüllten Grabens. Es ist kaum vorstellbar, daß es sich bei diesem Graben mit seinen parallelen, vertikal in die Höhe steigenden Wänden um einen künstlichen Graben handelt, den die Franken im 12. Jahrhundert in den harten Stein gehauen haben. Auf der rechten Seite scheinen die hohen Türme und Mauern der Burg übergangslos aus dem glatten Felsen herauszuwachsen und sich bis in den Himmel fortzusetzen (Bild 3). Erst beim näheren Hinsehen erkennt man den Beginn der langen Kurtine und auf ihrer Rechten das sich zwischen zwei halbrunden Türmen öffnende Tor. Auf ihrer Linken erhebt sich der mächtige Donjon, der eindruckvollste Bau der Anlage, der aus riesigen Bossensteinen errichtet wurde. Seine Zinnen befinden sich 51 Meter über dem Boden. Aus der Mitte des Grabens ragt steil und spitz ein schmaler Felssporn in den Himmel, der eine Höhe von 28 Metern erreicht und sich genau gegenüber dem von Halbtürmen eingefaßten Tor erhebt (Bild 2).

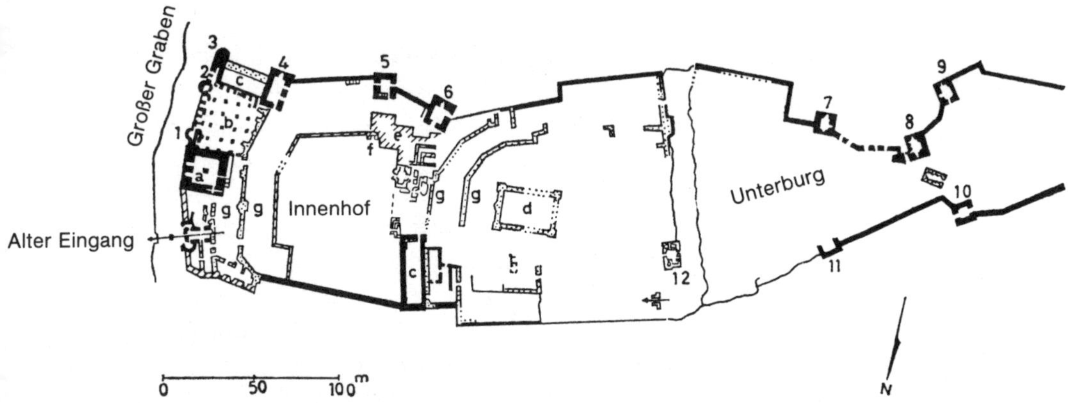

a: Donjon; b: Ställe; c: Zisterne; d: byzantinische Burg; e: arabische Bauten; f: Minarett; g: byzantinische Mauern

Sahyun

Als die Franken in einer ungeheuren Leistung diesen Graben mit einer Länge von 130, einer Breite von 20 und einer Tiefe von 28 Metern schufen, ließen sie den Felssporn in der Grabenmitte stehen, um ihn als Pfeiler für die Brücke der Festung zu nutzen, die die Verbindung mit dem durch den Graben abgeschnittenen Ende des Bergrükkens herstellte. Kurz vor dem Burgtor ging die steinerne Brücke in eine Zugbrücke über, die eine weitere Sicherheit vor dem Feind bot.

Abgesehen von dem Donjon dienen an der Grabenseite noch drei kleinere Rundtürme der Befestigung von Sahyun. Der südlichste von ihnen nimmt eine Eckposition ein und bewacht daher sowohl den Graben als auch die Schlucht auf der Südseite. Die Rundtürme müssen bereits bei der Aushebung des künstlichen Grabens vorgesehen gewesen sein, da der Felsen unterhalb der Türme sehr ähnlich geformt ist (Bild 3 und 5).

Der Grundriß der Festung hat die Form eines gleichschenkligen Dreiecks, dessen Basis die am Graben gelegene Ostseite ist. Die beiden langen Seiten des Dreiecks werden, wie bereits angedeutet, von tiefen Schluchten begrenzt, die sich an der westlichen Burgseite vereinen. In der Schlucht auf der Nordseite fließt der Wasserlauf, über den man auf dem zuvor beschriebenen Weg gelangt. Auf dieser Seite ist der Hang besonders steil, und die Burg mußte demzufolge weniger stark befestigt werden. Auf der Südseite dagegen bietet der Zugang zur Burg geringere Schwierigkeiten. Ein etwa zehn Meter breiter Weg verläuft in der Schlucht ein Stück weit an dem Hang entlang, über dem sich die Mauern von Qalaat Sahyun erheben. Dieser Teil der Burganlage mußte also doppelt so stark gegen Angriffe gesichert werden. Das geschah durch drei große Türme (Nummer 4, 5 und 6 des Grundrisses), von denen der erste eine rechteckige (Bild 4) und die anderen beiden eine quadratische Form haben. Ähnlich wie der Donjon wurden sie aus Bossensteinen errichtet und durch Kurtinen miteinander verbunden. Sie ermöglichten die Überwachung des Weges in der Schlucht, der bis auf die Höhe des dritten Turms (Nummer 6 des Grundrisses) heranreicht. Das Tor in der Seite dieses Turms war einst der Haupteingang der Kreuzritterfestung.

Unter den Ruinen in der Osthälfte der Burg befindet sich ein schmaler quadratischer Turm, der sich bei näherem Hinsehen als das Minarett einer Moschee erweist. In geringer Entfernung davon liegt eine arabische Badeanlage mit ornamentiertem Türsturz. Beide Bauten stammen vom Ende des 12. beziehungsweise vom Anfang des 13. Jahrhunderts und wurden nach der Eroberung der Burg durch Saladin im Jahre 1188 errichtet.

Parallel zu den massiven Verteidigungsanlagen der Franken im Osten finden wir ein Stück weit nach hinten versetzt eine niedrige, aus kleinen Steinen errichtete Mauer (Bild 6) und noch ein Stück weiter Richtung Westen eine ähnliche Mauer mit fünfeckigen Vorsprüngen. Es handelt sich hierbei um byzantinische Bauteile vom Ende des 10. Jahrhunderts, das heißt aus der Zeit des Kaisers Tzimiskis, auf den auch die auf der Anhöhe in der Mitte von Qalaat Sahyun gelegene Burganlage zurückzuführen ist. Die Burg, von der heute nur noch Ruinen erhalten sind (Bild 1), hat einen rechteckigen Grundriß und besitzt vier quadratische Vorsprünge an den Ecken sowie einen fünfeckigen Vorsprung in der Mitte der Ostseite.

In Qalaat Sahyun haben also drei verschiedene Kulturen – die der Byzantiner, der Franken und der Araber –, die sich in einem Zeitraum von drei Jahrhunderten nacheinander im Besitz der gewaltigen Festung befunden haben, ihre Spuren hinterlassen. Auffallend ist der Verfall der byzantinischen Bauten im Vergleich zu den trotzigen Anlagen aus der Kreuzfahrerzeit, an denen die Jahrhunderte aufgrund der Qualität des verwendeten Materials und der Stärke der Mauern beinahe spurlos vorübergegangen sind.

Innerhalb des endlos scheinenden Mauerrings wird der Besucher der Burg von einer großen Einsamkeit erfaßt. Alles steht noch an seinem ursprünglichen Platz, und fast möchte man meinen, die Burg sei nur kurzfristig nach einem feindlichen Angriff verlassen worden und bald kehrten die Kreuzfahrer zurück. Im hohen Gras und in einigen Räumen liegen noch riesige Kugeln verschiedener Größenordnungen, die zwischen 50 und 300 Kilogramm wiegen dürften. Sie wurden vor mehr als siebenhundert Jahren an diese Stellen katapultiert und zeugen von den gnadenlosen Kämpfen, die hier stattfanden.

Wenn man bis ins Innere der Wehrbauten vordringt, dann findet man große Räume vor, die mit Kreuz- beziehungsweise mit Tonnengewölben eingedeckt sind und auf der Angriffsseite durch schmale Schießscharten verteidigt wurden. Licht erhalten sie durch die großen, auf die Innenseite der Burg gerichteten rechteckigen Fenster. Der Donjon und die quadratischen Türme haben jeweils zwei Geschosse (Bild 7 und 8). Auf ihre zinnenbekrönte Terrasse führt eine große Treppe hinauf, die unter einem steigenden Tonnengewölbe verläuft.

Überall auf den Steinen sind Steinmetzzeichen zu erkennen, wie sie so häufig an den Monumenten der Kreuzfahrer zu finden sind. An keinem anderen Bauwerk sind sie jedoch von einer Größe wie hier. Auffallend ist auch die vorherrschende Tendenz zur Vergegenwärtigung des Kriegswesen; so treffen wir in Sahyun vor allem auf mit einem Banner geschmückte Lanzen, auf Streitäxte und auf die großen länglichen Schilde, die man im 12. Jahrhundert kannte.

Im Hof, auf der Seite des Donjons, liegt der Zugang zu einem 32 Meter langen Raum mit niedrigem Gewölbe, der durch vier Reihen schwerer Pfeiler in fünf Schiffe unterteilt wird. Am Ostende dieses Raums ist eine Reihe von Schießscharten zu erkennen, die zur Verteidigung des Grabens dienten. Die in dem Raum untergebrachten Tränken lassen darauf schließen, daß wir es hier mit einem Stall zu tun haben, der zum Teil wohl auch als Speicher Verwendung fand (Bild 10 und 11). Von diesem Raum aus gelangt man in die große, durch eine Spitztonne eingewölbte Zisterne, die an ein romanisches Langhaus erinnert (Bild 12).

Im nördlichen Teil der Burganlage stößt man auf einen zweiten Raum mit dem gleichen Gewölbe, der eine Höhe von ungefähr 16 und eine Länge von 36 Metern erreicht. Über eine Treppe kann man von dort aus bis zum Wasser hinuntersteigen. Durch drei Belüftungsöffnungen in der Decke fällt ein wenig Sonne herein und läßt das Wasser auf dem Grund blaugrün erscheinen. Im Helldunkel dieses Raums, in dem sich die von der starken Sonne draußen geblendeten Augen erholen können, hört man nichts anderes als die Wassertropfen, die vom Gewölbe in regelmäßigen Abständen heruntertropfen und ein kristallines Geräusch verursachen, das die Einsamkeit der Burg noch deutlicher spürbar werden läßt.

Der Donjon hat eine Seitenlänge von 25 Metern. Sein einziger Eingang führt von der Hofseite in das untere Geschoß des Turms und wurde durch ein Fallgatter verschlossen. Vor dieser Tür und parallel zu der Wand erhob sich eine zinnenbekrönte Mauer, die eine Art Gang bildete, dessen Zugang durch eine Tür mit einem schweren Riegel verschlossen wurde. Auf diese Weise war der Donjon auch zur Innenseite hin gesichert und diente demzufolge als letzte Zuflucht, wenn es dem Feind trotz hartnäckiger Verteidigung seitens der Burgbewohner gelungen war, bis in den Hof vorzudringen. Das untere Geschoß des Donjons ist ein quadratischer Raum mit einer Seitenlänge von 15,20 Metern. Er ist 11 Meter hoch und erhält nur durch zwei schmale Fenster im oberen Teil der Mauer über dem Graben Licht. Auf dieser Seite hat die Mauer eine Stärke von 5,40 Metern. Die Kreuzgewölbe des Raums werden in der Mitte durch einen breiten quadratischen Pfeiler mit einer Seitenlänge von 2,55 Metern gestützt (Bild 7). Das obere Geschoß ist weniger hoch, weist aber den gleichen Mittelpfeiler auf. Seine Kreuzgewölbe sind sorgfältiger gearbeitet und mit einem Schlußstein in der Form eines Kreuzes geschmückt. Die weißen, hochwertigen Steine der Gratlinie sind sicher widerstandsfähiger als die anderen Steine des Gewölbes (Bild 8). Die Ostmauer des oberen Raums wurde über zwei Schießscharten verteidigt, die man in der Folgezeit vergrößerte, damit mehr Licht einfallen konnte. In den anderen Mauern öffnen sich rechteckige Fenster, die durch Gitter aus Holz oder Eisen verschlossen wurden.

Die Terrasse erhebt sich in einer Höhe von 23 Metern über dem Burghof und gewährt einen umfassenden Blick über die übrigen Verteidigungsanlagen. Besonders gut sieht man die in die Mauern eingelassenen Nischen, die sich nach der Außenseite hin verjüngen und in schmale Schießscharten übergehen, sowie den darüber verlaufenden Wehrgang. Dieser ist über Treppen erreichbar und wird von Zinnen bekrönt, in die erst zu einer späteren Zeit Schießscharten eingelassen wurden. Die beiden Halbtürme an der Seite des Tores, der Donjon, die beiden runden Türme 2 und 3, die drei rechteckigen Türme und die Kurtinen 2 bis 3, 4 bis 5 sowie 5 bis 6 besitzen alle die gleiche Art von Mauerwerk. Sie wurden aus mächtigen Bossensteinen errichtet, die die Kreuzfahrer im 12. Jahrhundert auch in mehreren anderen Burgen verwendeten. Als Beispiele brauchen nur der Krak des Chevaliers, Giblet/Djebeil, Subeibe und Beaufort angeführt werden.

In Sahyun läßt sich nachweisen, daß die Franken auf Prinzipien der byzantinischen Festungsbaukunst zurückgriffen. So gibt es zum Beispiel von den Kurtinen aus keinen Zugang zu dem Donjon und den beiden großen rechteckigen Türmen (Nummer 4 und 5). Auf diese Weise sollten die Türme unbezwingbarer gemacht und die Möglichkeit gegeben werden, jeden allein für sich zu verteidigen. In den Innenhof gelangt man von den Kurtinen aus über die Treppen am Wehrgang. In den Türmen dagegen führt von der Terrasse aus eine Treppe in die beiden Stockwerke hinunter, und nur über sie kann man den Innenhof erreichen.

Aus Gründen, die erst an späterer Stelle dargelegt werden sollen, sind wir zu der Überzeugung gelangt, daß die Kreuzritterburg Sahyun von den Franken vor der Mitte des 12. Jahrhunderts, wahrscheinlich um das Jahr 1120, gebaut wurde. Doch neben den mächtigen fränkischen Befestigungstürmen mit rechteckigem Grundriß finden wir in Qalaat Sahyun auch runde Türme, die es zu jener Zeit weder in Frankreich noch bei den etwa zur gleichen Zeit im Heiligen Land errichteten Burgen Subeibe (um 1129) und Beaufort (um 1139) gab.

Man muß nun berücksichtigen, daß sich in Sahyun neben der fränkischen Anlage auch noch die Überreste einer bedeutenden byzantinischen Festung vom Ende des 10. Jahrhunderts erheben. Sie wurde nach Osten hin durch vier parallel verlaufende Mauern abgeschirmt, die sicherlich einst von einer Schlucht bis zur anderen reichten. Auf der Südseite haben wir die Fundamente eines kleinen byzantinischen Rundturms unter dem rechteckigen fränkischen Turm Nummer 4 gefunden. Und zwischen diesem Turm und dem runden Turm an der südöstlichen Ecke der Festung verläuft eine Kurtine (die Kurtine 3 bis 4) aus kleinen Steinen, die ebenfalls zu den Überresten der byzantinischen Festung zu zählen ist. Spuren eines weiteren byzantinischen Rundturms finden wir hinter dem Tor, das sich über dem Graben öffnet.

Es gibt also zwei Interpretationsmöglichkeiten. Entweder haben die Franken die Rundtürme der Byzantiner beibehalten und die Rundtürme 1, 2 und 3 sowie die beiden halbrunden, das Tor flankierenden Türme lediglich mit stärkeren Mauern umgeben, was soviel hieße, daß sich die Ostseite der byzantinischen Burg auf einer Linie mit der Ostseite der fränkischen Burg befand und daß es vielleicht sogar die Byzantiner waren, die mit der Aushebung des großen Grabens begonnen haben. Oder aber die Franken haben die kleinen runden Türme der byzantinischen Anlage lediglich nachgeahmt und ähnliche Türme zwischen ihre Türme mit rechteckigem Grundriß gesetzt. Interessant ist jedenfalls noch eines: Die runden Türme eignen sich da, wo sie plaziert sind, wesentlich besser zur Verteidigung als die rechteckigen Türme, denn über ihre kreisförmig angelegten Schießscharten konnte ein viel weiteres Feld abgedeckt und der große Graben von allen Seiten verteidigt werden.

Die Kreuzritterburg Sahyun hat vier Eingänge. Der erste Eingang ist das Tor oberhalb des künstlichen Grabens. Es ist das einzige Tor, das sich frontal öffnet. Als Schutz dienen jedoch die beiden halbrunden Türme an seinen Flanken. Der Zugang zu diesem Tor erfolgte über eine Brücke, die auf dem Felssporn in der Mitte des Grabens auflag. Wenn der Feind herannahte, brauchte man diesen Zugang nur durch Hochziehen der Zugbrücke zu unterbrechen und war vorerst in

Sicherheit. Das Tor hinter der Brücke ist sehr klein im Verhältnis zu der gewaltigen Burganlage. Es hat eine Breite von 1,50 und eine Höhe von 2,50 Metern und wird von einem steinernen Gußerker überragt. Als zusätzlicher Schutz wurden hinter dieses Tor noch zwei weitere Tore gesetzt, von denen jedes durch einen schweren Riegel verschlossen werden konnte.

Die anderen Eingänge (Turm 6 sowie die Türme 8 und 10 der Unterburg) haben alle ein Verteidigungssystem, das in den byzantinischen Festungen üblich war. Im Gegensatz zu dem Tor oberhalb des Grabens sind sie in einer Enge an der Seite eines Turms plaziert und können von der angrenzenden Kurtine aus gut verteidigt werden.

Der Haupteingang von Qalaat Sahyun öffnet sich in Turm 6. Dieses Tor konnte von den Kugeln der Wurfmaschinen, die die Feinde auf der anderen Seite der Schlucht aufstellten, nicht erreicht werden. Gegen die Feinde, die am Fuß der Mauern angelangt waren und das Tor aufbrechen wollten, konnten sich die Verteidiger durch Pfeile schützen, die sie von der Kurtine und von der Spitze des Turmes hinunterschossen. Wenn man die Anlage genauer betrachtet, kann man feststellen, daß das Tor in einer Einbuchtung der Mauer von einem Meter Tiefe liegt. Diese Einbuchtung setzt sich bis zur Turmspitze fort und endet in einem Halbkreisbogen, der sich bis über die Terrasse erhebt. Da nun der Bogen 0,35 Meter stark ist, bleibt bis zum Turm noch ein Raum von einer Breite von 0,65 Metern. Er bildete eine Art Maschikulis, von dem aus man Wurfgeschosse vor das Tor schleudern konnte.

Um von dem beschriebenen Tor aus in den Burghof zu gelangen, mußte man zuerst das untere Turmgeschoß durchqueren. Dort gab es dann ein zweites Tor, das jedoch dem ersten nicht gegenübergestellt war, sondern sich in der seitlichen Mauer öffnete. Auch dieses System ist dem byzantinischen Festungsbau entlehnt.

Der untere Raum diente nur als Durchgang, und aus Sicherheitsgründen gab es in ihm keine Innentreppe, die in das zweite Turmgeschoß hinaufführte. Um dorthin zu gelangen, mußte man erst bis in den Hof vordringen und von dort aus über eine Treppe bis zur Kurtine emporsteigen. Hinter deren Brüstung fand man schließlich ein schmales Tor, das den Zugang zum oberen Turmgeschoß ermöglichte. Um den Turm ganz in seinen Besitz zu bekommen, mußte der Feind also erst drei Tore überwinden.

Für den Rückgriff auf byzantinische Befestigungssysteme in Sahyun und in anderen Kreuzritterburgen gibt es im Grunde genommen eine einfache Erklärung. Als die Franken sich auf die Kreuzzüge ins Heilige Land machten, waren ihre Kenntnisse auf dem Gebiet des Festungsbaus eher begrenzt. Die großen byzantinischen Festungen, die sie auf ihrem Zug durch Kleinasien und Nordsyrien erblickten, mußten sie daher in Erstaunen versetzen. So ahmten sie sie alsbald nach, beziehungsweise bezogen sie, wie wir am Beispiel von Sahyun gesehen haben, in ihre Burgen ein. In den lateinischen Chroniken ist auch oft von byzantinischen und armenischen Kriegsbaumeistern die Rede, die den Franken beim Angriff auf die nichtchristlichen Burgen halfen. Sie beherrschten wichtige Belagerungstechniken, konnten Wurfmaschinen entwerfen und kannten die Befestigungssysteme, die sich seit dem Altertum im Orient erhalten hatten.

Die Kreuzritterburg Sahyun wurde, wie bereits angedeutet, in der ersten Zeit der fränkischen Besetzung gebaut. Diese These wird auch durch einige Details gestützt. So weist der runde Turm 3 keine Öffnung in seinem Sockelgeschoß auf, wie es für die romanische Zeit in Frankreich typisch ist. Der kleine, durch Konsolen gestützte Gußerker über dem am Graben gelegenen Tor sowie der Maschikulis zum Schutz des Eingangs von Turm 6 stellen eine verhältnismäßig primitive Form der Verteidigung dar, was ebenfalls auf die fränkischen Wehrbauten deutet. Und die beiden Tore in den Türmen 6 und 10 schließen mit einem schweren Türsturz von einer Länge von 3 Metern ab, über den sich ein Entlastungsbogen aus Bossensteinen spannt. Solche Türstürze finden wir auch an den beiden in der Mitte des 12. Jahrhunderts errichteten Burgen Giblet/Djebeil und Beaufort. Was wir über die Geschichte von Sahyun wissen, bestätigt nur unsere Einschätzung hinsichtlich der Bauzeit.

Geschichte

Es ist bekannt, daß sich einige Heerführer nach der Einnahme Jerusalems und der Auflösung der Truppenverbände dazu entschlossen, im Orient zu bleiben, um sich zum einen der Hafenstädte zu bemächtigen, die sich noch immer in den Händen der Muslime befanden, und um zum anderen auch Eroberungszüge ins Innere des Landes zu unternehmen. Gemeint sind mit diesen Heerführern in erster Linie Gottfried von Bouillon, der bereits ein Jahr nach dem ersten Kreuzzug starb, sein Bruder Balduin, der die Grafschaft Edessa aufgab und mit Siebenmeilenstiefeln nach Palästina eilte, um sich zum König von Jerusalem krönen zu lassen, Raimund von Saint-Gilles, der im Gebiet des Libanon einen Staat, die spätere Grafschaft Tripolis, gründete, und Bohemund von Tarent, der ältere Bruder Robert Guiscards und Enkel Tankreds von Hauteville, jenes normannischen Herrschers, dessen Söhne einen Teil Süditaliens besetzt und schließlich den Muslimen Sizilien entrissen hatten. Bohemund ließ sich in Antiochia nieder und legte dort die Fundamente zu einem großen Staat, den es noch zu erobern galt und der später zum Fürstentum Antiochia wurde.

Tankred, Urenkel Tankreds von Hauteville und Neffe Bohemunds, sollte in der Gründung dieser Kreuzfahrerstaaten im Orient, und zwar sowohl in Palästina als auch in Syrien und im Libanon, eine entscheidende Rolle spielen. Während des ersten Kreuzzugs war er der treue Lieutenant Gottfrieds von Bouillon. Danach blieb er mit einigen hundert Rittern bei Gottfried in Palästina und wurde bald schon Herr über Galiläa. Im Jahre 1110 bemächtigte er sich des Ortes, an dem sich der spätere Krak des Chevaliers erhob und der die Ostgrenze der Grafschaft Tripolis schützte. Und als Tankreds Onkel Bohemund im Jahre 1104 nach Frankreich zurückfuhr in der Hoffnung, neue Männer für die Eroberung des Heiligen Landes zu gewinnen, übernahm Tankred an seiner Stelle die Herrschaft über Antiochia und das umliegende Gebiet.

Antiochia, die Hauptstadt des Fürstentums Antiochia, war seit dem Altertum eine bedeutende Stadt. Als sie im Jahre 1085 von den Türken erobert wurde, war das große christliche Reich des Morgenlandes in Gefahr und ein Grund für den ersten Kreuzzug gegeben. Ihrer Rückeroberung durch die Kreuzfahrer ging eine sehr lange Belagerung voraus, durch die sich der Feldzug nach Jerusalem verzögerte. Die christlichen Fürsten von Antiochia gaben der Stadt dann den Glanz zurück, den sie zu den Zeiten der Seleukiden und der Römer gehabt hatte. Dank ihrer Lage in Meeresnähe, wo sie über den Hafen von Sudin verfügte, wurde Antiochia zu einem großen Zentrum des Warenumschlags, in dem die Handelsbeziehungen zwischen Asien und Europa ausgebaut wurden. Durch die Quellen des Daphné wurde die Stadt reichlich mit Wasser versorgt, und in den umliegenden Tälern erstreckten sich weite Haine von Oliven-, Maulbeer- und Feigenbäumen. So war Antiochia für die Franken eine höchst reizvolle Stadt, und Wilbrand von Oldenburg, jener Reisende des 13. Jahrhunderts, dem wir bereits begegnet sind, beschreibt sie in sehr lebhafter Weise. Er berichtet zum Beispiel detailliert über die Einwohner der Stadt, die in den kühlen Gärten mit ihrer großen Vielfalt an Bäumen spazierengehen und sich in den die Gärten durchfließenden Bächen Erfrischung verschaffen. Die Bevölkerung muß sehr zahlreich und sehr wohlhabend gewesen sein, und auf den Straßen trafen sich Menschen aller Rassen. Franken, Griechen, Armenier, Muslime, Syrer und Juden lebten miteinander in Frieden und Eintracht.

Um diesen Frieden in der Stadt über längere Zeit zu gewährleisten, mußten jedoch die Zugänge zu Antiochia gut verteidigt werden. Im Norden bewachten eine Reihe von Burgen die am Meer verlaufende Straße und die Hügel von Amanus. Eine von ihnen, Baghras, war eine alte byzantinische Burg, die von den Kreuzfahrern neu hergerichtet wurde.

Noch in der ersten Hälfte des 12. Jahrhunderts versuchten die Fürsten von Antiochia dann verstärkt nach Osten vorzudringen und sich jenseits des Orontes fest niederzulassen. Dazu mußte natürlich eine neue Verteidigungslinie geschaffen werden, die sich aus befestigten Plätzen und Burgen zusammensetzte. Harim, Athareb und Zerdana sind nur einige dieser Orte. Eine zweite Verteidungslinie verlief in der Nähe der Ufer des Orontes. Zu ihr gehören Darkush, Arsican, Besselmon und die große Stadt Apameia auf der rechten Seite des Flusses sowie die mächtige Doppelburg Shogur-Bakas in der Nähe von Djisr esh Shogur, Kefredin, Qalaat el Aïdo, Sermaniye und Burzey auf der linken Flußseite.

Im Süden von Antiochia schließlich erhob sich hinter dem sumpfigen Gebiet Ghab, wo sich der Orontes stark verbreitert und regelrechte Seen ausbildet, die Kreuzritterburg Sahyun. Diese Burg beherrschte, wie gesagt, die wichtigsten Straßen von Lattakia nach Antiochia und über den Orontes hinaus.

Sahyun war, wie es scheint, die bedeutendste Burg, die die Franken in der ersten Zeit ihrer Besetzung errichteten. Der Krak des Chevaliers, der erst im 13. Jahrhundert beträchtlich ausgebaut wurde, war zu jener Zeit noch eine relativ kleine Festung im Vergleich zu der mächtigen Zitadelle Sahyun. Über das genaue Datum der Einnahme dieser Burg durch die Franken wissen wir nichts. Wir können nur die Vermutung anstellen, daß Tankred, der den Byzantinern im Jahre 1108 den Hafen von Lattakia entriß, sich zuvor Sahyuns bemächtigt hatte, um einen Stützpunkt für die gegen die Hafenstadt gerichteten Angriffe zu haben.

Der erste Herr über Sahyun war vermutlich ein Vasall des Fürsten von Antiochia und ein Sohn Fulkos mit Namen Robert. Dieser Robert, über den wir nur wenige Angaben haben, muß eine namhafte Persönlichkeit gewesen sein, die in der Geschichte des Fürstentums Antiochia einen wichtigen Platz einnahm. Das gleiche gilt für seinen Sohn Wilhelm. Die beiden können als wahre Helden bezeichnet werden, deren Taten so beachtlich waren wie die Mauern der Festung Sahyun, die wahrscheinlich von dem einen oder dem anderen, wenn nicht von allen beiden befestigt wurde.

Robert taucht in der Geschichte im Jahre 1108, und zwar an der Seite von Tankred auf. Er wird in einem Dokument genannt, in dem der Normanne die Pisaner für die Hilfe entschädigte, die sie ihm beim Kampf gegen die byzantinische Streitmacht Kaiser Alexios' und vor allem beim Angriff auf Laodizäa geleistet hatten.

Wenig später, um 1100, bemächtigte sich Tankred der jenseits des Orontes gelegenen befestigten Plätze Athareb und Zerdana, und man darf annehmen, daß er Zerdana alsbald dem Schutz Roberts anvertraute, da dieser nur vier Jahre später (im Jahre 1114) sein in der Nähe von Zerdana gelegenes Land Merdiq der in der Diözese Chartres gegründeten Abtei Josaphat schenkte.

In der Folgezeit wagte Tankred sich bis nach Aleppo vor. Er bedrohte die Stadt, schnitt sie vom Umland ab und nahm ihr dadurch jegliche Möglichkeit zur Versorgung von außen. Dann forderte er vom Sultan von Aleppo einen jährlichen Tribut und verlangte die Auslieferung aller christlichen Gefangenen.

Im Jahre 1115 wurde Zerdana von Bursuk, dem Atabeg von Mossul, angegriffen. Der Fürst von Antiochia eilte sofort zur Hilfe herbei und überraschte Bursuk in der Nähe von Sermin. Am 14. September wurde das Heer des Atabegs vernichtend geschlagen. Robert, der an diesem Kampf teilgenommen hatte, wird zusammen mit Alain, dem Herrn über Athareb, und Guy Fresnel, dem Herrn über Harim, als einer der Helden des Tages erwähnt.

Nur wenige Monate zuvor, genauer gesagt im Juli 1115, hatten Togtekin, der Atabeg von Damaskus, und Il Ghazy, der Fürst von Mardin, versucht, Roger, den Fürsten von Antiochia, als Verbündeten gegen Bursuk zu gewinnen. Das Bündnis wurde im Lager der Muslime, am Rande des Sees von Homs besiegelt. Bei dieser Gelegenheit schloß Robert von Sahyun, den die arabischen Chroniken als den aussätzigen Grafen bezeichnen, Freundschaft mit Togtekin. Er sagte zu ihm: »Ich weiß nicht, wie ich dir meine Gastfreundschaft beweisen kann, aber verfüge über meine Länder, deine Krieger können in ihnen kommen und gehen wie sie wollen, wenn sie nur meine Leute in Frieden lassen und niemanden töten. Was die Herden und die Nahrungsmittel anbelangt, so können sich deine Mannen nach Belieben bedienen.«

Es gibt noch weitere Beispiele für die freundschaftlichen Beziehungen zwischen Franken und Muslimen. Nachdem sie gegenseitig auf dem Schlachtfeld ihre Tapferkeit bewundert hatten, unterhielten sie in Friedenszeiten oft gute Beziehungen. Doch wenn dann der Waffenstillstand ein Ende hatte, kam die Blutfeindschaft mitunter wieder zum Ausbruch, und genau das war auch bei Togtekin der Fall.

Im Jahre 1118 drang der Fürst von Antiochia noch weiter in das Gebiet jenseits des Orontes vor und nahm vor allem Azaz im Norden von Aleppo ein. Darüber hinaus verstärkte er die Position seines Fürstentums im Süden und nahm einer Gruppe von Bergbewohnern das im Süden von Sahyun gelegene Balatunus/Qalaat Mehelbe weg, das er Robert vermutlich alsbald als Lehen gab.

Ein Jahr später fand dann Robert, der Herr über Sahyun, Balatunus und Zerdana, unter tragischen Umständen einen glorreichen Tod: Am 28. Juni 1119 wurde das fränkische Heer, nachdem Roger von Antiochia mit einer unzureichenden Zahl von Streitkräften Il Gazy im Norden von Aleppo angegriffen hatte, besiegt und der Fürst von Antiochia in der Schlacht getötet. Kurz darauf belagerte der Emir Zerdana, dessen Garnison sich am 12. August nach zähem Widerstand vom Hunger erschöpft ergab. Doch das Heer des Königs von Jerusalem, dem sich die Truppen der Grafschaften Edessa und Tripolis angeschlossen hatten, war bereits auf dem Weg und traf am 14. August in Tel Danit, im Süden von Sermin, auf das Heer von Il Gazy und Togtekin. Nach einem langen und harten Kampf beherrschte König Balduin II. das Schlachtfeld. Robert spielte bei diesem Kampf eine wichtige Rolle. Bereits zu Beginn der Schlacht gelang es ihm, an der Spitze einer Kavallerieeinheit die muslimische Armee zurückzudrängen. Und da er sich des endgültigen Sieges gewiß war, eilte er sofort der Stadt Zerdana zur Hilfe, von der er noch nicht wußte, daß sie kapituliert hatte. Auf dem Weg nach Zerdana erfuhr er von der Kapitulation und machte kehrt, um zum Schlachtfeld zurückzureiten. Dabei traf er auf ein muslimisches Kontingent, das seine Truppe auseinandersprengte. Fünf Tage später wurde Robert verletzt und gefangengenommen. Robert, ein wahrhaft großer Herrscher, setzte selbst für sich ein Lösegeld in der Höhe von 10000 Goldmünzen fest. Togtekin jedoch forderte ihn dazu auf, sich zum islamischen Glauben zu bekennen. Als Robert stolzen Hauptes ablehnte, zog der wütende Emir sein Schwert und hieb seinem ehemaligen Freund den Kopf ab. Dann ließ er die Haut von dem Schädel entfernen und beauftragte einen geschickten Goldschmied damit, daraus eine mit Diamanten geschmückte Trinkschale zu machen. Auf diese Weise endete Robert, der erste Herr über Sahyun.

In den darauffolgenden Jahren stießen der König von Jerusalem, Balduin II., und der Graf von Edessa, Joscelin I., erneut in das Gebiet von Aleppo und sogar darüber hinaus bis zum Euphrat vor. Aleppo war nahe daran aufzugeben, konnte aber letztendlich doch nicht eingenommen werden. Dafür gelang den Franken im Jahre 1121 die Rückeroberung der Stadt Zerdana, deren Festung sie wieder aufbauten und dem Sohn Roberts, Wilhelm, übergaben. Dieser wurde dort nur ein Jahr später (1122) erneut von den Arabern bedroht. Vierzehn Tage lang belagerte Il Gazy die Stadt und bombardierte sie mit schweren Wurfgeschossen. Der König von Jerusalem und der Graf von Tripolis eilten alsbald mit 300 Rittern und einer 400 Mann starken Fuß-

weiter Seite 65

Die Bildseiten

Sahyun

1 *Die Kreuzritterburg Sahyun mit den Ruinen der byzantinischen Burg.*
2 *Der große Graben mit Felssporn und Brückenansatz. Links unten: der Eingang zum Gefängnis.*
3 *Südlicher Teil des großen Grabens mit dem Donjon und den Türmen 1 und 2.*
4 *Südseite der Burg mit Rundturm 3, byzantinischer Kurtine und Turm 4.*
5 *Blick von den Mauern hinunter in den großen Graben. Turm 1.*
6 *Blick vom Burghof aus auf Turm 4, die byzantinischen Mauern sowie die südwestliche Ecke des Donjons mit dem Eingang.*
7 *Untergeschoß des Donjons.*
8 *Obergeschoß des Donjons.*
9 *Turm 1 von innen.*
10 *Ställe.*
11 *Speicher.*
12 *Große Zisterne.*

Kerak

13 *Raum unter der Unterburg (arabischer Bau).*
14 *Raum unter der Unterburg (arabischer Bau).*
15 *Ostseite: Donjon und Burganlage. Rechts die Stadt Kerak.*
16 *Ostseite: Donjon und Burganlage.*

I

3

4

6

8

12

truppe herbei und leisteten Wilhelm Hilfe. Il Gazy brach die Belagerung sofort ab. Kurze Zeit später griff er Zerdana dann erneut an, zog sich aber beim abermaligen Herannahen König Balduins endgültig zurück.

Wilhelm von Sahyun starb im Jahre 1132. Wie sein Vater war er einer der mächtigsten Vasallen des Fürsten von Antiochia. Und wenn man bedenkt, daß Sahyun und Zerdana in einer Entfernung von 75 Kilometern Luftlinie gelegen sind, dann herrschte er in der Tat über ein ansehnliches Gebiet.

Ein Blick auf die Landkarte läßt uns besser verstehen, weshalb sich die Franken und die Muslime so sehr um die Stadt Zerdana stritten. Zerdana lag in einem außerordentlich fruchtbaren Gebiet namens Djasr und bewachte zudem die Enge von Ermenaz, die den Djebel el Ala in Ost-West-Richtung durchschneidet und durch die eine wichtige Verbindungsstraße zwischen Aleppo und Antiochia führte. Im Südwesten schließlich lief an Zerdana die Straße von Aleppo nach Lattakia vorbei, an der auch Sermin, Shogur und Sahyun lagen, und so hatte der Herr von Sahyun und Zerdana eine direkte Verbindung zu seinen Besitztümern an der östlichen Grenze des Fürstentums Antiochia.

Über die Herren von Sahyun nach Wilhelm wissen wir nur sehr wenig. Bekannt sind uns lediglich ihre Namen, und auch das nur, wenn sie in einer Urkunde Erwähnung fanden. Dagegen liefern uns die arabischen Historiker zahlreiche Informationen über die Einnahme der Festung durch Saladin im Jahre 1188. – Nach seinem überwältigenden Sieg von Hattin am 4. Juli 1187 und seinem triumphalen Einzug in Jerusalem am 2. Oktober des gleichen Jahres fiel Saladin im darauffolgenden Jahr im Libanon und in Syrien ein. Er bemächtigte sich der Hafenstädte Sidon, Beirut und Giblet/Djebeil, kapitulierte aber in Tartus vor dem mächtigen Donjon der Templerburg. Auch am Krak des Chevaliers mußte der Sultan eine Niederlage einstecken, und an den Mauern der Kreuzritterfestung Marqab, die in den Besitz der Johanniter übergegangen war, zog er lediglich vorbei und wagte es nicht, sie anzugreifen. Dann setzte er seinen Eroberungszug nach Norden fort, mit dem Ziel, die wichtige Stadt Antiochia einzunehmen. Damit ihm das gelingen konnte, mußte er sich zuerst freie Bahn verschaffen und einige wichtige befestigte Orte im Süden der christlichen Stadt in seine Hand bringen. Als schwierigstes Hindernis war dabei Sahyun zu überwinden.

Von der Belagerung Sahyuns wird in mehreren arabischen Chroniken berichtet. Unter anderem sind uns auch zwei Berichte von Augenzeugen bekannt, die aktiv an den Kämpfen teilgenommen haben.

Saladin, der von Lattakia aus losgezogen war, stand am 26. Juli 1188 mit seinem Heer und sechs großen Wurfmaschinen vor Sahyun. Der Sohn des Sultans, ed Daher, stellte zwei Wurfmaschinen auf dem Hügel über der Schlucht in der Nähe der Burgmauern auf, vermutlich an der nordöstlichen Ecke, am einen Ende des großen Grabens. Saladin dagegen plazierte seine Mannen und die übrigen Wurfmaschinen auf der anderen Seite des Grabens auf dem Bergrücken gegenüber der Hauptseite der Burganlage.

»Die Festung besitzt fünf Mauern ...«, berichtet einer der Augenzeugen. »Am Mittwoch, dem 27., wurde sie von allen Seiten umzingelt, und schon am frühen Morgen begann der Sultan mit der Belagerung ... Die Kämpfe und der Beschuß durch die Wurfmaschinen nahmen kein Ende mehr, so daß bereits am Donnerstag, dem 28., die Mauern zu bröckeln begannen ...«. Die Belagerten versuchten einen Ausbruch aus der Burg und legten bei allen Angriffen großen Mut an den Tag. Doch den Wurfgeschossen und den Pfeilen der Muslime fielen zahlreiche Franken zum Opfer, und die Mehrzahl der Kämpfenden wurde entweder getötet oder verwundet. Am Freitag morgen wurde durch eine Wurfmaschine des ed Daher ein großes Loch in die Mauer gerissen, durch das die Belagerer in die Burg eindringen konnten. Zur gleichen Zeit wurden die Mauern der Unterburg bezwungen, und eine wütende Schar von Muslimen ergoß sich in den Hof. »Ich sah, wie unsere Leute den Franken die Töpfe mit dem zubereiteten Essen aus den Händen rissen und sie während des Kampfes leerten ...« – »Die Franken«, wird in einer anderen Chronik berichtet, »zogen sich auf den Hügel zurück, der von der Burg beherrscht wurde (hierbei handelt es sich vermutlich um die byzantinische Burg, die den höchsten Punkt der ganzen Anlage bildet), und da sie die Schlacht verloren wußten, ergaben sie sich. Der Sultan setzte ein Lösegeld fest und ließ die Krieger mit ihren Frauen und Kindern davonziehen. Dann setzte er am nächsten Tag seinen Eroberungszug fort.« Ein anderer Chronist fügt als Ergänzung hinzu: »Die Einnahme von Sahyun bestärkte den Sultan in seiner Hoffnung auf die baldige Eroberung Antiochias, denn die Burg war der Schlüssel und der wichtigste Stützpunkt im ganzen Lehen: das Tor stand nun offen und der Weg war frei.« Trotz der Gunst der Stunde willigte der Sultan, nachdem er in den darauffolgenden Wochen noch einige andere Burgen erobert hatte, in einen Waffenstillstand ein und kehrte nach Aleppo zurück, ohne Antiochia angegriffen zu haben.

Noch heute kann man in Sahyun deutliche Spuren der Belagerung von 1188 feststellen. Dies vor allem an der nordöstlichen Ecke, auf die der Sohn Saladins mit seinen Wurfmaschinen gezielt hatte. Rechts von dem Tor oberhalb des Grabens wurde die Mauer grob ausgebessert, eine Arbeit, die ganz deutlich den Muslimen zuzuschreiben ist. Und wenn wir diese Ecke der Anlage vom Innern des Hofes aus betrachten, dann fällt uns ein Raum auf, der in nichts an die Bauweise der Franken erinnert und daher ebenfalls auf die Araber zurückzuführen sein dürfte.

Bleibt uns noch der Versuch, die Bauzeit von Qalaat Sahyun zu präzisieren. Wie wir wissen, waren die ersten Herren von Sahyun sehr reich. Das Bündnis, das Robert mit Togtekin, dem Atabeg von Damaskus, schloß, ist ein Zeugnis von der Macht und dem Reichtum des Franken. Und als Robert dann der Gefangene Togtekins wurde, setzte er für sich ein beinahe königliches Lösegeld fest. Den Emir interessierte jedoch nicht in erster Linie das Geld, sondern die Bekehrung seines ehemaligen Freundes, und als er dieses Ziel nicht erreichte, tötete er den Franken und ließ dessen Schädel mit kostbaren Steinen verzieren. Diese makabre Ehre hätte er sicher keinem einfachen Ritter erwiesen. Robert war ein Held und durch seine heldenhaften Taten berühmt. Er war ein Gegner, dessen Tod als ein Triumph empfunden wurde und an den eine glorreiche Erinnerung bewahrt werden mußte.

Von seinem Sohn Wilhelm weiß man, daß er ebenfalls eine bedeutende Persönlichkeit war. Seinetwegen machte sich der König von Jerusalem im Jahre 1121 zur Rückeroberung Zerdanas auf den Weg, und noch zwei weitere Male setzte er sein Heer in Marsch, um Wilhelm zu Hilfe zu eilen.

Der große Reichtum, das weitläufige Lehen und der Gewinn, den der Herr über Sahyun, Balatunus und Zerdana aus seinen Ländereien zog, erklären, wie es ihm gelingen konnte, diese imposante Festung zu bauen. Sie war eindeutig das Werk eines prunkliebenden Herrschers, der an Arbeitskräften nicht sparen mußte und der auch vor höchsten Kosten nicht zurückschreckte. Es war ihm wichtig, eine große, wehrhafte und prächtige Burg zu errichten.

Wenn man diese Burg, die wir auf die erste Zeit der fränkischen Eroberung datiert haben, mit anderen Kreuzritterburgen aus jener Zeit vergleicht, fällt auf, daß diese weniger schön sind und die Arbeiten mit geringerer Sorgfalt ausgeführt wurden. In Sahyun dagegen wurde schon in jenen frühen Jahren eine erstaunliche Perfektion an den Tag gelegt, was auf den ersten Blick nicht ganz zu unserem Datierungsvorschlag passen mag. Erklären läßt sich der Sachverhalt jedoch durch den Reichtum der ersten beiden Burgherren. Während man bei den anderen Burgen aus jener Zeit dazu gezwungen war, möglichst schnell und vor allem kostensparend zu bauen, wurden in Sahyun keine Kosten gescheut und eine große Zahl von guten und sehr präzise vorgehenden Arbeitskräften eingesetzt. Diese trennten die Burg durch den tiefen, langen und breiten Graben, den sie aus dem harten Felsen herausschlugen, von dem Bergrücken ab und errichteten auch die hohen und ungewöhnlich starken Mauern, deren Steine von einer Größe sind, wie wir sie allenfalls im 13. Jahrhundert in Atlit wiederfinden. Man muß sich vor Augen halten, daß einige Steine des Donjons von Sahyun ganze vier Meter lang sind. Vor allem aber verrät das Bossenwerk der Burg eine ausgereifte Technik, während man in anderen Burgen aus jener Zeit vergleichsweise unbeholfen vorging und die Vorsprünge der Steine nur grob mit Bossierhammer und Stecheisen abschlug. In Sahyun dagegen wurden die Kanten mit aller Vorsicht entfernt und die Seiten des Steins sorgfältig mit dem Meißel nachbehandelt und geglättet.

Ob nun Robert oder sein Sohn Wilhelm der Bauherr von Qalaat Sahyun war, läßt sich nicht genau sagen. Vermutlich können wir jedem einen Teil der Bauten zuschreiben. Eine Hypothese wäre zum Beispiel die, daß Robert sich zunächst mit der Instandsetzung der byzantinischen Mauern begnügte und dann mit dem Bau der großen Befestigungsanlagen begann. Wilhelm schließlich hätte das Werk seines Vaters zu Ende geführt. Von Fulcher von Chartres ist uns überliefert, daß der König von Jerusalem sich nach seinem Sieg von Tel Danit im August 1119 nach Antiochia begab, die Ausbesserung der Burgen in der Nähe der Stadt befahl und unter den Familienangehörigen der gefallenen Lehnsherren diejenigen aussuchte, die in den Lehen als Nachfolger eingesetzt werden sollten. Bei dieser Gelegenheit wurde sicher auch Wilhelm als Nachfolger Roberts bestimmt und ihm die Burg Sahyun als Lehen übergeben. Er sollte sie weiter ausbauen und eine möglichst großangelegte Konstruktion schaffen, um die Straßen nach Antiochia besser zu bewachen und die Stadt so vor einem Angriff zu schützen.

Es gibt keinen geschichtlichen Anhaltspunkt dafür, daß die Burg zu einer späteren Zeit errichtet wurde. Die Herren von Sahyun, die die Burg nach Wilhelm übernahmen, sind kaum bekannt, und man darf davon ausgehen, daß keiner von ihnen die Berühmtheit Roberts oder Wilhelms erlangte. Aus all diesen Gründen, vor allem aber von dem mächtigen und perfekt ausgeführten Bauwerk her gesehen, in dem alte byzantinische Bautraditionen aufgegriffen und von den Franken vervollkommnet wurden, kann man das Bauwerk auf die Zeit um 1120 datieren.

Abschließend soll noch eine Bemerkung über den künstlichen Graben an der Ostseite der Burg gemacht werden. In der Felswand gegenüber der Festung sieht man ziemlich weit unten in der Nähe des Brückenpfeilers Vertiefungen mit einer Reihe von Rüstlöchern darüber. Diese Vertiefungen waren in den Felsen gehauene Futterkrippen und Tränken, die über die senkrechten Felsspalten von oben mit Wasser gefüllt wurden. Die Rüstlöcher weisen auf die Plazierung der Querbalken hin, die ein schützendes Wetterdach trugen. Es ist anzunehmen, daß die Ritter ihre Pferde in Friedenszeiten oft in dem Graben ließen und sie dort fütterten und tränkten.

An der anderen Felswand, unterhalb der Kurtine zwischen dem Tor und dem Donjon, kann man in einer Höhe von ungefähr sechs Metern über dem Boden des Grabens eine Aushöhlung im Felsen erkennen (Bild 2). Wenn man mit Hilfe einer Leiter bis dort hinaufsteigt, gelangt man in einen schmalen Gang, hinter dem ein großer, durch einen Mittelpfeiler abgestützter Raum mit einer Seitenlänge von ungefähr zehn Metern liegt. Dieser Raum ist völlig dunkel und hat keine Verbindung zum Innern der Burganlage. In seine Wände sind vier Nischen eingelassen, die jeweils als Schlafplatz dienten. Wir befinden uns hier im Gefängnis von Sahyun.

Es ist nicht bekannt, ob dieses Gefängnis von den Franken oder von den Muslimen eingerichtet wurde. Doch wahrscheinlich starb in dem einsamen Verlies im Jahre 1227 Pierre de Queivillers (Somme), einer der zahlreichen Ritter aus der Picardie, die als Kreuzfahrer ins Heilige Land gezogen waren. Von seinem Tod erfahren wir aus einem Brief seines Sohnes Gautier, der an den Johanniterorden gerichtet ist. Pierre war von den Sarazenen gefangengenommen und nach Sahyun gebracht worden. Daraufhin wandte sich Gautier an den Orden, zu dessen Aufgaben unter anderem der Freikauf der christlichen Gefangenen gehörte. Dies konnte jedoch anscheinend nicht rechtzeitig geschehen, denn am 8. Mai teilte Gautier dem Orden mit, daß ihm der Tod seines Vaters im Gefängnis von Sahyun übermittelt worden sei.

Die Kreuzritterburg Kerak

Die Burg von Sahyun und die Kreuzritterburg Kerak haben eine vergleichbare Geschichte. Erstere wurde von einem Vasallen des Fürsten von Antiochia beherrscht, um 1120 erbaut und im Jahre 1188 von Saladin erobert. Letztere hatte als Oberhaupt einen der großen Barone des Königs von Jerusalem, den Herrn des Oultrejourdain, des Landes jenseits des Jordan. Die Burg von Kerak wurde im Jahre 1142 erbaut und in den darauffolgenden Jahren noch weiter befestigt. Sie galt lange Zeit als uneinnehmbar und hielt zahlreichen schweren Angriffen stand. Erst Saladin, der seine Truppen zum wiederholten Male im März 1188 vor der mächtigen Burg zusammenzog, gelang es nach langen Belagerungsmonaten gegen Ende desselben Jahres, ihre Führung zu übernehmen – jedoch auch nur durch Aushungern der Burgbewohner.

Besichtigung

Die Stadt Kerak, die mehrere Male in der Bibel Erwähnung findet, liegt in einer Höhe von 933 Metern über dem Meeresspiegel auf einer sich in nordsüdlicher Richtung erstreckenden Hochebene, die im Osten und im Westen in zwei steilen Hängen abfällt. An diese grenzt im Osten das Ain es Sitt (die Quelle der Herrin) und im Westen das Wadi el Frandji (der Fluß der Franken) an, die im Norden zusammenlaufen und das in das Tote Meer mündende Wadi Kerak bilden. Die Hochebene kann als eine Fortsetzung der Bergkette von Moab gesehen werden, mit der sie durch zwei Landengen verbunden ist. Diese wurden, um die Hochebene besser isolieren zu können, von Menschenhand durch zwei tiefe Gräben abgeschnitten. Im Westen sieht man von dem Plateau aus in einer Entfernung von ungefähr 18 Kilometern das Tote Meer.

Nach ihrer Ankunft im Heiligen Land errichteten die Kreuzfahrer im Süden der Stadt Kerak ihre Zitadelle, die die gesamte südliche Landenge einnimmt (Bild 15). Die Umfriedung dieser Festung erstreckt sich über eine Länge von 250 und eine Breite von 80 bis 135 Metern.

Ein ungefähr 20 Meter breiter Graben, der heute fast vollständig zugeschüttet ist, trennt die Nordseite der Burg von der Stadt. Auf der Südseite hat man die Burg durch einen noch breiteren Graben abgetrennt. Er mißt etwa 30 Meter und bot einen guten Schutz vor feindlichen Angriffen, die von dem gegenüberliegenden, sich ungefähr 20 Meter über der Burg erhebenden Hügel ausgingen. Zudem setzte man an die Südseite noch einen breiten Donjon, der den mächtigsten Teil der Befestigungsanlage bildet. In der gleichen Weise ging man bei den Burgen von Subeibe und Marqab vor, die eine ähnliche geographische Lage haben.

Von der fränkischen Kreuzritterburg Kerak stehen noch heute bedeutende Teile. Der Donjon und die eindrucksvollen Bauten der Unterburg im Westen dagegen sind ein Werk der Araber. Man kann jedoch sowohl an den Seiten des Donjons als auch an der westlichen Anlage auch Spuren des fränkischen Bauwerks erkennen und hat damit einen Beweis dafür, daß die Araber ihre Festung auf den Fundamenten der Frankenburg errichtet haben.

Allein schon aufgrund der Verschiedenartigkeit der verwendeten Materialien kann man die Arbeiten der Kreuzfahrer gut von denen der Muslime unterscheiden. Die Franken bauten mit einem sehr harten, rötlich-schwarzen vulkanischen Stein, der von ihnen lediglich grob behauen wurde. Es handelt sich hierbei um den gleichen Stein, der auch den Felsengrund der Festung bildet. Die Araber dagegen verwendeten einen weichen, grau-gelblichen Kalkstein, aus dem sie verhältnismäßig regelmäßige Quader hauten. Sie bezogen ihn von einem Steinbruch, der westlich von der Burg in nur geringer Entfernung lag.

Der Grundriß der Burg gleicht einem Trapez. Seine annähernd gleich großen Längsseiten messen im Osten 220 und im Westen 240 Meter. Die Nordseite dagegen ist mit ihren 135 Metern wesentlich breiter als die Südseite mit ihren 85 Metern.

Die Nordseite der Burg liegt, wie bereits erwähnt, gegenüber der gleichnamigen Stadt. Der 20 Meter breite Graben dazwischen hatte ursprünglich eine Tiefe von ungefähr 30 Metern und wurde von einer sehr hohen Mauer beherrscht, die man an ihren beiden äußeren Enden durch je einen Vorsprung verstärkte. Im östlichen Vorsprung wurde ein von einem Spitzbogen überwölbtes, heute kaum mehr erkennbares Tor angelegt, das ursprünglich wohl den Hauptzugang zur Burg bildete. Auf dieser Seite ragt der Felsen auch ziemlich weit in den Graben hinein und bildete vermutlich den Brückenkopf, der die Festung einst mit der Stadt verband.

Die Ostseite der Burg erhebt sich über dem Wadi es Sitt mit den dahinterliegenden Hügeln, über die die von Amman kommende Straße führt. Der steile Hang über dem Tal ist vor der äußersten Festungsmauer zum Teil von einem mächtigen Steinpflaster überzogen, das das Erklettern des Hanges unmöglich machte.

Die Architektur dieser Ostseite (Bild 15 und 16) stammt fast vollständig aus fränkischer Zeit; die Eingriffe der Araber sind hier nur unbedeutend. Die vier rechteckigen, mit Schießscharten versehenen Türme sind durch Kurtinen miteinander verbunden. Bei einem Erdbeben im Jahre 1927 ist die ganze Frontmauer des ersten Turmes eingestürzt und gibt nun den Blick ins Turminnere frei. Dort sieht man die Überreste der drei tonnengewölbten Geschosse. Der obere Teil des ersten Turmes wurde von den Arabern nach der Einnahme der Festung erneuert. Die Spuren der Ausbesserung kann man ganz deutlich an der Verschiedenartigkeit des Mauerwerks erkennen. Sieben Schichten von großen Bossensteinen kennzeichnen das Werk der Muslime. Ein solches Mauerwerk finden wir in Kerak bei allen arabischen Bauten wieder.

Nach dem dritten Turm beginnt das Hangpflaster, das etwa 35 Meter weit die Steilfläche hinunterreicht und sich über eine Länge von ungefähr 100 Metern erstreckt. Dieses Hangpflaster wurde von den Franken angelegt. Wir finden es auch im Westen sowie im Süden am Fuß des Donjons.

Auf der Südseite ist dem Donjon an den beiden Ecken eine Wallmauer vorgelagert, von der heute noch einige Reste erhalten sind. Unterhalb des Hangpflasters liegt ein großes rechteckiges Becken mit einer Länge von 55 und einer Breite von 12 bis 20 Metern, das von drei fränkischen Mauern eingefaßt wird. Dieses Becken wird im Arabischen als *Birket Nassar* bezeichnet und ist ein Reservoir, das zur Wasserversorgung der Garnison diente. Während das Wasserreservoir des Krak des Chevaliers zwischen den beiden Umfassungsmauern liegt, befindet es sich in Kerak außerhalb der Mauern (das gleiche trifft auch auf andere fränkische Burgen wie Beaufort und Akkar zu), denn im Innern hätte es hier zuviel Platz beansprucht.

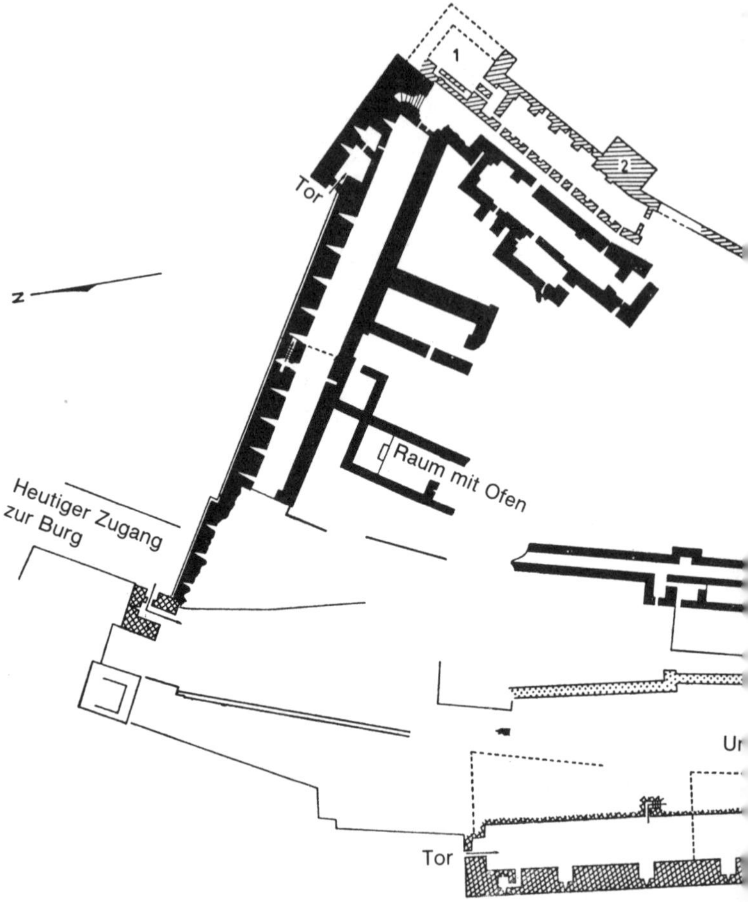

Die Kreuzritterburg Kerak

Die Westseite der Kreuzritterburg soll erst bei der Beschreibung der Unterburg behandelt werden. Zunächst einmal wollen wir uns mit dem Innern der imposanten Burganlage befassen.

Der obere Hof der Burg hat eine Länge von 180 Metern. Seine Breite verringert sich von 75 Metern im Norden auf 36 Meter im Süden. Im Norden wird der Hof durch eine lange, an den Graben angrenzende Stallanlage begrenzt, im Osten durch die vier rechteckigen, durch Kurtinen miteinander verbundenen Türme und im Westen durch die Vorsprünge und die Kurtinen, die die Unterburg beherr-

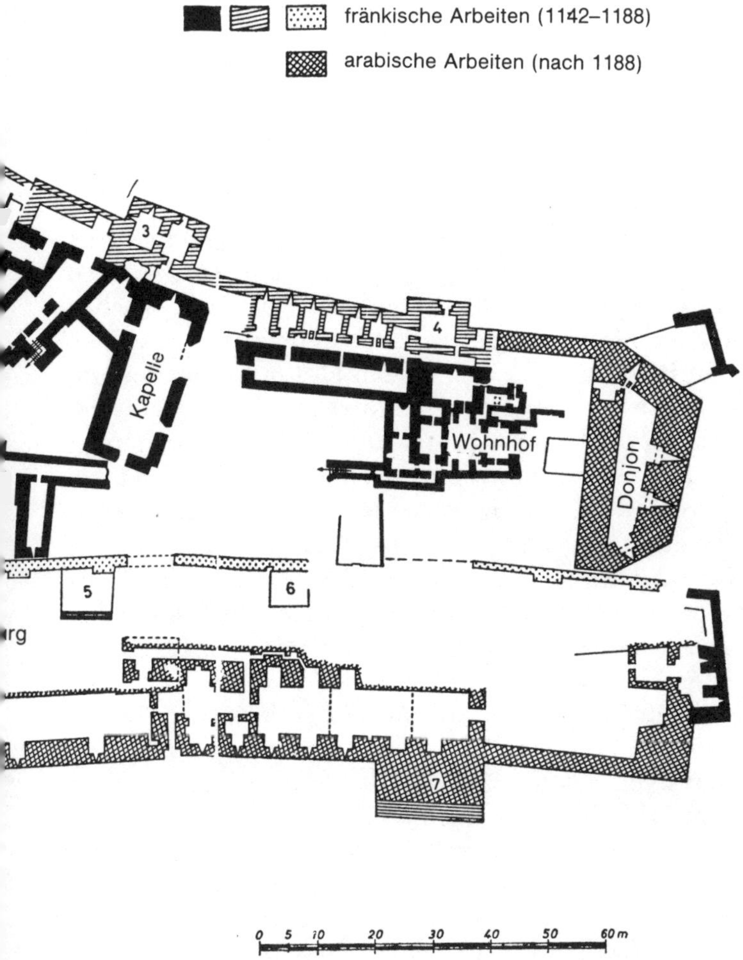

schen. Im Süden schließt die Oberburg dann mit dem mächtigen Donjon ab. In der Mitte der oberen Anlage erhebt sich die Ruine der Kapelle, deren Rundtonne eingestürzt ist. Wir haben es hier mit einem bescheidenen romanischen Sakralbau mit halbkreisförmiger Apsis zu tun, deren einziges Fenster einer Schießscharte gleicht. Das Langhaus erhielt einst durch vier schmale und hohe Fenster Licht. Seine Wände waren ursprünglich mit Personendarstellungen geschmückt, von denen man im vergangenen Jahrhundert noch Überreste sehen konnte. 1929 fand man nur noch wenige Spuren gemalter Ornamente.

In den Boden des Hofes sind eine Reihe kreisförmiger Öffnungen mit einem Durchmesser von ungefähr zwei Metern eingelassen, die den darunterliegenden Räumen Luft und Licht verschaffen. In dieser Art Untergeschoß befindet sich auf der nördlichen Seite ein Ofen. Zwischen der Kapelle und dem Donjon liegt dann eine 36 Quadratmeter große rechteckige Öffnung, die auf einen kleinen Hof hinuntergeht. In den um diesen gruppierten Räumen ist vermutlich der Palas des Herrschers von Kerak und seiner Familie zu sehen, in den man durch ein heute noch erkennbares Tor gelangte. Eine Treppe im Norden machte den Hof und damit die Wohnung zugänglich.

Der Donjon, ein ausschließlich arabischer Bau, hat auf seiner am oberen Hof gelegenen Seite eine Länge von 36 Metern. Auf seiner Außenseite mißt er dagegen nur 25 Meter und wird von zwei wie abgeschlagen wirkenden Mauerflächen flankiert. Er setzt sich aus einem unteren, mit den Räumen unter dem oberen Hof in Verbindung stehenden Raum, einem weiteren Raum in Höhe des oberen Hofes und zwei übereinanderliegenden, sich zum oberen Hof hin in breiten Nischen öffnenden Geschossen zusammen. Den oberen Abschluß bildet eine zinnengekrönte Brüstung. Insgesamt ist der Donjon fünf Stockwerke hoch, die allesamt mit Schießscharten bestückt sind.

Auf der Westseite wird die Burg gleich durch zwei Umfassungsmauern geschützt: eine innere Mauer, die den Abschluß des oberen Hofes bildet und sich sehr hoch über der Unterburg erhebt, sowie einen äußeren Ring, der auch die Unterburg mit einschließt.

Die innere Umfassungsmauer stammt aus fränkischer Zeit. Sie wurde jedoch von den Arabern durch zwei Vorsprünge verstärkt, die vielleicht ebenfalls von den Franken errichtet und von den Arabern dann nur neu verkleidet wurden. Auch im unteren Teil der Burg finden wir Öffnungen, die noch tiefer liegenden Räumen Licht geben (Bild 13). Eine dieser Öffnungen (Bild 14) hat einen Durchmesser von sieben Metern und wird von einer Krone aus Steinen eingefaßt, die sich auf zwischen vier Spitzbögen gespannte Pendentifs stützt. Rechts und links von der Öffnung schließen sich in diesem unteren Geschoß zwei lange Räume an, die parallel zu der äußeren Umfassungsmauer liegen. Die ganze Westfront, die sich über zwei Stockwerke erstreckt, einen zweiten Eingang zur Burg aufweist und durch zahlreiche Schießscharten verteidigt wurde, ist samt ihrem 18 Meter langen Vorsprung ein Werk der Araber. An der gleichen Stelle befand sich jedoch einstmals eine von den Franken errichtete Mauer, von der noch ein Unterbau an der südlichen Flanke des Vorsprungs sowie ein aus fränkischem Mauerwerk bestehender Talus existiert.

Die alte Stadt Kerak zählt heute noch einige tausend Einwohner. Sie wurde von den Herren des Oultrejourdain mit einer Mauer mit quadratischen Vorsprüngen umgeben, von der noch etliche Reste erhalten sind. Ins Innere der Stadt gelangte man durch zwei im Osten und im Nordwesten gelegene Felstunnel. In der Nähe des Tores, das den nordwestlichen Tunnel verschloß, war einst in einem Zierrahmen eine arabische Inschrift zu lesen, die besagte, daß dieser Eingang im Jahre 1227 angelegt wurde. Die Muslime verstärkten die von ihnen eroberte Stadt durch mehrere Befestigungsanlagen, von denen zwei mit Sicherheit auf Sultan Baibars zurückzuführen sind. An diesen zwei Anlagen sind Inschriften zu erkennen, die ehemals von zwei in Flachrelief skulptierten Löwen flankiert wurden. Die Löwen waren das Emblem des Sultans, das man auch an der Südfront des Krak des Chevaliers fand, die Baibars nach der Eroberung dieser Burg im Jahre 1271 instandsetzen ließ. In Kerak besteht die eine von Baibars' Befestigungsanlagen aus einem halbrunden Turm im Süden der Stadt. Durch die andere Anlage am nordwestlichen Stadtrand wird die Landenge zwischen der Bergkette von Moab und der Hochebene, auf der Kerak liegt, abgesichert. Bei ihr handelt es sich um eine massive Konstruktion von einer ähnlichen Form wie der Donjon der Burg. Sie ist ein offener Turm und hat eine Hauptseite von fast 40 Metern Länge und zwei wie abgeschlagen wirkende Seiten. Diese bedeutsame Befestigungsanlage trägt noch heute den Namen Bordj ez Zahir Baibars' (Baibars Bastion). Die beiden Löwen, die die oben genannten Inschriften flankierten, befinden sich heute am Eingang des Hospitals der Stadt Kerak.

Nach der Ankunft der Kreuzfahrer im Heiligen Land wurde Kerak zum Sitz eines lateinischen Erzbischofs. Noch zu Beginn des 20. Jahrhunderts stand im christlichen Viertel (*en Nasara*), auf dem großen Platz der Stadt eine halbzerfallene Moschee, in der R. P. Meistermann eine ehemalige Kirche der Kreuzfahrer, genauer gesagt eine dem heiligen Johannes geweihte Kathedrale, sah. Von dieser Kirche waren zu jener Zeit noch ein von einem gedrückten Spitzbogen überwölbtes Portal mit christlichen Symbolen erhalten sowie einige Pfeiler, auf denen Arkaden ruhten. Bald danach wurde der Sakralbau aber so gut wie ganz zerstört. Im Jahre 1929 konnten von ihm nur noch einige Säulenbasen gefunden werden, die ein für die erste Hälfte des 12. Jahrhunderts in Frankreich typisches Profil aufwiesen.

Die Stadt bewahrt noch große Wasserreservoirs, die von niedrigen Mauern umgeben sind und am Hang liegen. Die Becken füllen sich während der Regenzeit mit Wasser, das langsam in den Boden einsikkert und ihn dadurch für die Anpflanzung von Gemüse lange Zeit feucht hält. Im Frühjahr haben wir eines dieser Reservoirs ohne Wasser gesehen; es diente in dieser Jahreszeit als Gemüsegarten. Diese morgenländische Tradition römischen oder gar noch älteren Ursprungs ist von den Franken anscheinend übernommen worden, denn mindestens eines der Wasserreservoirs von Kerak ist auf die gleiche Weise gemauert worden wie der fränkische Teil der Burg.

Geschichte

Das nach dem ersten Kreuzzug entstandene Königreich Jerusalem besaß im Südosten, in Edom und in Moab, das heißt jenseits und unterhalb des Toten Meeres und bis zum Roten Meer, ein sehr großes Lehen, genannt Oultrejourdain oder »das Land jenseits des Jordan«. Im Jahre 1115, also fünfzehn Jahre nach seiner Krönung zum ersten König des neuen Königreichs, suchte sich Balduin I. im Süden des Toten Meeres und im Norden von Petra einen fruchtbaren und gut mit Wasser versorgten Ort aus und ließ auf einer ausreichend hohen Anhöhe eine Festung errichten, die der umliegenden Gegend Schutz bieten und die große Karawanenstraße, den Derb el Hadj, überwachen sollte. Balduin selbst arbeitete mit seinen Männern achtzehn Tage lang am Bau mit und sorgte dafür, daß in die Burg eine Garnison, Kriegsmaschinen und die nötige Verpflegung kamen. Nach ihrer Fertigstellung gab er ihr den Namen *Mons Regalis*, königlicher Berg, aus dem sich im Laufe der Zeit der Name Montreal entwickelte.

Die besagte Kreuzritterburg existiert noch heute. Sie erfuhr bedeutende Veränderungen, nachdem Saladin sich ihrer im November 1188 bemächtigt hatte. Doch auch von dem Bau König Balduins sind noch Teile erhalten. Ende des letzten Jahrhunderts entdeckte R.P. Savignac auf dem Türsturz eines Tores die Reste einer Inschrift, aus der er die Jahreszahl 1118 herauslesen wollte. – Die Burg war stark befestigt. Nach den Angaben des gallischen Klerikers und Reisenden Thietmar, der im Jahre 1217 an ihr vorbeikam, war sie von drei Umfassungsmauern umgeben.

Im Jahre 1116 begannen die Franken mit dem Bau der Burg von Li Vaux Moyse in drei Kilometer Entfernung von der Stadt Petra. In der Folgezeit wurden von ihnen noch weitere Festungen errichtet und dadurch eine von Norden nach Süden, genauer gesagt von Amman/Ahamant bis nach Elat/Aila am Roten Meer reichende Befestigungslinie ausgebaut. Von den insgesamt sieben fränkischen Verteidigungsanlagen des Oultrejourdain war die Kreuzritterburg Kerak, die sich im Süden der bereits im Altertum wichtigen gleichnamigen Stadt erhebt, die bedeutendste.

Die Stadt Kerak fand auch im Alten Testament Erwähnung, und zwar unter den Namen Kir Moab beziehungsweise Kir Heres. Ruth, die Moabiterin, brach von Kerak auf, um in Bethlehem Boas zu heiraten, dessen Nachkomme David war. Dieser führte dann seine Eltern nach Kerak zurück, um sie vor Saul in Sicherheit zu bringen. Der moabitische König Mescha wehrte in Kerak die Angriffe des israelischen Königs Joram und des judäischen Königs Josaphat ab, und Jesaja und Jeremia erwähnten die Stadt in ihren Prophezeiungen.

Während der Zeit der griechischen Herrschaft war Kerak eine blühende Stadt. Ab dem 5.Jahrhundert war sie römischer Bischofssitz und erscheint auf dem berühmten Mosaik von Madaba, einem 6 mal 15,5 Meter großen Bodenmosaik mit der Landkarte Palästinas. Aus griechischer wie auch aus römischer Zeit sind in Kerak noch einige Reste erhalten.

Bereits vor 1126 war Payen le Bouteiller vom König von Jerusalem als fränkischer Verwalter der Burg Montreal und des Landes jenseits des Jordan eingesetzt und hat, wie es scheint, auch die Stadt Kerak mit einer Umfriedung umgeben. Im Jahre 1142 ließ der große Vasall des Königreichs bei der in lateinischen Texten auch als *Petra deserti* bezeichneten Stadt dann die berühmte Kreuzritterburg Kerak errichten. Der Übersetzer des Wilhelm von Tyrus bezeichnete diese als *Crach* beziehungsweise als *Pierre du Désert*; in anderen Texten wiederum wird die Burg unter dem Namen *Crac de Montréal* erwähnt, was soviel bedeutet wie der Krak in der Nähe von Montreal, zur Unterscheidung vom *Crac de l'Hospital*, dem heutigen Krak des Chevaliers. Den Ausbau der Verteidigungsanlagen gewährleisteten die Nachfolger Payens, sein Neffe Mauritius und nach ihm Philipp von Milly.

Im Jahre 1161 erreichte das Lehen des Herrn über Transjordanien seine größte Ausdehnung. In jenem Jahr kam es nämlich zu einem Austausch zwischen König Balduin III. und dem damaligen Herrn von Nablus/Sichem, Philipp von Milly. Philipp überließ dem König Nablus und die an die Stadt angrenzenden Gebiete sowie seine Ländereien in der Nähe von Tyrus, und Balduin III. gab ihm dafür Montreal, Kerak und Amman sowie das ganze Gebiet zwischen dem im Norden von Amman gelegenen Nahr ez Zarqa und dem Roten Meer. Darüber hinaus trat Balduin an Philipp Hebron, die große judäische Stadt Abrahams ab, die in sechs Meilen Entfernung vom Toten Meer liegt.

Damit besaß der Herr über das Oultrejourdain ein sehr weites und einträgliches Gebiet. Er hatte die Kontrolle über die vom Roten Meer kommenden Händlerkarawanen, die der islamischen Pilgerstraße folgten, nannte Viehtruppen und Getreidefelder in der Hochebene von Moab sein eigen und besaß Obst- und Zuckerrohrplantagen, Balsam und Indigo aus Segor sowie Bitumen und Salz aus dem Toten

Meer, das man in der Stadt Tekoa zwischen Bethlehem und Hebron gewann.

Wenige Jahre später, vermutlich im Jahre 1165, gab Philipp sein Amt als Verwalter des großen Lehens jedoch wieder auf und trat dem Templerorden bei. Sein Lehen trat er an seine Tochter Etiennette von Milly, die Gemahlin Humfrieds III. von Toron, ab. Dieser war der Sohn Humfrieds II., des tapferen Konnetabels, den man auch als »den guten Ritter« bezeichnete. Nach dem Tod ihres Mannes heiratete Etiennette im Jahre 1172 erneut einen Konnetabel, den Seneschall Milon von Plancy. Doch auch diesem war kein langes Leben vergönnt. Bereits zwei Jahre nach der Vermählung wurde er in Akkon umgebracht.

Das Lehen, das in der Verteidigung des Kreuzfahrerlandes eine so entscheidende Rolle spielte, durfte aber nicht ohne Führung bleiben. Es brauchte einen energischen Mann an seiner Spitze. Daher glaubte König Balduin IV., der Nachfolger Balduins III., gut daran zu tun, Etiennette, *la dame dou Crac* (die Herrin des Krak), mit einem seiner besten Vasallen zu verheiraten, einem Mann, der als hervorragender Kämpfer bekannt war und nach sechzehnjähriger Gefangenschaft in Aleppo im Jahre 1176 endlich freikam.

Dieser Mann war der berühmte Rainald von Châtillon, ein Sohn des Herrn von Gien, der dreißig Jahre zuvor, höchstwahrscheinlich während des zweiten Kreuzzugs, aus dem Gâtinais ins Heilige Land gekommen und aufgrund eines geradezu unerhörten Glücks Fürst von Antiochia geworden war. Sieben Jahre lang hatte er das Fürstentum tapfer verteidigt und dadurch viel zum Ruf der Franken als mutigem Volk beigetragen. Doch können ihm auch manche Raubüberfälle zugeschrieben werden, was einerseits für die Waghalsigkeit und andererseits auch für die Skrupellosigkeit dieses »Ritters ohne Furcht, aber nicht ohne Tadel« spricht, der das lateinische Königreich in die schlimmsten Abenteuer führen sollte.

Nach seiner Befreiung aus dem Gefängnis bot Rainald dem König seine Dienste an, und kurz darauf heiratete er die Herrin über das Oultrejourdain. Sein Wiederauftauchen in den Kreisen der fränkischen Ritter tat sich sogleich durch eine herausragende Tat kund: Am 25. November 1177 brachte der König von Jerusalem dem Ajjubidensultan Saladin in Montgisard eine gewaltige Niederlage bei. In dieser Schlacht sollen viele Heldentaten vollbracht worden sein, doch Rainald übertraf alle anderen Ritter an Tapferkeit. *Or vous dirai del prince Renaud, sire dou Crac, ki fu en le bataille de Montgisart... ce fu cil qui le grignour prouece i fist* (»Man sagt von Fürst Rainald, dem Herrn des Krak, er wäre in der Schlacht von Montgisard der tapferste Kämpfer gewesen ...«), weiß der Chronist Ernoul zu berichten.

Um die Geschichte der Kreuzritterburg Kerak genauer ins Auge fassen zu können, muß man noch einmal einige Jahre zurückgehen. Bis 1163 herrschte in dem großen östlichen Grenzgebiet des Königreichs Jerusalem weitgehend Frieden, und die Garnisonen der ostjordanischen Festungen hatten lediglich die Aufgabe, die Zollkontrolle über die Karawanen des Derb el Hadj auszuüben und die ländliche Bevölkerung von Moab und Edom, die durch ihre Arbeit zum Wohlstand des fränkischen Lehens beitrug, gegen die Angriffe von plündernden Beduinen zu schützen. Doch als sich dann Nur ed Din, der Atabeg von Aleppo und Damaskus, und nach ihm auch der Ajjubide Saladin, in die ägyptischen Angelegenheiten einzumischen begannen, sahen die Burgherren der großen Festungen Montreal und Kerak nicht tatenlos zu. Wie der Chronist Ibn el Athir berichtet, mußte Nur ed Din nämlich, als er das erste Mal im Jahre 1164 eine Expedition nach Ägypten vorbereitete, »den Weg durch die Wüste, das heißt durch Edom nehmen, und da waren die Franken zu fürchten«.

Es ging jedoch nicht allein um die Verteidigung des fränkischen Territoriums, sondern vor allem darum, daß der damalige König von Jerusalem, Almarich I., genau zu jenem Zeitpunkt ebenfalls eine Politik der Eroberung Ägyptens eingeleitet hatte, in die die Herren des Oultrejourdain und ihre Truppen natürlich einbezogen wurden. Im Jahre 1167 war Almarich mit seinem Heer in Mittelägypten, und es kam zu einer großen Schlacht in der Nähe von Ashmunen. An diesem Feldzug nahmen auch Philipp von Milly sowie der zweite Gemahl Etiennettes, Milon von Plancy, teil.

Im Jahre 1170 blies Nur ed Din, der seine Truppen von Syrien nach Ägypten führen wollte und die Befürchtung hegte, daß ihm die Garnison von Kerak den Weg versperren könnte, zum Angriff auf die mächtige Kreuzritterburg. Das Heer des Königs von Jerusalem eilte unter dem Oberbefehl von Konnetabel Humfried II. von Toron alsbald herbei, um Kerak Hilfe zu leisten. Die Vorhut des Heeres wurde vom Sohn Humfrieds II. und damaligen Herrn des Oultrejourdain, Humfried III., angeführt. Sie setzte sich aus zweihundert Rittern, 1000 »Turkopolen« und einer großen Fußtruppe zusammen. So war Nur ed Din zum Rückzug gezwungen.

Doch Ende desselben Jahres wiederholte Saladin, der Lieutenant Nur ed Dins und sein Wesir in Ägypten, den Angriff auf die fränkischen Kreuzritterburgen im Oultrejourdain und kämpfte so lange, bis er im Jahre 1189 die Herrschaft über das gesamte Gebiet erlangt hatte.

Seine ersten Angriffe richteten sich gegen die Festungen der Franken am Roten Meer, die auf halber Strecke zwischen Syrien und Ägypten lagen und ihm daher der größte Dorn im Auge waren. Die Straße nach Kairo führte nämlich durch den nördlichen Teil der Sinaihalbinsel und berührte die Spitze des Golfs von Akaba. An dessen Ufer, in Elat, besaßen die Franken eine Festung, und eine weitere, noch wichtigere fränkische Burg erhob sich auf der Ile de Graye. Im Jahre 1170 ließ Saladin einen Teil seiner Schiffe in ihre Einzelteile zerlegen und auf dem Rücken von Kamelen bis zum Roten Meer transportieren. Auf diese Weise gelang es dem Sultan, in einer Seeschlacht die Franken von ihrer strategischen Position zu verjagen. Im Jahr darauf belagerte er jedoch die Burg Montreal ohne Erfolg.

Nach dem Tod von Nur ed Din im Jahre 1174 wurde Saladin Herr über Ägypten und Damaskus sowie im Norden über Homs und Hama. Im Jahre 1183 schließlich konnte er sich auch noch Aleppos bemächtigen. Mit den ihm zahlreich zur Verfügung stehenden Heeren setzte er in jenen Jahren den harten Kampf um die Kreuzfahrerstaaten fort. Sein wichtigstes Ziel war dabei das Land jenseits des Jordan, dessen Machthaber – inzwischen war die Reihe an Rainald von Châtillon – nicht aufhörte, ihn zu provozieren.

Wenn Rainald vernünftiger und geschickter gewesen wäre, hätte er die Lage des Sultans, der gezwungen war, die durch fränkisches Territorium führende Verbindung zwischen seinen beiden Königreichen Kairo und Damaskus aufrechtzuerhalten, zu seinen Gunsten nutzen können. Er hätte sich nur an die Regeln der guten Nachbarschaft zu halten brauchen, die während der langen Waffenstillstände zwischen Franken und Muslimen aufgestellt worden waren, und hätte zudem noch auf Saladins wahrhaft ritterliche Ehrenhaftigkeit zählen können. Doch Rainald beging einen Fehler nach dem anderen. Im Jahre 1181 griff er eine große und reich beladene Karawane an, die sich auf dem Weg von Damaskus nach Mekka befand, sich auf den zwischen dem König von Jerusalem und Saladin ausgehandelten Waffenstillstand verließ und in der Nähe von Kerak ihr Lager aufschlug. Rainald machte viele Gefangene und ließ reiche Beute in seine Burg bringen. Der fränkische König, der dieses Vorgehen auf das schärfste mißbilligte, schickte sofort einige Johanniter- und Tempelritter nach Kerak und forderte Rainald auf, die Gefangenen umgehend freizulassen. Doch Rainald weigerte sich, der Aufforderung Folge zu leisten, und zwang dadurch den König, sich bei Saladin zu entschuldigen. Trotzdem konnte der Sultan nicht daran gehindert werden, eine Offensive vorzubereiten. Im Frühjahr 1182 plünderte ein muslimisches Heer Teile Galiläas und entriß den Franken die im Südosten des Sees Genezareth gelegene Grottenfestung el Habis. Im Juli desselben Jahres zog Saladin dann durch Samaria und weitere Teile Galiläas und stieß bis nach Beirut vor.

Während dieser Zeit blieb jedoch auch Rainald nicht untätig. Er hatte bereits 1181 – wenn auch vergeblich – versucht, eine Truppe auf dem Landweg nach Arabien zu schicken, um Medina, die Stadt des Propheten Mohammed, anzugreifen. Schon bald darauf faßte er ein neues Vorhaben ins Auge und schickte ein großes Heer über den Seeweg nach Mekka und Medina, das die beiden heiligen Stätten des Islams sowie die Ufer des Roten Meeres plündern sollte.

Er ließ – wahrscheinlich sogar in Kerak – die Einzelteile für mehrere große Schiffe anfertigen und sie auf dem Rücken von Kamelen bis zum Golf von Akaba transportieren. Dort wurden sie zusammengebaut, mit Streitkräften und Proviant beladen und ins Rote Meer entsandt. Mehrere Monate lang, von 1182 bis Anfang 1183, durchkreuzten die Franken das Rote Meer, steckten muslimische Schiffe in Brand und plünderten die Häfen an beiden Ufern des Meeres, das heißt sowohl in Nubien als auch in Hedjaz und in Jemen. Saladins Bruder, al Adil, der während Saladins Abwesenheit Kairo regierte, veranlaßte alsbald den Gegenangriff. Er ließ vom ägyptischen Hafen Damiette aus Kriegsschiffe zum Roten Meer transportieren und gab den Befehl zur Verfolgung der fränkischen Flotte. Gekämpft wurde sowohl zu Land als auch zu Wasser, und alle Franken wurden entweder getötet oder gefangengenommen und von Saladin nach Kairo und Alexandria gebracht; dort wurden sie enthauptet. Im September 1183 ließ Saladin erneut Galiläa angreifen und kämpfte gegen das königliche Heer. Ende Oktober begann schließlich die schwere Belagerung Keraks durch die vereinten syrischen und ägyptischen Truppen.

Der Angriff auf die Stadt traf diese unerwartet, und es kam zu einem großen Massaker. Kämpfende und wehrlose Bürger der Stadt wichen auf die Brücke der Burg zurück. Der Brückenkopf wurde durch einen einzigen Ritter namens Yvein verteidigt, der außerordentliche Heldentaten vollbrachte. Er teilte Schwerthiebe auf der Rechten wie auf der Linken aus und stieß die Angreifer erbarmungslos in den Graben hinunter. So konnte der Rückzug der Christen in die Burg eine Zeitlang gewährleistet werden. Dann brach jedoch auch Yvein von Pfeilen durchbohrt zusammen, und hinter ihm wurde die Burgbrücke abgerissen.

Nun fand genau zu diesem Zeitpunkt auf der Burg ein großes Fest mit Gauklern und Spielleuten statt, zu dem Edelmänner und adlige Damen geladen waren. Gefeiert wurde die Hochzeit von Isabella, der Tochter des verstorbenen Königs Almarich und Schwester von König Balduin IV.; sie heiratete Humfried IV. von Toron, den Sohn der *dame dou Crac*, Etiennette von Milly. Die Legende will es, daß dieses Fest Anlaß zu einer recht galanten und vor allem ritterlichen Tat war, die für den Edelmut sprach, den fränkische und muslimische Herrscher sogar in Kriegszeiten beweisen konnten. Etiennette schickte dem ihre Burg angreifenden Saladin einen Teil des Hochzeitsschmauses und ließ ihn durch ihre Diener grüßen. Diese sollten ihm bei der Gelegenheit die Zeit in Erinnerung rufen, zu der Saladin in derselben Burg als Geisel festgehalten worden war und Etiennette als kleines Kind auf seinen Armen getragen hatte. Saladin war sehr gerührt. Er dankte der Herrin von ganzem Herzen (*il l'en mercia moult hautement*) und ließ anfragen, in welchem Turm der Burg die Neuverheirateten tafelten. Nachdem ihm dieser gezeigt worden war, veranlaßte er, daß der Turm von dem Angriff verschont blieb.

Gegen den Rest der Festung ließ der Sultan jedoch acht mächtige Wurfmaschinen auffahren – zwei auf dem Hügel auf der Südseite der Burg, also gegenüber dem Donjon, und sechs in der Stadt gegenüber der Nordmauer der Burg. Geschützt durch die Steinschleudern konnten die muslimischen Krieger ungehindert in den Graben hinuntersteigen, in den die Franken, da innerhalb der Umfassungsmauer nicht genug Platz war, das ganze Vieh getrieben hatten. Die Muslime töteten nach und nach alle Tiere, zerlegten sie und ließen die Fleischviertel vor den Augen der verzweifelten Franken, die ihren gesamten Belagerungsvorrat verlorengehen sahen, an Seilen aus dem Graben hinaufziehen.

Daraufhin ließ der Burgherr, der sich um seine Festung sehr zu sorgen begonnen hatte, auf dem höchsten Turm Keraks ein Feuer anzünden, um den König des Reiches um Hilfe zu bitten. Nur zwanzig Meilen Luftlinie trennen Kerak von Jerusalem. König Balduin nahm das Notsignal wahr und ließ seinerseits auf dem Davidsturm von Jerusalem ein Feuer anzünden, um den Kämpfenden Mut zu machen und ihnen Verstärkung zu versprechen. Er rüstete denn auch alsbald seine Truppen und machte sich auf schnellstem Weg nach Kerak. Als Saladin von der Ankunft des Königs erfuhr, zerstörte er seine Kriegsmaschinen und löste das Lager am 4. Dezember auf. Der blinde und gelähmte König Balduin setzte dennoch seinen Weg fort und wurde begeistert von der Garnison und den Bewohnern von Kerak begrüßt. Er ließ die Burg wieder neu mit Vorrat versorgen und die durch die Belagerung verursachten Schäden ausbessern. Dann erst zog er nach Jerusalem zurück.

Doch nur wenige Monate später, Mitte Juli 1184, kam Saladin erneut nach Kerak. In den fränkischen und den arabischen Chroniken wird sehr ausführlich von dieser zweiten Belagerung durch Saladin berichtet, die zwar noch schwerer als die erste war, gegen die sich die Burg nun aber besser gewappnet hatte. Auch die Einnahme der Stadt Kerak bereitete dem Sultan diesmal größere Schwierigkeiten, und das, obwohl er eine beträchtliche Zahl von Streitkräften zusammengezogen hatte. Gegen die Burg ließ Saladin 1184 gleich vierzehn Wurfmaschinen auffahren. Doch die Männer Rainalds von Châtillon wußten sich zu wehren. Kerak war gut mit Kriegsmaschinen bestückt, und so konnte den Angreifenden schwer zugesetzt werden.

Bereits Mitte August 1184, das heißt einen Monat nach Belagerungsbeginn, mußte sich Saladin eingestehen, daß die Burg noch immer uneinnehmbar war. Da sich seine Wurfmaschinen als unzureichend erwiesen hatten, beschloß der Sultan seine Taktik zu ändern und begann mit der Aufschüttung des breiten und tiefen Grabens, der die Burg von der Stadt trennte. Zu diesem Zweck ließ er unter Zuhilfenahme von Balken und Steinen drei bis zum Graben reichende Tunnels bauen und begann diesen mit Erde und Steinen zu füllen. Die Augenzeugenberichte des Chronisten Abu Chama drücken wahre Begeisterung aus, denn die Muslime glaubten sich dem Sieg schon nahe. Sie hatten ihre Rechnung allerdings ohne den König gemacht, der erneut im Sturmschritt nach Kerak eilte.

Von dem Aufbruch der königlichen Truppen ist uns ein eindrucksvolles Zeugnis erhalten. Es stammt von dem französischen Lehnsherrn Andreas von Vitré und liefert den Beweis für den Eifer, den man zu jener Zeit in Palästina an den Tag legte, um so viele Kämpfende wie möglich zum Schutz der Festung an der Spitze der Kreuzfahrerstaaten zusammenzutrommeln. Der Franzose war lediglich zwecks einer Wallfahrt nach Jerusalem gekommen und stand mit dem Adel des Heiligen Landes in keiner Weise in Verbindung. Er schickte sich sogar bereits zur Rückreise an, als er vom Zusammenziehen der Truppen hörte, die Hilfe nach Kerak bringen sollten. Wie viele andere ließ auch er sich von der Sache des Glaubens begeistern, entschied sich für den Kampf und traf sogar die Vorkehrungen, die die meisten Kreuzfahrer vor ihm getroffen hatten, in der weisen Voraussicht, daß sie ihr Leben lassen könnten: er schrieb noch schnell ein Testament, durch das er im Todesfall einige seiner Besitztümer verschiedenen religiösen Einrichtungen in Frankreich vermachte. – Und erneut sah sich Saladin gezwungen, seine Kriegsmaschinen zu zerstören und die Belagerung von Kerak aufzugeben.

In der Folgezeit wurde das Königreich Jerusalem dann jedoch vom Unglück heimgesucht. Balduin IV., ein weiser und ehrenhafter Herrscher, der mit dem seinerseits verständnisvollen und im großen und ganzen gerechten Saladin Kompromisse gesucht hatte, erkrankte an Lepra und konnte, geschwächt durch diese furchtbare Krankheit, nicht mehr alle seiner Barone und Prälaten zum Gehorsam zwingen. Zu den Aufsässigen, die sich und ihr Herrschaftsgebiet lieber unabhängig sehen wollten, gehörte auch Rainald von Châtillon, der die Pflichten gegenüber seinem Lehnsherrn vernachlässigte und sich als wahrer Raubritter gebärdete.

Anfang 1187, als gerade wieder einmal Waffenstillstand herrschte, begann Rainald erneut mit den Plünderungen und überfiel eine Karawane, die auf dem Weg nach Damaskus durch sein Territorium zog. Saladin drohte ihm und beklagte sich über ihn bei dem neuen König von Jerusalem, Guido von Lusignan, der Rainald dazu anhielt, seine Beute zurückzugeben. Rainald jedoch stellte dem Befehl des Königs ein sehr deutliches »Nein« entgegen. *La prise de cette caravane*, berichtet die *Estoire d'Eracles, fu l'achoison de la perdicion dou roiaume de Jérusalem* (Mit dem Überfall auf die Karawane war das Königreich Jerusalem endgültig verloren), denn Saladins Zorn erreichte seinen Höhepunkt. Er schwor sich, Rainald von eigener Hand zu töten, rüstete seine Truppen und fiel einige Monate später in Palästina ein. Der Gegend um Kerak und Montreal nahm er sich dabei höchstpersönlich an. Der Zeitpunkt, zu dem die beiden feindlichen Heere zu einem Endkampf zusammenstoßen sollten, war nah. In der berühmten Schlacht von Hattin, im Westen des Sees Genezareth, wurde dem Königreich Jerusalem eine so furchtbare Niederlage beigebracht, daß es sich niemals davon erholen konnte. Das christliche Heer zählte nur knapp 21000 Männer. Saladin dagegen hatte 60000 Krieger an der Hand. Und Guido von Lusignan war ein schwacher König. In dem am Tag vor der Schlacht einberufenen Kriegsrat hörte er nach langem Zögern auf die Stimme der Vernunft. Von dem weisen Grafen Raimund von Tripolis und von Balduin von Ibelin, dem besten Feldherrn der christlichen Truppen, ließ er sich zur Vorsicht gemahnen: die angekündigte Verstärkung abwarten, nicht gegen den Feind vorrücken und in der Nähe der Quellen von Sepphoris bleiben, um nicht in ein Gebiet ohne Wasser vorzudringen, in dem das Heer durch den Durst geschwächt werden würde. Die ungehaltene Antwort des Templergroßmeisters Gerhard von Ridefort, der den Versammelten Feigheit vorwarf, blieb scheinbar ungehört. Mitten in der Nacht jedoch, nachdem sich die Feldherren schon längst getrennt hatten, suchte Gerhard von Ridefort den König alleine auf und bewegte ihn zur Änderung seiner Pläne. Kurz darauf schon erklangen in der Stille des nächtlichen Lagers die Trommeln und die Trompeten. Es wurde zum Kampf aufgerufen und zum Angriff geblasen. Man schrieb den 4. Juli 1187, einen der schwärzesten Tage in der Kreuzfahrergeschichte.

Am Abend der Schlacht wurden die fränkischen Heerführer unter das Zelt Saladins geführt. Unter ihnen waren der König Guido von Lusignan und sein Bruder, der Konnetabel des Reiches, Rainald von Châtillon und sein Schwiegersohn Humfried von Toron, der Großmeister des Templerordens, die Herren von Giblet, Butron und Maraclée sowie einige andere mehr. Den König behandelte der Sultan mit Ehren, Rainald dagegen warf er seinen wiederholten Wortbruch und die Nichteinhaltung des Waffenstillstands vor und fragte ihn, was er wohl an seiner Stelle mit ihm tun würde. Und als Rainald antwortete: *Je vous couperoie la teste* (Ich schlüge Ihnen den Kopf ab), hob Saladin seinen Säbel und hieb ihn dem trotzigen Franken in die Schulter. Seine Mamelucken besorgten dann den Rest.

Kerak blieb nach dem Tod seines letzten Burgherrn nur noch ein Jahr in fränkischer Hand. Nach seinem Sieg von Hattin belagerte Saladin Jerusalem, wo er schließlich am 2. Oktober 1187 seinen Einzug hielt. Noch während der Belagerung suchte ihn die Herrin von Kerak, Etiennette von Milly, auf, die durch Hattin ihren Mann verloren hatte und ihren Sohn Humfried von Toron als Gefangenen wußte. Ihren Bitten um die Freilassung ihres Sohnes gab Saladin unter der Bedingung nach, daß sie ihm dafür Kerak abtrat. Das akzeptierte Etiennette, und der Sultan ließ Humfried aus Damaskus herbeiholen. Alsbald brachen Etiennette und ihr Sohn zusammen mit den Emiren, die von der fränkischen Burg Besitz ergreifen sollten, nach Kerak auf. Die Garnison weigerte sich jedoch, den Ankommenden die Tore zu öffnen und die Kreuzritterburg den Ungläubigen zu überlassen. Gedemütigt zog Etiennette nach Palästina zurück, blieb ihrem Wort treu und lieferte ihren Sohn erneut an Saladin aus. Der Sultan ermöglichte ihr die Flucht in das noch immer fränkische Tyrus, das den Muslimen, obwohl bereits weite Zonen Palästinas verloren waren, tapfer getrotzt hatte. Zudem gab er Etiennette ihre Diener und all ihre Reichtümer zurück, ohne auch nur einen kleinen Teil davon einzubehalten.

Im März 1188 blies er dann zum letzten Mal zum Angriff auf Kerak. Die von jeder Verbindung abgeschnittene Garnison der Burg, dic von den besiegten Christen aufgegeben worden war und längst keine Vorräte mehr hatte, hielt den Muslimen immer noch mit einer Tapferkeit stand, die sowohl unter den Franken als auch unter den Muslimen große Bewunderung hervorrief. Nachdem sie all ihr Vieh, samt ihrer Pferde, Hunde und Katzen, gegessen hatten und es auf der Burg überhaupt nichts mehr Eßbares gab, zogen es die Verteidiger von Kerak laut den Chroniken vor, ihre Frauen und Kinder an die Muslime zu verkaufen, von denen sie im Austausch Lebensmittel erhielten. Auf diese Weise konnten sie durchhalten bis November 1188. Dann zwang sie der Hunger dazu, die Burg endgültig zu räumen.

Saladin verhielt sich sehr ritterlich gegenüber den heldenhaften Männern von Kerak. Er gab ihnen ihre Frauen und Kinder zurück und, wie die Chronik dem Großmut des Sultans Geltung verschafft, ein *grand avoir* (eine große Habe). Dann ließ er sie in christliches Gebiet zurückführen.

Die Burg Montreal hielt den Muslimen noch einige Monate länger stand. Sie ergab sich im April/Mai 1189, und ihre Verteidiger sollen von Saladin mit der gleichen Rücksicht wie die von Kerak behandelt worden sein. Die Kontrollpunkte über den Derb el Hadj hatte Saladin schon vorher eingenommen.

Damit endet die Geschichte der Niederlassung der Franken im Land jenseits des Jordan, der wichtigsten Baronie des Königreichs Jerusalem – eine eher kurze Geschichte, die nicht einmal hundert Jahre zuvor mit der Erkundungsreise Balduins I. begonnen hatte.

Der Krak des Chevaliers, Ansicht von Osten. ▷

Der Krak des Chevaliers

Der heute in Syrien gelegene Krak des Chevaliers ist eines der bedeutendsten und charakteristischsten Zeugnisse des Festungsbaus aus dem 12. und 13. Jahrhundert und der Inbegriff einer Kreuzritterburg schlechthin. Von den Burgen, die die Kreuzfahrer im Heiligen Land zum Schutz der eroberten Gebiete errichteten, ist diese Anlage am besten erhalten, und aufgrund der Stärke ihrer Befestigungen nahm sie auch in der Vergangenheit den ersten Platz ein. Sie kann besser und ausdrucksvoller als alle Chroniken, mögen diese auch noch so lebendig und ergreifend geschrieben sein, das gewaltige Epos der Kreuzzüge erzählen, das eines der schönsten Kapitel der französischen Geschichte darstellt.

Mehrere Reisende des Mittelalters haben die Erhabenheit dieses Kriegsplatzes hervorgehoben, und die Archäologen der Neuzeit haben schon früh mit seiner Erforschung begonnen. Als erster stellte Emmanuel-Guillaume Rey im Jahre 1859 seine Untersuchungen an und hielt sie in seinem 1871 erschienenen Werk *Étude sur les monuments de l'architecture militaire des croisés* fest. Die Gründlichkeit, mit der er sich dem Krak widmete, war uns beim Verfassen dieses Buches eine große Hilfe. Der seinem Text beigefügte Grund- und Aufrißplan der Burg wurde sowohl in wissenschaftlichen Werken als auch in Schulbüchern viele Male abgedruckt und trug in hohem Maße dazu bei, das Interesse am Krak und an den anderen Kreuzritterburgen des Orients zu erhöhen. Rey ist insofern wahrhaft als ein Wegbereiter auf diesem Gebiet zu bezeichnen.

Nach ihm machten sich andere, vor allem französische Wissenschaftler an die Untersuchung des Krak und stellten interessante Beobachtungen an, die sie in ihren Veröffentlichungen festhielten. Zu ihnen gehören Ernest Renan (1860–61), Max Van Berchem (1895), René Dussaud (zur gleichen Zeit wie Van Berchem) und Camille Enlart (1921–22).

Als Enlart kurze Zeit nach der Beendigung seines Werks *Monuments religieux des croisés en Terre Sainte* (Sakralbauten der Kreuzfahrer im Heiligen Land) im Februar 1927 verstarb, wurde ich von der *Académie des Inscriptions et Belles-Lettres* und dem *Ministère de l'Instruction publique et des Beaux-Arts* beauftragt, zusammen mit dem Architekten François Anus und einem Offizier der Levantearmee, dem Hauptmann und späteren General Fred Lamblin, die Festungsbauten der Kreuzfahrer, angefangen beim Krak des Chevaliers, zu untersuchen. Unsere Forschungsarbeit, die vor allem darin bestand, eine archäologische und eine historische Untersuchung des Krak anzustellen und Pläne von der Burg anzufertigen, wurde uns dadurch erleichtert, daß Frankreich zu jener Zeit Syrien und den Libanon als Mandatsgebiete hatte und Charles Virolleaud Kulturbeauftragter dieser Gebiete war. Der Auftrag dauerte von Dezember 1927 bis März 1928. Danach befaßte ich mich mit dem Krak noch ein zweites Mal zusammen mit François Anus im Jahre 1929 und ein drittes Mal mit dem Architekten Pierre Coupel im Jahre 1936. Ausgehend von dieser Burg untersuchten wir auch noch andere Kreuzritterfestungen in Syrien, im Libanon, in Palästina und in Transjordanien.

Bei unserer ersten Ankunft im Krak im Jahre 1927 fanden wir das gewaltige Bauwerk in einem – verglichen mit heute – äußerst schlechten Zustand vor. Auf dem Burgareal war ein Dorf entstanden, in dem 530 Menschen mit ihren Herden lebten. Ihre Häuser, zu deren Bau die Steine der Festung benutzt worden waren, lagen verstreut zwischen den beiden Umfassungsmauern des Krak und auf den Terrassen der Türme. Zwischen ihnen häuften sich Unmengen von Unrat.

Man kann sich vorstellen, wie sehr dieses herrliche mittelalterliche Bauwerk dadurch entfremdet wurde und welchen Schwierigkeiten Anus begegnete, als er die genauen Maße der durch die An- und Umbauten veränderten mittelalterlichen Konstruktionen nehmen und ihnen ihr ursprüngliches Aussehen zurückgeben wollte. Es gelang ihm trotz aller Hindernisse, und so konnte er Stück für Stück Pläne von dieser mächtigen Anlage entwerfen.

Die Aufräumungsarbeiten in den unteren Räumen wurden vom Militär vorgenommen. Da einige Teile der Burg baufällig geworden waren, wurde von den Architekten eine Baustelle eingerichtet, die zahlreiche Arbeiter beschäftigte. Die Entfernung der neuzeitlichen

Anbauten, die Restaurierung und die Konsolidierung der Anlage wurden bis ins Jahr 1936 vorangetrieben. Auf diese Weise wurde der Krak des Chevaliers wieder annähernd so hergerichtet, wie er Ende des 13. Jahrhunderts ausgesehen haben mochte. Es fehlt ihm jedoch der obere Abschluß seiner Türme und Mauern und vor allem der Zinnenkranz seiner Verteidigungsanlagen, der vor etwa hundert Jahren noch beinahe intakt gewesen sein muß.

Meine Kollegen und ich haben uns so eingehend mit den von Rey angestellten Untersuchungen zum Krak befaßt, daß wir weite Teile der Anlage mit den gleichen Buchstaben kennzeichneten, die wir in den Plänen des Forschers fanden. Das gilt vor allem für die innere Ringmauer der Burg (siehe Grund- und Aufrißzeichnungen in diesem Buch). Den Verteidigungsanlagen der äußeren Umfassungsmauer, die von Rey nicht näher beschriftet wurden, haben wir die Zahlen 1 bis 13 zugeordnet.

Dank unseres langmonatigen Aufenthalts in der mächtigen Kreuzritterfestung und dank der zahlreichen, sehr detaillierten Untersuchungen gelang es uns auch, die verschiedenen Bauabschnitte zu unterscheiden. Darüber hinaus konnten wir durch die Untersuchung vor allem des Mauerwerks und des Zuschnitts der Steine sowie durch die genaue Analyse der unzähligen Steinmetzzeichen die Arbeiten der Franken von den nach der Eroberung des Krak durch die Muslime (1271) ausgeführten Erweiterungs- und Ausbesserungsarbeiten trennen. All die Erkenntnisse, die wir aus der Untersuchung des Krak des Chevaliers zogen, verhalfen uns zu einem besseren Verständnis auch der anderen Festungsbauten der Kreuzfahrer.

Der Krak befand sich von 1110 bis 1271 in den Händen der Kreuzfahrer, und er war die größte Grenzfestung des gesamten eroberten Gebietes. Ende des 12. und Anfang des 13. Jahrhunderts wurde der Krak beträchtlich erweitert, und seine Befestigungsanlagen wurden mehrere Male verändert. Er war eine Art Prüfstand für die Technik der Befestigung, und man kann sagen, daß beinahe alle Verteidigungssysteme, die die Kriegsbaumeister des 12. und 13. Jahrhunderts zum Kampf gegen die Fortschritte in der Belagerungstechnik und vor allem in der Wurftechnik der Artillerie entwickelten, im Krak des Chevaliers ausgeklügelt und getestet wurden. Die Baumeister der fränkischen Burgen des Heiligen Landes, sowohl die von König Philipp August als auch die von König Ludwig IX., schöpften nach ihrer Rückkehr nach Frankreich aus den im Orient gesammelten Erfahrungen. Der Krak des Chevaliers nimmt daher in der Geschichte des mittelalterlichen Festungsbaus eine bedeutende Stellung ein.

Der Krak des Chevaliers liegt in einer strategisch günstigen Position, die für die Verteidigung des von Raimund von Saint-Gilles nach dem ersten Kreuzzug eroberten Gebiets, der späteren Grafschaft Tripolis, von grundlegender Bedeutung war.

Die Festung erhebt sich in einer Höhe von 650 Metern über einer grünen Ebene, der Boquée, die zu der etwa zwanzig Kilometer breiten Senke von Homs gehört. Dieses Tal trennt ungefähr auf der Höhe von Homs zwei große Bergketten: das Alawitengebirge im Norden, auf dessen südlichstem Ausläufer der Krak steht, und den Libanon im Süden. Es wird in Nord-Süd-Richtung von dem Nahr el Kebir durchflossen, der in der Nähe der Libanonberge einen Knick nach Westen macht und in die weite und fruchtbare Ebene von Akkar einbiegt, die sich zwischen Tripolis und Tartus fächerartig zum Meer hin öffnet.

Fünfundzwanzig Kilometer südlich vom Krak liegt auf der anderen Seite der Ebene und des Flusses eine weitere Kreuzritterburg. Gemeint ist die kleine Festung Akkar, die einen schmalen Bergrücken – eines der letzten Glieder der Libanonkette – beherrscht und sich in einer Höhe von 700 Metern über dem Tal erhebt.

Auf diese Weise wurde das breite Tal, das den von Hama und Homs aus aufbrechenden muslimischen Heeren einen leichten Zugang in christliches Gebiet verschafft hätte, gleich durch zwei von der Höhe über das Tal wachende Burgen beherrscht.

Seit dem Altertum führten wichtige Straßen durch die Senke von Homs und verbanden das Tal des Orontes mit dem Küstenstreifen. In der Kreuzfahrerzeit dienten sie auch dem Handel, der zwischen Muslimen und Franken in Friedenszeiten sehr intensiv betrieben wurde und die arabischen Städte mit christlichen Städten wie Djebeil/Giblet, Tripolis und Tartus in Verbindung brachte.

Kurze Zeit nach der Einnahme von Jerusalem durch die Christen versuchte Raimund von Saint-Gilles in der Gegend des Libanon einen Staat zu gründen. Im April des Jahres 1102 besetzte er Tartus und noch im selben Jahr kämpfte er um Tripolis; allerdings vergeblich, denn diese bedeutende Stadt und ihr Hafen wurden gut verteidigt, und ihre Eroberung erforderte eine lange Belagerung. Zu diesem Zweck ließ der Kreuzfahrer in unmittelbarer Nähe der Stadt eine Burg errichten, die den Christen als Stützpunkt diente. Da viele Pilger auf der Baustelle mithalfen, bezeichnete man die Festung auch als *Mons Peregrinorum*, das heißt als Pilgerberg. Von der im Laufe der Jahrhunderte veränderten Burg hat sich bis heute der Name ihres Gründers in arabischer Form erhalten: Qalaat Sandjill, die Burg des Saint-Gilles.

Der berühmte Kreuzfahrer unternahm auch Eroberungszüge ins Innere des Landes, vor allem in das obere Tal des Nahr el Kebir. Als er Ende Januar 1099 mit seinen Truppen aus Toulouse und der Provence nach Jerusalem zog, griff er unter anderem eine Höhenburg an, die sich in den Händen kurdischer, vom Emir von Homs besoldeter Krieger befand. Diese kurdische Burg, Hosn el Akrad genannt, deren Bewohner Saint-Gilles für kurze Zeit verjagte und in der er sich etwa zehn Tage lang aufhielt, sollte nach ihrer endgültigen Eroberung durch die Franken zum Krak des Chevaliers werden.

Raimund kehrte im Jahre 1102 an diesen Ort zurück und belagerte ihn abermals. Fast hätte er ihn damals erobert, doch ein unerwartetes Ereignis brachte ihn von seinem Plan ab. Als der Kreuzfahrer im Jahre 1105 starb, waren die beiden wichtigsten Positionen der Grafschaft Tripolis, die Hauptstadt und die große Grenzfestung, noch immer nicht bezwungen. Erst nach einer sich über den Zeitraum von vier Jahren hinziehenden Belagerung gelang es Bertrand, dem Sohn Raimunds, im Juni 1109 seinen Einzug zumindest in die Hafenstadt zu halten, woraufhin er den Titel Graf von Tripolis annahm.

Die Kurdenburg eroberte dann Tankred im Jahre 1110. Dieser Fürst, der sich im ersten Kreuzzug ruhmreich geschlagen hatte, setzte nun schon seit mehr als zehn Jahren seine Feldzüge im Heiligen Land fort, und ihm war es auch zu verdanken, daß sich die fränkische Herrschaft im Orient gefestigt hatte. Tankred kämpfte in fast allen Gebieten der fränkischen Kreuzfahrerstaaten. Nachdem er seinen Mut unter Beweis gestellt hatte, indem er mit nur 80 Rittern ganz Galiläa eroberte, machte er sich zur Verteidigung des bedrohten Antiochia auf und zog in die Grafschaft Edessa weiter, wo er die jenseits des Orontes, zwischen Antiochia und Aleppo gelegenen befestigten Orte einnahm. An der Küste bemächtigte er sich der Städte Lattakia, Jable und Banias und nahm auch an dem entscheidenden Angriff teil, der die Stadt Tripolis in die Hände der Franken brachte.

Daraufhin bereitete er sich auf die Eroberung der Kurdenburg vor, deren Bedeutung für den Schutz und die Verteidigung des gesamten fränkischen Gebiets ihm nicht entgangen war. Diese Eroberung scheint den Widerstand der gefürchtetsten Gegner der Kreuzfahrer für eine Weile gebrochen zu haben. Die Emire von Aleppo, Shaizar, Hama und Tyrus ließen die von ihnen gefangengehaltenen Christen frei, baten um einen Waffenstillstand und verpflichteten sich zu der jährlichen Zahlung von Abgaben. Als dann Bertrand, der Graf von Tripolis, im Jahre 1112 starb, nahm Tankred dessen noch sehr jungen Sohn Pons unter seinen Schutz und trat an ihn einen Teil seiner eroberten Gebiete, darunter die Burg der Kurden, ab. So kam der spätere Krak des Chevaliers an die Grafschaft Tripolis.

Der Graf stellte sie unter die Obhut eines seiner Vasallen. Doch bereits dreißig Jahre später, im Jahre 1142, sah sich Graf Raimund, der Urenkel Raimunds von Saint-Gilles, aufgrund von finanziellen Schwierigkeiten und auch weil ihm die Streitkräfte fehlten, dazu gezwungen, die Burg in einem feierlichen Akt dem Johanniterorden zu übergeben. Dieser war eher als der Graf in der Lage, dort für den Unterhalt einer bedeutenden Garnison zu sorgen.

Der Krak des Chevaliers beherrschte als vorgeschobener Wachposten an der Grenze der Grafschaft Tripolis einen der wichtigsten Verkehrswege, der das Landesinnere Syriens mit dem Küstengebiet verband. Der Krak war stark befestigt und wurde hundertdreißig Jahre lang durch die Ordensritter verteidigt. In einem historischen Quellenbericht vom Anfang des 13. Jahrhunderts wird die Festung als »der Schlüssel zum christlichen Land« bezeichnet. Immer wieder verbesserte der Orden die Burganlagen und nutzte dabei alle Möglichkeiten, die ihm die damalige Festungsbaukunst bieten konnte. Von Wilbrand von Oldenburg, dem deutschen Reisenden, der sich um 1212 in Syrien aufhielt, wissen wir, daß die Garnison in Friedenszeiten 2000 Mann stark war.

Die Burg war von Forts und Beobachtungsposten umgeben, die einen weiten Verteidigungsring bildeten. Auch in der zur Küste führenden Ebene erhoben sich Forts. Sie stellten einen Schutz gegen die feindlichen Truppen dar, denen es gelungen war, in das Gebiet der Grafschaft Tripolis einzudringen.

Doch nicht nur strategisch gesehen war der Krak günstig gelegen. Das Gebiet, das er beherrschte, war auch außerordentlich fruchtbar und konnte in jeder Hinsicht die Versorgung der Garnison gewährleisten. Die Johanniter besaßen weites Pachtland sowohl in der Boquée am Fuße des Krak als auch in der Ebene von Akkar. Außerdem verfügten sie über große Viehherden und eine große Zahl von Kamelen. Der Reichtum an Feldern und Weideflächen, die von zahlreichen Bächen durchflossen und bewässert wurden, löste bei den Geschichtsschreibern, die über die Kreuzzüge und die Burgen der Kreuzfahrer berichteten, helle Begeisterung aus.

Östlich von der Burg, in nur geringer Entfernung von ihr, liegen drei Dörfer dicht beieinander, die bereits zur Zeit der Kreuzzüge existiert haben müssen. In einem dieser Dörfer sind sogar die Überreste einer romanischen Kirche zu finden. Die Dorfbewohner arbeiteten für den Unterhalt und die Verpflegung des Krak.

Der Krak des Chevaliers schlug zahlreiche Angriffe zurück, und viele Male wurde er wiederum von dem in die Boquée eingedrungenen Feind belagert (1115, 1163, 1167, 1180, 1188, 1205–1206, 1207–1208, 1218, 1238–1239, 1252, 1267, 1270, 1271). Oftmals diente die Festung auch als Stützpunkt für die Kreuzfahrer, die sich auf einem Feldzug befanden, oder als Ort des Zusammenzugs der christlichen Truppen, die einen Angriff auf Homs oder das umliegende feindliche Gebiet planten. Der Krak war Ausgangspunkt für zahlreiche militärische Expeditionen (1163, 1170, 1174–1175, 1203, 1204, 1205, 1207, 1208, 1229, 1230, 1233).

Syrien wurde wiederholt von Erdbeben heimgesucht, und die Chronisten sprechen von stark in Mitleidenschaft gezogenen fränkischen Festungen. Besonders heftig waren die Erdbeben von 1157, 1170, 1201 und 1203, und der Krak wird als eine der betroffenen Burgen aufgeführt. Durch die Schäden, die diese Erdbeben verursachten, waren die Franken zu Ausbesserungsarbeiten und Neubauten gezwungen. Eine solche Gelegenheit nahmen sie in der Regel wahr, um zugleich ihre Verteidigungsanlagen zu verbessern und noch perfekter zu gestalten. Es ist in der Tat festzustellen, daß Christen und Muslime nach Naturkatastrophen und feindlichen Angriffen meist Fortschritte in der Kunst der Befestigung machten. Und wie es scheint, war gerade die Baustelle des Krak in dieser Hinsicht besonders aktiv.

Um seinen wichtigsten Waffenplatz instand zu halten, gab der Johanniterorden große Summen aus. In vielen Quellenberichten finden wir Hinweise auf Privilegien, Befreiungen von Abgaben und Schenkungen, die ihm von den Grafen von Tripolis, den Fürsten von Antiochia und den jeweiligen Päpsten gemacht wurden. Auch die ausländischen, zu einem Besuch ins Heilige Land gereisten adligen Herrscher wie König Wladislaw von Böhmen und König Andreas II. von Ungarn, einer der Anführer des im Jahre 1217 begonnenen fünften Kreuzzugs, trugen ihren Teil dazu bei, um die finanzielle Belastung des Ordens zu verringern. Als beispielsweise der ungarische König bereits nach einem kurzen Feldzug Ende des Jahres 1217 in Palästina erkrankte und entlang der syrischen Küste in sein Land zurückzog, beschloß er, von Tripolis aus einen Abstecher zum Krak zu machen, und wurde von Raimund von Pignan, dem damaligen Herrn der Festung, mit allen Ehren empfangen. Ein ebenso königlicher Empfang wurde ihm in Marqab, der Burg, die er als nächste besuchte, bereitet. Auf diese Weise hatte König Andreas Gelegenheit, den Eifer der Johanniter, die gute militärische Disziplin ihrer Truppen sowie die Größe ihrer Festungen zu bewundern. Großzügig half er dem Orden bei der Verstärkung des Krak und der Kreuzritterburg Marqab, indem er den beiden Burgen im Januar 1218 einhundert Mark aus dem Gewinn der Salinen von Szalacs/Ungarn zukommen ließ. Wie es scheint, waren

weiter Seite 117

Die Bildseiten

Der Krak des Chevaliers

Farbtafel: *Der Krak des Chevaliers. West- und Südseite.*

17 *Ansicht von Norden.*
18 *Südseite: die beiden Umfassungsmauern.*
19 *Der Krak von Nordosten: links im rechteckigen Torbau 11 der Haupteingang; rechts der Torbau des Nicolas Lorgne.*
20 *Der Krak von Südwesten: äußere Umfassungsmauer im Westen mit den Türmen 2, 3, 4 und 5; im Süden die Türme 6, 7 und 8; innere Umfassungsmauer mit den Türmen P, O, K, J und I.*
21 *West- und Südseite der äußeren Umfassungsmauer; dahinter die innere Umfassungsmauer mit der Kurtine zwischen den Türmen O und K; im Süden der große Talus und Turm J.*
22 *Die Türme 1 und 2 im Nordwesten der äußeren Umfassungsmauer; dahinter die Befestigungsanlage P.*
23 *Torbau 11 mit dem Haupteingang im Osten.*
24 *Die Aufgangsrampe.*
25 *Der Wendepunkt der Aufgangsrampe.*
26 *Die Befestigungsanlage M: zum Wassergraben führende Tür mit Türangel; dahinter Abschnitt mit Fallgatter und Maschikulis.*
27 *Ende der Aufgangsrampe.*
28 *Südöstliche Seite der inneren Umfassungsmauer mit Turm I und Anlage M.*
29 *Westseite der inneren Umfassungsmauer mit den Türmen P und O; links die Kurtine der äußeren Umfassungsmauer.*
30 *Westseite der inneren Umfassungsmauer mit den Türmen P und O und dem großen Talus mit seinen Schießscharten; an der südwestlichen Ecke Turm K mit dem »Zimmer des Meisters«.*
31 *Südseite der inneren Umfassungsmauer, von Osten aufgenommen; die Türme K und J über dem großen Wassergraben.*
32 *Die Befestigungsanlage P im Norden.*

18

19

20

24

25

27

30

31

32

die beiden Festungen nach dieser Schenkung auf dem Höhepunkt ihrer Macht angelangt, und ihre wichtigsten, damals wahrscheinlich schon fertiggestellten Verteidigungsanlagen, die sich großmächtig über der Boquée beziehungsweise im Fall von Marqab über dem Meer erhoben, hatten zu jener Zeit schon das majestätische Aussehen, das sie bis heute bewahrt haben.

Über die Geschichte des Krak vor der Übergabe an den Johanniterorden weiß man nur sehr wenig. Erwähnt wird in den historischen Quellen lediglich, daß die Burg im Jahre 1115 vom Heer des Emirs von Aleppo erfolglos belagert wurde.

Im Jahre 1142 trat Raimund II., der Graf von Tripolis, den Krak und die umliegenden Festungen, wie zum Beispiel die gleichsam als Vorhut nordöstlich vom Krak in der Nähe der alten Stadt Raphanée gelegene Kreuzritterburg Montferrand, in einem feierlichen Akt und in Gegenwart der Bischöfe von Tripolis und Tartus an die Johanniter von Jerusalem ab und übertrug dem Orden auch alle Rechte. Diese Schenkung fand mit dem Einvernehmen des damaligen Burgherrn, Wilhelm von Crato, statt, der vom Grafen natürlich entschädigt wurde.

Der Name des Burgherrn verdient es, etwas näher in Augenschein genommen zu werden. Man darf davon ausgehen, daß die Franken die Bezeichnung der Burg als *le Crat* von dem Namen der kurdischen Burg, Hosn el Akrad, ableiteten; und *le Crat* – man vergleiche die Bezeichnung mit dem Namen des Burgherrn, von Crato – ist die älteste Schreibweise, die man in den lateinischen und den französischen Quellen findet. Später wurde die Burg dann, analog zu der großen fränkischen Festung im Osten des Toten Meeres, *le Crac* genannt. Dieser andere Krak war ganz in der Nähe der antiken Stadt Kerak beziehungsweise Karak gelegen, und der Name von Burg und Stadt leitet sich von dem syrischen *Kark(a)* ab, was soviel wie Festung bedeutet. Unter dem Einfluß dieses Wortes wandelten die Chronisten *le Crat* in *le Crac* um. Zur Unterscheidung wird in den Chroniken des Mittelalters gelegentlich vom *Crac de l'Hospital*, dem Krak des Chevaliers, im Gegensatz zum *Crac de Montréal*, der in der Nähe von Montreal gelegenen Kreuzritterburg Kerak, gesprochen.

Im Jahre 1163 schickte sich ein sehr gefürchteter Feind der Franken, der Sultan Nur ed Din, an, den Krak des Chevaliers zu belagern. Doch schon am Fuße der Festung wurde dem Sultan in der sogenannten Schlacht der Boquée eine blutige Niederlage beigebracht: Nur ed Din war mit seinen Truppen in das Gebiet der Franken eingedrungen und hatte in der besagten Ebene seine Zelte aufgeschlagen. Seine Absicht war es, zunächst den Krak und dann die Stadt Tripolis zu belagern. Als jedoch das Heer des Sultans zu der heißen Mittagszeit in den Zelten schlief, sahen die Lagerwachen am Horizont die »Kreuze der Franken« – vermutlich die Banner an den Lanzen, die mit einem Kreuz gekennzeichnet waren – auftauchen. Das muslimische Lager geriet in große Verwirrung, da die Araber auf diesen überraschenden Angriff in keiner Weise vorbereitet waren. Die Franken hieben mit ihren Schwertern auf die Muslime ein und machten viele Gefangene. Nur ed Din stürzte halb nackt aus seinem Zelt hervor, schwang sich auf den Rücken eines Pferdes und konnte fliehen. Nach diesem Sieg stationierten die Johanniter einen größeren Truppenverband im Krak, um im Falle eines Angriffs besser gewappnet zu sein.

Die Schlacht ist auf einem Wandgemälde in der Templerkirche von Cressac (Charente) in Frankreich dargestellt. Der Angriff war nämlich von zwei Herren aus dem Angoumois und dem Poitou, Geoffroy Martel, der ein Bruder des Grafen von Angoulême, Guillaume Taillefer, war, und Hugues le Brun, dem Herrn von Lusignan, vorbereitet worden, und mit deren Truppen hatte sich ein Kontingent der Templer vereint. Auf diese Weise erklärt sich, weshalb die Schlacht der Boquée ausgerechnet in einer Templerkirche in der Charente ihren Nachklang fand.

Einen zweiten Belagerungsversuch unternahm Nur ed Din in den Jahren 1166/1167.

Am 4. Juli 1170 fand der Burgherr des Krak bei Baalbek an der Spitze seines Heeres den Tod. Der muslimische Chronist, der dieses Ereignis festhielt, gab den folgenden Kommentar: »Die Franken schätzten ihn sehr wegen seiner Tapferkeit und seiner Frömmigkeit. Er war wie ein Knochen, der durch den Rachen der Muslime drang.«

Im Jahre 1157 erschütterte ein Erdbeben den Krak. Zu einem anderen, noch verheerenderen Beben kam es im Jahre 1170. »Mehrere Festungen der Franken«, schrieb ein arabischer Historiker, »wurden in Mitleidenschaft gezogen. Doch am stärksten von allen war Hosn el Akrad betroffen.«

Einige Jahre später trat Saladin entschlossen auf den Plan, und im Zuge seiner Expeditionen gegen die Franken tauchte er auch mehrmals vor dem Krak des Chevaliers auf. Als erbitterter Gegner der Christen träumte er davon, sie aus dem Orient zu vertreiben. Er war der Nachfolger des im Jahre 1174 verstorbenen Nur ed Din, und ihm gelang es, die beiden Hälften der arabischen Welt, Ägypten und Syrien, unter seiner Herrschaft zu vereinen. Auf diese Weise waren die Territorien der lateinischen Fürsten von allen Seiten her eingekreist.

In den Jahren 1177 bis 1180 standen die Truppen Saladins und die des Königs von Jerusalem beinahe ununterbrochen im Kampf gegeneinander, wobei einmal die einen, ein andermal die anderen die Oberhand gewinnen konnten. Wilhelm von Tyrus berichtet von den Feldzügen, die Saladin im Jahre 1180 in die Grafschaft Tripolis unternahm und denen keine fränkische Truppe etwas entgegenzusetzen hatte. Der Graf von Tripolis verschanzte sich in der in Küstennähe gelegenen Festung Archas, die Templer blieben in ihren Burgen, und die Johanniter flüchteten sich in den Krak, da sie es für das beste hielten, hinter den Mauern den Angriff abzuwarten. Von der Spitze der Festungstürme aus sahen sie, wie die Ritter des Sultans die Ernte niederbrannten und die Dörfer verwüsteten, doch sie wagten nicht, ihren Landsleuten zu Hilfe zu kommen.

Sieben Jahre später, am 4. Juli 1187, wurde das Heer des Königs von Jerusalem in der blutigen Schlacht von Hattin, in der Nähe des Sees Genezareth, vernichtend geschlagen. Bald darauf fielen Jerusalem und fast alle größeren Städte in Palästina in die Hände des Sultans. Noch ein Jahr später griff Saladin die Grafschaft Tripolis und das Fürstentum Antiochia an und eroberte zahlreiche Burgen, unter denen sich auch Sahyun befand.

Am 30. Mai 1188 schlug er seine Zelte auf einem Hügel gegenüber dem Krak auf und verbrachte dort fast einen Monat. Er wagte sich bis an die Mauern der Festung heran, um ihre Zugangsmöglichkeiten zu prüfen und einen Angriff zu erwägen. Als er jedoch feststellte, daß der Krak stärker befestigt war als die anderen Burgen, sah er von einer Belagerung ab. Das gleiche geschah bei der Burg Marqab, die sich genau wie der Krak in den Händen der Johanniter befand. Daraufhin griff Saladin den Donjon von Tartus an, mußte jedoch eine Niederlage einstecken, da die Templer heftigen Widerstand leisteten.

Im dritten Kreuzzug gelang es den Christen, die Hafenstadt Akkon sowie mehrere Städte in Palästina zurückzuerobern; und 1197, vier Jahre nach dem Tode Saladins, konnten die Franken Sidon und Beirut wieder an sich reißen. In den ersten Jahren des 13. Jahrhunderts herrschte dann weitgehend Frieden im Land der Kreuzfahrer; zu Kämpfen und Streitigkeiten kam es lediglich in den Grenzgebieten. Im Jahre 1203 versuchten die Franken von Tripolis, dem Krak und anderen befestigten Orten einen Handstreich gegen Hama, der jedoch mit einer Niederlage endete. Einige Tage später fiel eine Truppe von Johannitern aus dem Krak und Marqab in die Gegend von Montferrand im Nordosten des Krak ein. Die Truppe bestand aus 400 Rittern, 1400 Fußleuten und zahlreichen »Turkopolen« und wurde darüber hinaus noch durch Armbrustschützen verstärkt. In einer arabischen Chronik wird berichtet, daß es zu einem Kampf mit dem Enkel Saladins, el Mansur, kam und daß zahlreiche Christen getötet oder gefangengenommen wurden.

Vom vierten Kreuzzug weiß man, daß sein Ziel geändert wurde und er sich in erster Linie gegen die Byzantiner richtete. So entstand im Mai 1204 das Lateinische Kaiserreich von Konstantinopel. Dennoch schifften sich einige Kontingente der Kreuzfahrer im Jahre 1202 auch im Heiligen Land ein. Eines von ihnen bestand aus Rittern aus der Champagne, unter denen sich Gottfried V. von Joinville befunden haben muß. Dieser war der Onkel Johanns von Joinville, dem späteren Seneschall Ludwigs IX., und wurde von seinen Zeitgenossen als ein wahrer Held und als der vollendete Kreuzfahrer angesehen. Er hatte bereits am dritten Kreuzzug teilgenommen und einen solch großen Mut bewiesen, daß Richard Löwenherz ihm die Ehre zuteil werden ließ, ihn zu seinen englischen Mannen zu zählen. Man darf annehmen, daß Gottfried im Jahre 1203 auch an den Expeditionen der Ritter des Krak teilnahm, denn wir wissen, daß er Ende 1203/Anfang 1204 in der Festung vermutlich an den Folgen einer Verletzung starb. Fünfzig Jahre später begab sich Johann von Joinville, der vier Jahre (1250–1254) an der Seite Ludwigs IX. im Heiligen Land verbrachte und sich als dessen Geschichtsschreiber einen Namen machte, auf eine Wallfahrt zu der Kathedrale Notre-Dame von Tartus und kam bei der Gelegenheit auch in den Krak. Er nahm von dort den Schild seines Onkels mit, der in der Burgkapelle aufbewahrt worden war, und kehrte mit dieser kostbaren Familienreliquie in die Champagne zurück. Sie fand ihren Platz in der Kirche Saint-Laurent von Joinville.

Die kriegerischen Aktivitäten des Krak häuften sich zu Beginn des 13. Jahrhunderts. In den Jahren 1204/1205 unternahm die Garnison Expeditionen gegen Hama und Homs; in den Jahren 1205/1206 verteidigte sie sich gegen den Angriff des Emirs von Homs, der bis zum Krak vorgestoßen war; 1207 scheiterte der Bruder Saladins vor der Burg, konnte aber die eine Meile entfernt gelegene Festung Anaz erobern und deren 500 Mann starke Besatzung gefangennehmen. In den Jahren 1207/1208 schließlich versuchten sich die Truppen von Tripolis und vom Krak, wenn auch ohne Erfolg, in einer erneuten Belagerung der Stadt Homs.

Ein Zeugnis aus den darauffolgenden Jahren ist uns in der Erzählung des Bischofs von Akkon, Jacques de Vitry, erhalten, der im Jahre 1217 eine Reise nach Syrien unternahm. Er rühmt den Reichtum der Gegend um Tripolis und spricht von gleich zwei Weinlesen im Jahr. Von Tripolis aus zog er zum Krak, in die Templerburg Safita und schließlich nach Tartus. Sein Weg führte an den Bergen vorbei, in denen die sowohl den Christen als auch ihren orthodoxen Glaubensgenossen feindlich gesonnenen Assassinen ansässig waren, und da deren Nähe gefährlich war, schickte der Reisende Brieftauben los, damit ihm bewaffnete Männer entgegengeschickt würden.

Im Jahre 1218 besuchte König Andreas II. von Ungarn den Krak und wurde, wie bereits gesagt, dort mit großen Ehren empfangen. Im selben Jahr fiel ein Heer aus Aleppo in die Grafschaft Tripolis ein und schlug sein Lager vor dem Krak und vor Safita auf.

1229 unternahmen die Franken eine Expedition in die Gegend von Montferrand und brachten von dort reiche Beute zurück. Und als sich der Emir von Hama im Jahre 1230 weigerte, die den Johannitern geschuldete Abgabe zu zahlen, brachen die Franken vom Krak und von anderen Orten auf, um zusammen mit einem Korps von Tempelrittern Hama anzugreifen. Es kam zu einem Kampf zwischen Montferrand und Hama.

Als im Jahre 1233 ein großer Feldzug gegen den Emir von Hama organisiert wurde, war der Krak der Ort, an dem die Truppen aus den umliegenden christlichen Gebieten zusammengezogen wurden. Der Großmeister des Templerordens traf dort mit einem großen Heer ein; Johann von Ibelin, Sire von Beirut, ließ 100 Ritter aus Zypern kommen; 80 Ritter zogen aus dem Königreich Jerusalem herbei; und der Fürst von Antiochia schickte weitere 30 Ritter. Das Kontingent der Johanniter wurde von Großmeister Guarinus angeführt und setzte sich aus 100 Rittern, 400 berittenen Sergeanten und 1500 Fußleuten zusammen. Sie demonstrierten ihre Stärke bei Montferrand und Mariamin in der Nähe des Orontes, woraufhin sich der Emir von Hama dazu entschloß, den Johannitern die ihnen geschuldete Abgabe zu zahlen.

Im dritten Viertel des Jahrhunderts begann sich dann das Blatt zu wenden, und der Krak erlitt immer häufiger Niederlagen.

Anfang 1252 drang ein vom Emir von Aleppo besoldetes, 10 000 Mann starkes Heer von Turkmenen von der an einer Biegung des Orontes im Norden von Hama gelegenen Festung Shaizar aus in das Gebiet zwischen dem Krak und Tripolis ein, setzte die Pachthöfe in Brand, ermordete die Bewohner der Dörfer und nahm zahlreiche Gefangene.

Im Jahre 1254 kehrte König Ludwig IX. nach einem vierjährigen Aufenthalt im Heiligen Land in seine Heimat zurück. Er hatte in diesen vier Jahren zwar die Mauern vieler Festungen im Küstengebiet erneuern lassen, doch insgesamt gesehen blieben die Kreuzfahrerstaaten in einem ungewissen Zustand zurück. Abermals waren es in erster Linie die Ritterorden, die sich um den Ausbau der Befestigungsanlagen und den Unterhalt der Garnisonen kümmerten. So wissen wir, daß im Krak auch zu dieser Zeit Neubauten entstanden. Als die Last, die der Johanniterorden zu tragen hatte, dann zu schwer und die Mittel knapp wurden, bat der Orden Papst Alexander IV. um die Befreiung des Krak und dessen Besitztümer von Abgaben. Die Antwort war positiv, und der Papst würdigte die Tatkraft der damals 60 Ritter, die für den Schutz der christlichen Staaten sorgten.

Dann jedoch trat ein Mann auf den Plan, der sich als ein ebenso erbitterter Gegner der Franken erweisen sollte, wie es vor ihm Nur ed Din und Saladin gewesen waren. Gemeint ist Baibars, der Panther, ein Riese von niederer Herkunft, der durch seinen Mut und mehr noch durch seine Dreistigkeit bis zu höchstem Rang emporgestiegen war. So hatte er zum Beispiel, ohne mit der Wimper zu zucken, den ägyptischen Sultan Kotuz, in dessen Diensten er stand, umbringen und sich an dessen Stelle zum Sultan ausrufen lassen. Im Jahre 1261 zog er mordend und plündernd durch das Territorium des Fürstentums Antiochia, und jedes Jahr nahm er einen neuen Angriff auf die Kreuzfahrerstaaten vor. 1263 ließ er seinem Haß auf die Christenheit freien Lauf und verwüstete eines der am meisten verehrten Heiligtümer der Christen, die Kathedrale von Nazareth. 1265 nahm er Cäsarea ein, 1266 die Templerburg Zefat in Galiläa, schließlich Jaffa und am 19. Mai 1268 Antiochia.

Die christliche Bevölkerung der Grafschaft Tripolis lebte in Angst und Schrecken und flüchtete sich in die küstennahen Städte. Im Mai 1267 verwüstete Baibars die Umgebung des Krak sowie die Ebene von Akkar und nahm in drei befestigten Orten und sechzehn kleinen Burgen (*bordj*) insgesamt 700 Männer und 1000 Frauen und Kinder gefangen. Aus dem gar nicht einmal um Hilfe bittenden, sondern einfach nur tieftraurigen Brief des Johannitergroßmeisters Hugues Revel, den dieser an Pfingsten 1268, also kurze Zeit nach dem Fall Antiochias, an den Prior von Saint-Gilles im Languedoc schickte, wissen wir, daß der Orden keinen einzigen Pfennig mehr vom König von Jerusalem erhielt und daß sich die Umgebung der Orte, die die Christen an der Küste besaßen, in den Händen der Ungläubigen befand.

Im Landesinnern blieben den Christen nur noch zwei Burgen – der Krak und Marqab -, die eine Schutzfunktion über den Küstenstreifen ausüben konnten. Doch auch sie wurden unaufhörlich vom Feind bedroht. Die Orte, an denen der Johanniterorden einst für den Unterhalt von 10000 Männern gesorgt hatte, lagen nun verlassen da, und übrig blieben nur noch 300 Ordensbrüder. Damit sind nicht nur die Ritter gemeint, sondern auch die Priester, die einen untergeordneten militärischen Rang bekleideten und eine geringere Stellung innerhalb des Ordens einnahmen.

Im Januar 1270 erschien Baibars vor dem Krak und schlug einen Ausfall der Garnison zurück. Dann verwüstete er die Umgebung der Burg. Im selben Jahr organisierte Ludwig IX. seinen zweiten Kreuzzug und führte seine Flotte nach Tunis. Mit seinem Tod am 25. August begann der Untergang des fränkischen Reiches jenseits des Mittelmeeres.

Als Baibars erfuhr, daß der Kreuzzug abgebrochen worden war, verließ er am 24. Januar 1271 Kairo, um den Krak erneut anzugreifen. Am 20. Februar erreichte er Damaskus, zog plündernd durch die Grafschaft Tripolis und bemächtigte sich der Templerburg Safita sowie der kleineren Burgen in der Umgebung des Krak. Von der Eroberung des Krak wird in mehreren Chroniken berichtet. Ibn Shaddad schreibt, daß die Festung von drei Mauern umgeben war, womit er wahrscheinlich die Ostseite meinte, und drei *bashura*, das heißt befestigte Zugänge beziehungsweise Torbauten hatte.

Der Sultan kam am 3. März am Fuße der Festung an. Die Emire von Homs und Sahyun zogen mit ihren Truppen nach, und auch Nadjin al Din, der Anführer der Assassinen, stieß zu dem Truppenverband hinzu.

Schon am Tag darauf, also am 4. März, fand ein massiver Angriff statt, und den Muslimen gelang es, in die äußere Umfassungsmauer, möglicherweise rechts von Torbau 11, eine Bresche zu schlagen. Am 5. März wurde einer der Tortürme eingenommen; vermutlich handelte es sich dabei um den Tortum des Nicolas Lorgne an der Nordseite der Burg, zwischen den Türmen 12 und 13. Dann setzten die Angriffe wegen starker Regenfälle und des Herbeischaffens und Aufstellens der Wurfmaschinen einige Tage lang aus. Am 15. März wurde ein zweiter Torturm eingenommen, und am 30. März bemächtigte sich eine Gruppe von Mineuren des dritten Torturms, der den Haupteingang der Festung schützte. Die Krieger Baibars' konnten auf diese Weise in den von der inneren Ringmauer umschlossenen Hof eindringen. Dabei wurden viele Johanniter getötet, anderen wiederum gelang es, sich hinter den drei großen Donjons im Süden zu verschanzen.

Von jenem Zeitpunkt an konnte Baibars sichergehen, daß er den Krak vollständig bezwingen würde. Die Garnison bestand mit großer Wahrscheinlichkeit nur noch aus wenigen Rittern, die durch die aus den Bergen in die Festung geflüchteten Menschen unterstützt wurden. Die Burgbewohner leisteten zwar zähen Widerstand und verteidigten jede einzelne ihrer Verteidigungsanlagen mit größter Hartnäkkigkeit, doch war der Fall der Festung nur noch eine Frage der Zeit. Die in den Donjon geflüchteten Christen hätten dem Sultan vermutlich noch eine ganze Weile standhalten können, aber da Baibars diese herrliche Konstruktion nicht durch seine Wurfmaschinen zerstören wollte, versuchte er es mit List und Tücke. Er ließ an die Christen im Namen des fränkischen Kommandanten von Tripolis einen Brief schreiben, in dem ihnen ausdrücklich befohlen wurde, sich zu ergeben. Das taten die Franken dann am 8. April.

Nachdem Baibars Herr über den Krak geworden war, verwandelte er die Burgkapelle in eine Moschee und führte das öffentliche

Gebet ein. Er ernannte einen Befehlshaber und befahl, die durch die Wurfmaschinen und das Anlegen von unterirdischen Stollen angerichteten Schäden zu reparieren.

Es ist schwierig, die drei Torbauten zu identifizieren, auf die die arabische Chronik anspielt. Bei dem ersten handelt es sich mit großer Wahrscheinlichkeit um den Einlaß im Norden und bei dem dritten könnte das Tor hinter der Auffahrtsrampe zum Innenhof gemeint sein. Gut kann man noch heute die von Baibars zerstörten und im nachhinein wiederausgebesserten Teile der äußeren Umfassungsmauer erkennen. Und im Nordosten und im Süden tragen die beiden runden Türme 6 und 8 eine Inschrift mit dem Namen des Sultans und dem Tag seines Sieges. Diese Inschrift wird von zwei Löwen, dem Emblem Baibars', eingefaßt.

Der Krak wurde zum Hauptort der »Königlichen Provinz der glücklichen Eroberungen«, und die Zitadelle diente als Stützpunkt für die Angriffe auf die Orte, die die Franken noch besaßen. Im Jahre 1281 war Balban el Tabbakhi Burgherr des Krak, und er war es auch, der von dort aus einen Feldzug gegen die Johanniter von Marqab unternahm. Im Jahre 1285 ließ Sultan Qalaun den mächtigen quadratischen Turm 7 in der Mitte der Südfront der äußeren Umfassungsmauer errichten. Eine Inschrift auf dem Bauwerk trägt seinen Namen und das oben genannte Datum. Noch im selben Jahr eroberte der besagte Sultan mit der Kreuzritterburg Marqab die letzte große Johanniterfestung.

Baugeschichte

Der Krak des Chevaliers war ursprünglich nur von einer Umfassungsmauer mit rechteckigen Vorsprüngen umgeben. Erst später wurde dann die zweite, äußere Umwallung angelegt, die von den Befestigungsanlagen der inneren Ringmauer beherrscht wird. Aus der Vogelperspektive betrachtet, hat der Krak die Form eines Trapezes, dessen kürzeste Seite sich im Norden befindet. Hier und auch auf den beiden langen Seiten im Westen und im Osten grenzt die Burg an steile Hänge an, die eine natürliche Schutzfunktion erfüllen. Auf der Südseite dagegen zieht sich die Anhöhe noch über weitere 300 Meter hin und steigt sogar bis fast auf die Höhe der höchsten Befestigungsanlagen der Burg an. Dadurch war die Südseite den feindlichen Angriffen in besonderer Weise ausgesetzt und mußte demzufolge durch massive Verteidigungsanlagen geschützt werden. Zur zusätzlichen Sicherheit isolierte man die äußere Umfassungsmauer der Burg noch

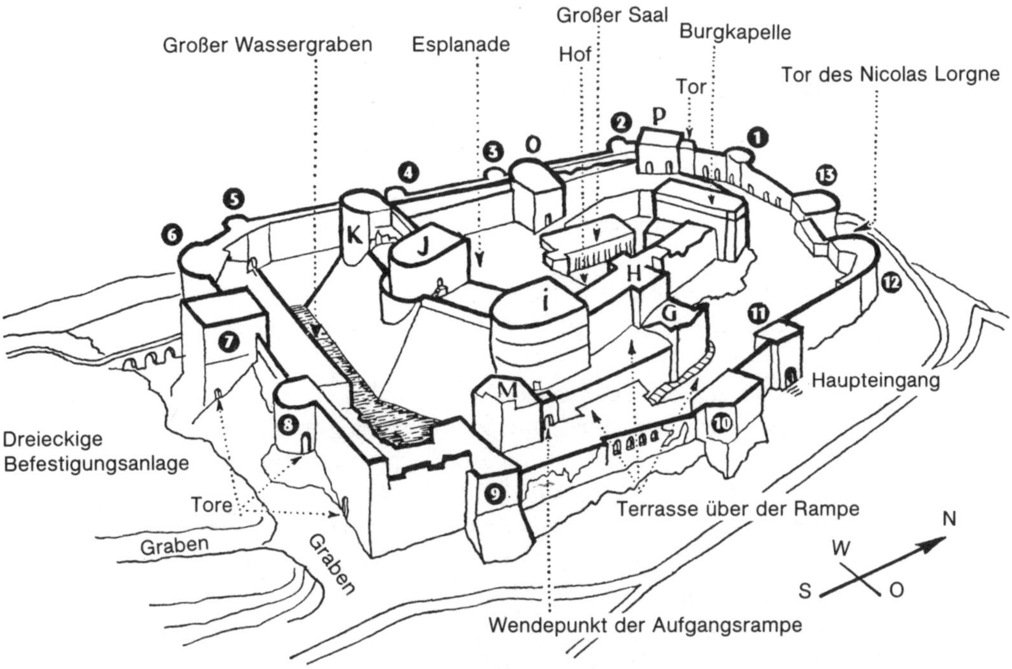

Der Krak des Chevaliers

durch drei Gräben, die den angrenzenden Hügel in der Form eines Dreiecks einfassen. Diese Gräben erschwerten es den Angreifern, ihre Wurfmaschinen auf den Hügel zu befördern und sie gegenüber den Mauern aufzustellen.

Über einen Aquädukt wurde das Wasser von der Anhöhe hinunter in den im Süden zwischen der äußeren und der inneren Umfassungsmauer gelegenen Wassergraben geleitet, den man, wie bereits in der Einleitung erwähnt, im Arabischen als *birket* bezeichnet.

Vor der Ankunft der Kreuzfahrer stand an der Stelle des heutigen Krak eine kurdische Burg, deren Bewohner vom Emir von Homs besoldet wurden. Man bezeichnete diese Festung als Hosn el Akrad, die Kurdenburg, die Hangburg oder auch Hosn es Safh. Überreste von dieser Festung aus dem 11. Jahrhundert lassen sich, wie es den Anschein hat, am Sockelgeschoß des rechteckigen Turms P (Bild 32) erkennen, der im Norden der Frankenburg liegt. Die asymmetrische Lage dieses Turms im Vergleich zu dem relativ regelmäßigen Grundriß der Ringmauer gibt Anlaß zu der Annahme, daß sich an dieser Stelle ehemals die Hangburg befand. Der Ort war sehr gut ausgewählt, denn von hier aus hatte man den weitesten Blick über das Tal in Richtung Meer.

Es ist sehr wahrscheinlich, daß mit der Errichtung der fränkischen Burg gleich nach der Einnahme der Hangburg durch Tankred im Jahre 1110 begonnen wurde.

Wie aus der Zeichnung Seite 125 ersichtlich ist, wurde die *erste fränkische Burg* von einer Mauer eingefaßt, die eine Reihe von um einen Hof gruppierten Bauten umgab. Sie wurde von rechteckigen Vorsprüngen flankiert und hatte einen Eingang in Turm P im Norden. Vielleicht gab es zu jener Zeit auch noch einen weiteren Eingang in der Befestigungsanlage H im Osten, den man jedoch in der Folgezeit umgestaltete.

Was uns bei der Unterscheidung der ersten Burgbauten von den anderen, aus verschiedenen Zeiträumen stammenden Anlagen half, war ihr Mauerwerk aus schweren und grob behauenen Bossensteinen. Dieses Mauerwerk ist auf der Außenseite nur noch an den Kurtinen im Nordosten und im Norden deutlich zu erkennen, die rechts und links an die Burgkapelle angrenzen. Darüber hinaus sieht man es am Chorhaupt der Kapelle und an Turm P. An allen anderen Stellen wird das Bossenmauerwerk aus dem ersten Bauabschnitt durch spätere Anbauten verdeckt, wie zum Beispiel im Westen und im Süden, wo es hinter dem Talus und den von Rundtürmen ummantelten quadratischen Vorsprüngen liegt, die ebenfalls in Bossentechnik ausgeführt wurden.

Der Talus und die Rundtürme gehören zu den großen Bauarbeiten der Johanniter, die die Festung Ende des 12. Jahrhunderts und in den ersten Jahren des 13. Jahrhunderts beträchtlich erweiterten.

Die aus dem ersten Bauabschnitt stammenden Räume sind mit einem Tonnengewölbe eingedeckt und erhalten durch rechteckige Öffnungen im Gewölbe Luft und Licht. Der längste Raum der Burg mißt 120 Meter (Bild 34 und 35) und erstreckt sich von der Nordwand der Kapelle über die nördliche Spitze der Oberburg entlang der gesamten Westseite. Ins Innere der Festung gelangte man, wie gesagt, durch das von einem Spitzbogen überwölbte Tor in dem großen rechteckigen Turm P (Bild 32) an der Nordspitze der Burg. Das Tor liegt nicht an der Nordfront des Turms, sondern an seiner nordöstlichen Seite. Eine solche Anordnung finden wir häufig im byzantinischen Festungsbau und auch in den ältesten fränkischen Burgen, zu denen Sahyun und Kerak gehören.

Die Schwelle des Tores liegt – von der Maueraußenseite her betrachtet – einige Meter über dem Boden, was den Angreifern den Zugang wesentlich erschwerte. Darüber hinaus wird sie durch eine breite Mauerverstärkung verdeckt, die den Durchgang zwischen Turm und Mauer verengt. Die Mauerverstärkung (Bild 32) wiederum ist mit einem steinernen Erker versehen, von dem aus man Pfeile auf die bis in die Nähe des Tores gelangten Feinde schießen beziehungsweise Steine hinunterfallen lassen konnte. Vom unteren Raum des Turms aus führt eine Tür zu dem 120 Meter langen Saal.

Turm P ist eine hohe Befestigungsanlage, deren imposante, aus schweren Bossensteinen gemauerte Längsseite im Norden eine genauere Betrachtung verdient. Zum einen wird sie in ihrem ganzen unteren Bereich durch einen Talus verstärkt, und zum anderen sind ihr zwei Eck- und zwei Zwischenpilaster vorgelagert, die durch Spitzbögen miteinander verbunden sind und den Talus in drei Abschnitte unterteilen. Über den Bögen liegt eine flache Mauer, die die eigentliche starke Mauer des Turms verdeckt. Was man auf den ersten Blick nicht erkennen kann, ist, daß zwischen diesen beiden Mauern ein Freiraum gelassen wurde und auf diese Weise ein großer Maschikulis entstand. Dieser ermöglichte es, von der Höhe des Turms Geschosse hinunterzuwerfen, die an der Schräge des Talus abprallten und den zum Tor führenden Durchgang schützten. Dieser Maschikulis ist der älteste seiner Art. In Frankreich fand diese Verteidigungsform im 12. Jahrhundert in den Burgen von Lucheux und Niort Einsatz und Ende des 12. Jahrhunderts im Château-Gaillard. Oben an der Nordseite von Turm P sieht man auch noch die Überreste einer später angelegten zwölfteiligen Maschikulisgalerie, deren vorkragender Teil jedoch eingestürzt ist.

In den arabischen Chroniken wird von einem schweren Erdbeben im Jahre 1170 gesprochen, das am 29. Juni begann und ganze fünfundzwanzig Tage dauerte. Es beschädigte mehrere fränkische Festungen und in erster Linie den Krak. In der Chronik von Abu Chama wird hinzugefügt, daß sich die Naturkatastrophe besonders an einem Festtag bemerkbar machte, an dem die Christen in ihren Kirchen versammelt waren. Es heißt, daß die Gewölbe über ihnen zusammenbrachen. – Wie sich aus dem Text erkennen läßt, war damit unter anderem die Kapelle des Krak gemeint.

Das gerade abschließende Chorhaupt der Kapelle mit den gekappten Ecken ist ein Teil der Ringmauer und hat wie diese ein Mauerwerk aus Bossensteinen. Bei dem heftigen Beben blieb dieser Teil der Kapelle stehen, während der Rest einstürzte. Beim Wiederaufbau gleich nach dem Beben wurde die Kapelle dann nach Westen hin erweitert, was man an dem Mauerwerk aus glatten Steinen an der Westseite erkennen kann, in dem einige bossierte Quader wiederverwendet wurden. Die Kapelle der Johanniter von Marqab ist der Kapelle des Krak des Chevaliers sehr ähnlich. Sie ist jedoch größer und eleganter im Stil. Dies erklärt sich ganz einfach aus der späteren Bauzeit. Die Kreuzritterburg Marqab kam erst im Jahr 1186 an die Johanniter, und

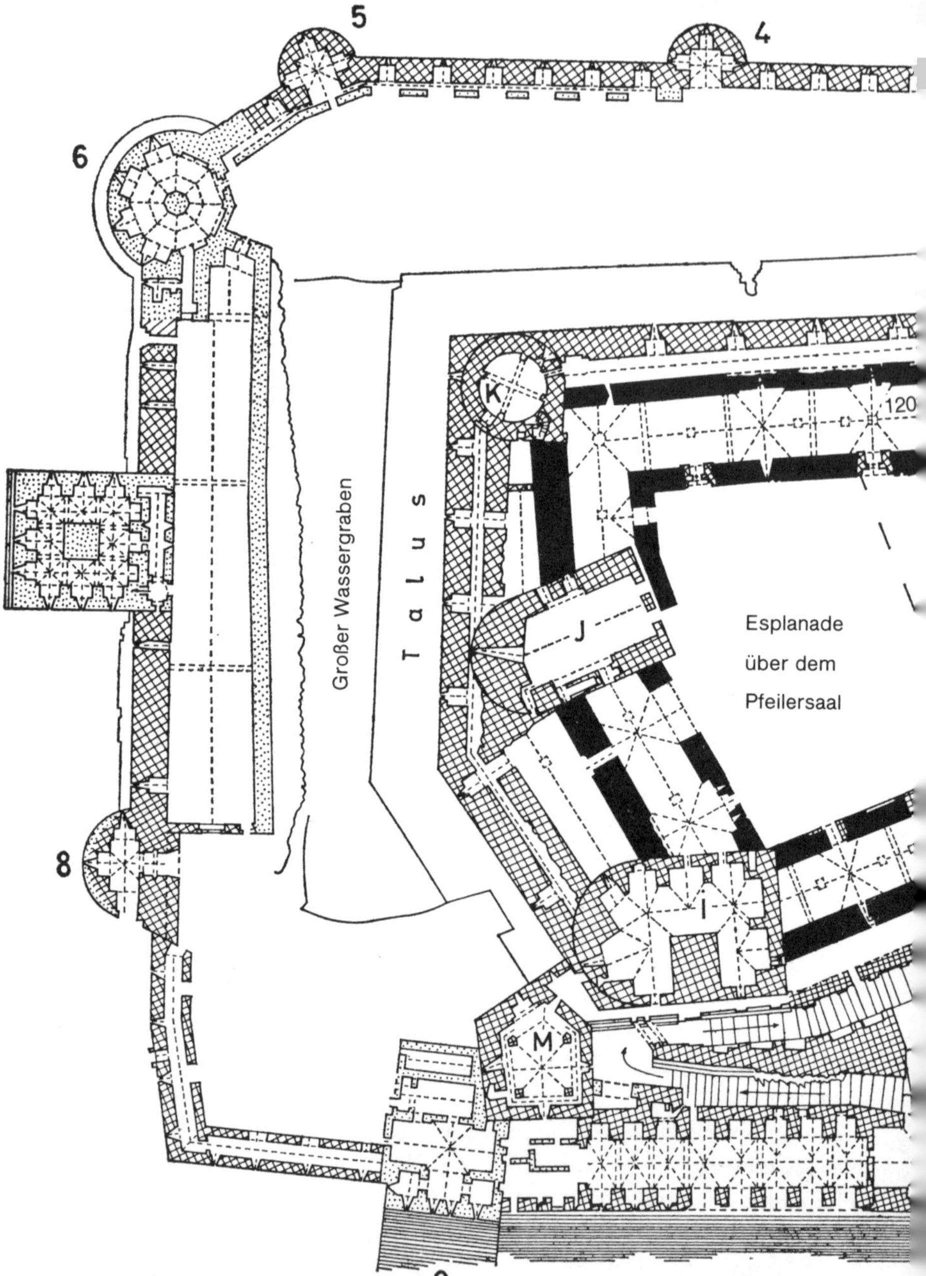

Grundriß von François Anus

In dieser Darstellung wurden die
verschiedenen Stockwerke der Burg zusammengefaßt

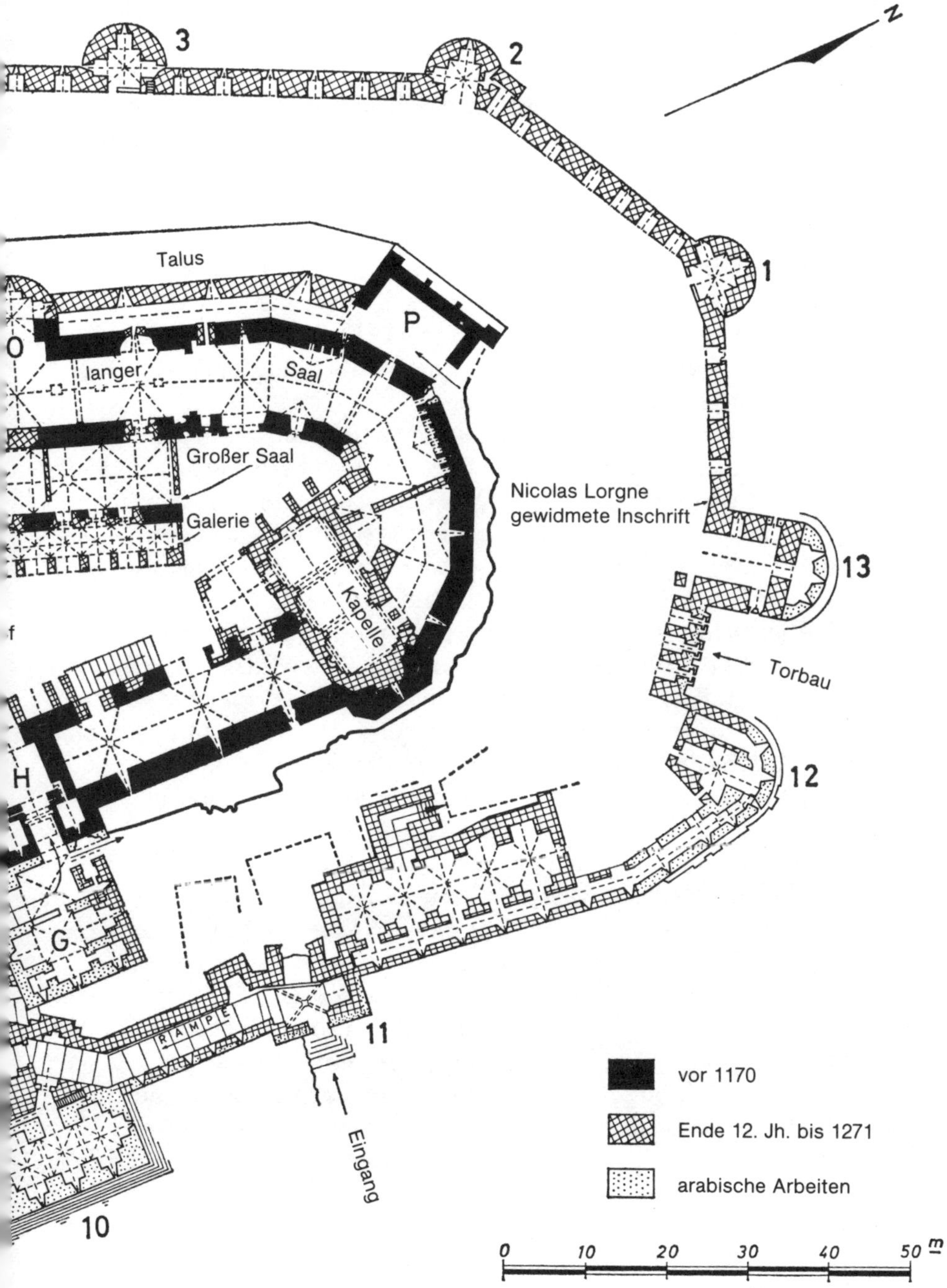

Der Krak des Chevaliers

die Kapelle dieser Burg wurde ungefähr fünfzehn Jahre nach der Kapelle des Krak gebaut.

Nach dem ersten Bauabschnitt soll nun der *zweite Bauabschnitt* näher betrachtet werden, in dem der Krak verändert, erweitert und mit zahlreichen neuen Verteidigungsanlagen versehen wurde. Vor die ursprüngliche Umfassungsmauer wurde im Westen und im Süden ein hoher Talus gelegt (Bild 18, 20, 29, 30), und die Mauerbauten wurden durch runde Türme ummantelt. Darüber hinaus wurde noch eine zweite, äußere Umfassungsmauer geschaffen, wodurch sich die Fläche der Festung beinahe vervierfachte. Sie mißt jetzt zweieinhalb Hektar und erstreckt sich in Nord-Süd-Richtung über 220 und in Ost-West-Richtung über 135 Meter.

Der zweite Bauabschnitt scheint, von der Zahl der neuen Anlagen her gesehen, ziemlich lange gedauert haben. Mit den gegen Ende des 12. Jahrhunderts begonnenen Arbeiten war man in der Tat noch in den ersten Jahren des 13. Jahrhunderts beschäftigt. Da in jener Zeit jedoch keine Rippengewölbe verwendet wurden, darf man annehmen, daß der Bauabschnitt dann schon bald abgeschlossen war.

Vielleicht waren die auch im Krak spürbaren Erdbeben der Jahre 1201 und 1202 für die Baumeister ein Anlaß zur Anlage des Talus vor der inneren Ringmauer, der im Westen eine Höhe von 19 Metern und im Süden sogar eine Höhe von 26 Metern erreicht. Dadurch konnten die Mauern derart abgestützt werden, daß ihnen die in diesem Land so häufigen Beben nichts mehr anhaben konnten. Hinter dem Talus verlief an der West- und der Südseite ein langer Gang, von dem aus Schießscharten durch den Talus hindurch auf den Zwinger zwischen den beiden Umfassungsmauern führten. Im Falle eines feindlichen Eindringens in den Zwinger war damit eine weitere Sicherheit geboten. Der Talus zieht sich von Turm P im Norden bis zu Turm I im Süden um ganze zwei Drittel der Oberburg herum.

Einen weiteren Beleg dafür, daß der zweite Bauabschnitt, in dem diese eindrucksvollen Befestigungsanlagen errichtet wurden, schon im frühen 13. Jahrhundert abgeschlossen war, geben uns die geschichtlichen Ereignisse dieser Zeit. Die Ritter des Krak unternahmen zwischen 1204 und 1208 etliche Expeditionen gegen Homs und Hama und schlugen viele Angriffe siegreich zurück.

Zu Beginn des Bauabschnitts errichtete man die äußere Umfassungsmauer, deren nordwestlicher Teil, ausgehend von Turm 13, am besten erhalten ist. Das schöne Mauerwerk aus glatten Steinen ist für die gesamte Seite (Bild 20, 21, 22, 29 und 30) kennzeichnend. Aus ihm wölben sich fünf sehr ähnlich strukturierte Rundtürme (Turm 1 bis 5), die durch lange, sehr nahe am Hang des Bergrückens gelegene Kurtinen miteinander verbunden sind. Zwischen Turm 2 und Turm 5 verläuft die Mauer über eine Strecke von 135 Metern geradlinig. Von der Südseite sind noch einige Teile erhalten, doch wurde von ihren beiden Rundtürmen der eine ausgebessert (8) und der andere von Baibars nach seinem Sieg neu errichtet (6). Die quadratische Befestigungsanlage zwischen den beiden Türmen ist ein ausschließlich arabischer Bau (Bild 18), und wir sind davon überzeugt, daß die Johanniter, aufgrund des guten Schutzes durch die drei Gräben auf der Außenseite, die beiden Türme 6 und 8 lediglich durch eine Kurtine miteinander verbanden. Da die Burg im Süden aber keinen natürlichen Schutz hatte, erweiterte man die äußere Umfassungsmauer sowohl in der Länge als auch in der Breite, damit die Mauern möglichst eng am Rand des Bergrückens anlagen.

Die innere Umfassungsmauer wurde auf die bereits vorhandene Mauer aufgebaut. Der quadratische Turm im Westen wurde durch den großen Rundturm O ummantelt (Bild 20, 29, 30), der durch drei lange Schießscharten verteidigt werden konnte. Teile der alten Mauer fand man auf der Südseite und im Westen. An der südwestlichen Ecke bildet ein rechteckiger Turm den Unterbau des runden Turms K (Bild 30). Auf der Südseite, gegenüber der Anhöhe, das heißt an der gefährdetsten Flanke der Festung, errichtete man die drei mächtigsten Verteidigungsanlagen der gesamten Burg, die drei nach Süden hin abgerundeten Türme K, J und I (Bild 18, 20, 21). Sie sind durch wuchtige Kurtinen eng miteinander verbunden und haben Mauern von einer außergewöhnlichen Stärke. Die Mauer von Turm J erreicht sogar eine Tiefe von über acht Metern. Dieser Komplex, der von Enlart als Donjon bezeichnet wird, bildete den letzten Zufluchtsort der Burgbewohner. Er ist eine der beachtenswertesten Konstruktionen des Festungsbaus vom Anfang des 13. Jahrhunderts.

Wenn wir die vier Türme O, K, J und I der inneren Umfassungsmauer genauer betrachten, dann wird uns das Geschick ihres Baumeisters bewußt. Dort nämlich, wo die Türme an den Talus angrenzen, ließ er jeden Stein, der gleichzeitig zum Talus und zum Turm gehört, in der geeigneten Weise zuschneiden. Wir stehen hier vor einem für die damalige Zeit wirklich erstaunlichen Meisterwerk des Steinschnitts (Bild 18 und 30).

Auf der Südseite, zwischen dem Talus und den Befestigungsanlagen der äußeren Umfassungsmauer liegt der große, gemauerte Wassergraben. Er hat eine Länge von 72 und eine Breite von 8 bis 16 Metern. Mit Wasser wurde er zum einen durch einen Aquädukt gefüllt, zum anderen durch ein von den Terrassen herabführendes Kanalsystem. Auf diese Weise konnte das Becken die Wasserversorgung der gesamten Besatzung gewährleisten und war auch ausreichend groß, um die Pferde und das Vieh der Burgbewohner zu tränken. Abgesehen davon war es ein ausgezeichnetes Mittel zur Verteidigung der inneren Umfassungsmauer.

Die drei imposanten Türme im Süden erheben sich über allen anderen Bauten des Krak. Die Terrasse des Turms J zum Beispiel liegt 36 Meter über dem Graben. Dabei ist zu bedenken, daß hier, wie bei allen anderen Türmen des Krak, die Brüstung der Terrasse und ihr Zinnenkranz fehlen, die dem ganzen Komplex ein noch erhabeneres Aussehen verliehen.

Wilbrand von Oldenburg, der die Festung gegen 1212 besucht hatte, berichtet, daß in ihr sogar in Friedenszeiten 2000 Krieger stationiert waren. Als dann Jacques de Vitry im Jahre 1217 und König Andreas von Ungarn kurz danach dem Krak einen Besuch abstatteten, muß er sehr reich gewesen sein und über große Mittel verfügt haben. Dank seiner neuen Verteidigungsanlagen, seiner Waffen und seiner starken Besatzung war er für die Offensive und die Defensive gleichermaßen gewappnet. Er galt als der Schrecken der Sarazenen und sorgte als mächtiger Wachposten an der Grenze des Frankenreiches für die Sicherheit in der Grafschaft Tripolis.

Knappe vierzig Jahre lang leistete der Krak – ausgehend von diesen Glanzzeiten – noch einen wirksamen Beitrag zur Aufrechterhaltung des Friedens in der umliegenden Gegend. In dieser Zeit nahm man Verschönerungsarbeiten vor, zu denen die Einrichtung des runden Raums im oberen Geschoß von Turm K (Bild 33) gehören. Der mit einem Rippengewölbe eingedeckte Raum wurde relativ schlicht gehalten und läßt sich auf die Zeit zwischen 1230 und 1240 datieren. Die vorgenommenen Änderungen erkennt man vor allem an der Außenseite an den sechs zugemauerten Schießscharten sowie an dem großen, in der Ostseite geöffneten Fenster. Der Raum wurde als das »Zimmer des Meisters« bezeichnet, da es sich allem Anschein nach um die Unterkunft des Großmeisters handelte.

Später, um 1250, schmückte man dann den sogenannten Großen Saal aus, dessen Mauern bereits existierten, und zog ein Gewölbe ein, dessen Rippen sich auf mit Blattwerk geschmückte Abkragungen stützen. Vor den Großen Saal, genauer gesagt an seine östliche Längsseite, setzte man eine Galerie, die an den Hof angrenzt und mit dem Großen Saal in Verbindung steht. Ihre fein skulptierten Fenster erinnern an das Maßwerk vieler Klöster in Frankreich (Bild 41 und 42).

Der Krak des Chevaliers, innere Umfassungsmauer, Westseite, die Türme K und O. ▷

Wenn man bedenkt, daß die Burg einem religiösen, wenn auch militärischen Orden gehörte, dann kann man diese Galerie vielleicht als eine zu einem Kapitelsaal führende Klostergalerie betrachten. Der Große Saal diente den Kreuzrittern in der Tat als Versammlungsort.

In jener Zeit wurden nicht nur Verschönerungs-, sondern auch zweckmäßige Arbeiten ausgeführt. So legte man unter dem Boden des südlichen Hofbereichs einen großen, durch schwere Pfeiler untergliederten Raum an, der als Lagerraum diente. Vom Hof aus, der auf diese Weise über die Hälfte verkleinert wurde, gelangte man über einige Stufen auf die Terrasse des Pfeilerraums, die hinter den mächtigen Befestigungsanlagen im Süden eine weite Esplanade bildete.

Im *letzten Bauabschnitt*, in dem vor allem die bestehenden Verteidigungsanlagen verstärkt wurden, macht sich die Knappheit der finanziellen Mittel in der Zeit nach dem glanzvollen Höhepunkt des Ordens bemerkbar. Die Mauern haben weder das grobe und robuste Bossenmauerwerk des ersten Bauabschnitts noch das glatte und genau gearbeitete Mauerwerk des zweiten. Die in diesem dritten Bauabschnitt errichteten Mauern sind eher schlecht gearbeitet, und statt der geschulten Steinmetzen von einst wurden Arbeitskräfte eingesetzt, die im Bedarfsfall wahllos herbeigeholt wurden. Ein Bauwerk, von dessen genauer Bauzeit wir später sprechen werden, verdient dennoch besondere Aufmerksamkeit: die Befestigungsanlage M (Bild 28) mit ihrem einzigartigen Mauerwerk aus großen Bossensteinen. Die Anlage wurde an der südöstlichen Ecke der inneren Umfassungsmauer in der Nähe des Wassergrabens und unterhalb von Turm I errichtet. Ihr Zweck war es, die Aufgangsrampe an der Stelle zu überwachen, an der sie von der Nord-Süd-Richtung in die Gegenrichtung abknickt, und den Angreifern, denen es gelungen sein sollte, die äußere Umfassungsmauer im Süden zu überwinden, den Weg zu versperren.

In den letzten Jahren ihrer Herrschaft über den Krak verstärkten die Johanniter die äußere Umfassungsmauer im Nordosten, auf der ganzen östlichen Seite und an der südöstlichen Ecke. Im allgemeinen ist das Mauerwerk sehr armselig, entweder weil es von ungeschickten Handwerkern in Eile errichtet oder während der Belagerung beschädigt und danach durch die Muslime ausgebessert wurde.

Zu jener Zeit legte man auch den unteren Teil der Aufgangsrampe (Bild 24) mit den sie im Osten begrenzenden Räumen und dem Eingang im Mauervorsprung 11 (Bild 23) an und deckte die Rampe mit einem Rippengewölbe ein. Die Mauer, die den Eingang beherrscht, wurde von den Muslimen neu hochgezogen.

Darüber hinaus errichtete man das Tor im Nordosten der Burganlage (Bild 19), das durch die beiden Türme 12 und 13 geschützt wird und von Erkern aus verteidigt werden konnte. Dieses Tor wurde trotz seiner guten Befestigung bei der Belagerung von 1271 als erstes bezwungen. Auf der hinteren Seite von Turm 13 ist in großen Lettern eine Inschrift angebracht: AU TENS DE FRE(RE) NICIOLE LORNE FU FETE CESTE BARBACANE (zu Ehren von Ordensbruder Nicolas Lorgne wurde dieses Tor errichtet). Nicolas Lorgne war um 1254 Burgherr von Marqab und muß danach Burgherr des Krak gewesen sein. Um 1269 war er Marschall des Johanniterordens, und im Jahre 1278 wurde er mit dem höchsten Amt, dem des Großmeisters, betraut. Dieses Amt bekleidete er bis 1284. Er war also kurze Zeit vor der Einnahme des Krak durch die Muslime Herr über diese Burg. Das ihm gewidmete Tor kann mit Sicherheit als die letzte Baumaßnahme der Johanniter angesehen werden.

Besichtigung

Der Krak war mit allem ausgestattet, was für das tägliche Leben einer großen Besatzung notwendig war. Vor allem für Wasser war reichlich gesorgt: Der große, unter freiem Himmel liegende Wassergraben wurde durch den Aquädukt und die von den Terrassen der hohen Türme herabführenden Kanäle mit Wasser gespeist; in dem 120 Meter langen Saal war ein Brunnen angelegt, und in dem Areal der Festung lagen insgesamt neun Zisternen. Es gab einen großen Ofen zum Brotbacken, auf Turm 1 ragte eine Windmühle in den Himmel, in dem Pfeilerraum unter der Esplanade standen Pressen, und in die Mauerstärke waren 142 Krüge eingelassen, die vermutlich Wein oder Öl enthielten. Es muß einen großen Vorrat an Brot und an gesalzenem und getrocknetem Fleisch gegeben haben. Wilbrand von Oldenburg berichtet, in Marqab habe es Lebensmittelvorräte für fünf Jahre gegeben. Das wird im Krak nicht viel anders gewesen sein.

Auch für Hygiene und Sauberkeit waren die entsprechenden Vorkehrungen getroffen: Auf der einen Seite des 120 Meter langen Saals befinden sich zwei Reihen Nischen, in denen 12 Latrinen angelegt waren (Bild 35). Ähnliches finden wir an den Enden der gewölbten Gänge hinter dem Talus sowie in den Stockwerken der drei großen Türme im Süden.

Bevor man durch die Toranlage im Osten (Bild 19 und 23) in das Innere der Festung eindringt oder auch nachdem man seinen Besuch der Innenanlage beendet hat, sollte man dem rechts von dem Tor an den Mauern entlangführenden Weg folgen und die Burg mit dem Auto umfahren oder sie zu Fuß umlaufen. Zuerst kommt man an dem

Nicolas Lorgne gewidmeten Tor an der nordöstlichen Ecke zwischen den Türmen 12 und 13 vorbei (Bild 19). Dann folgt man dem Wall im Westen mit seinen fünf halbrunden Türmen (Bild 20) und steigt auf die Anhöhe im Südwesten hinauf. Dort angelangt, liegt einem die ganze Südfront mit ihrem zum großen Teil von den Muslimen erneuerten äußeren Mauerring zu Füßen, die von den drei herrlichen, gleichsam aus dem hohen Talus herauswachsenden Türmen K, J und I (Bild 18 und 20) beherrscht wird. Von der Anhöhe herab hat man den besten Überblick über den einzigartigen Baukomplex dieses geschichtsträchtigen Kriegsschauplatzes.

Der Besucher des Krak gelangt durch den Zugang im Osten in die Burg. Das Haupttor schließt mit einem Spitzbogen ab, über dem eine lange arabische Inschrift von dem glorreichen Sieg Baibars' im Jahre 1271 berichtet (Bild 19 und 23). Der aus dem 13. Jahrhundert stammende Vorbau ist bei der Belagerung stark beschädigt worden. Ursprünglich muß eine sich über den Graben wölbende Brücke auf das Tor zugeführt haben, doch ist von ihr keine Spur mehr erhalten. Der Raum hinter dem Tor ist mit einem Kreuzrippengewölbe eingedeckt, dessen heute leider nicht mehr vorhandener Schlußstein einst mit einem Vierpaß geschmückt war. Von diesem Raum aus führt eine überwölbte Rampe zur Burg hinauf. Um den Pferden den Aufgang zu erleichtern, wurden die Stufen der Rampe niedrig und großflächig gehalten. Sie wurden, da sie sehr abgenutzt waren, zum größten Teil ersetzt. Die Rampe wurde als Zickzackweg angelegt, um den Angreifern das Vorankommen zu erschweren. Als weitere Schutzmaßnahme dienten Wachräume mit Schießscharten, Maschikulis und Gußerker über dem offenen Teil der Rampe sowie schwere Türen und Fallgatter.

Die Rampe setzt sich aus drei Abschnitten zusammen. Der erste Abschnitt (Bild 24) führt von Norden nach Süden, der zweite verläuft in nordwestlicher Richtung (Bild 25 und 27), und der dritte wendet sich nach Westen, führt durch die innere Umfassungsmauer hindurch und mündet in den Innenhof der Burganlage. Der erste Abschnitt ist jüngeren Datums als die anderen beiden. Daß er im nachhinein angelegt wurde, kann man daran erkennen, daß die Mauer an seiner rechten Seite mit einem Talus und mit Schießscharten versehen ist. Der Talus muß sich ursprünglich an der Außenseite befunden haben.

Der erste Abschnitt wurde wie folgt verteidigt: 1. durch die in die Gewölbe eingelassenen Gußlöcher, 2. durch ein mit einer Schießscharte ausgestattetes Wachzimmer auf der linken Seite, von dem aus man die Längsseite der Rampe ins Auge fassen konnte, 3. durch die Befestigungsanlage M, die den Zugang nach Süden versperrte und 4. durch einen Eckerker an der Stelle, an der die Rampe in die nordwest-

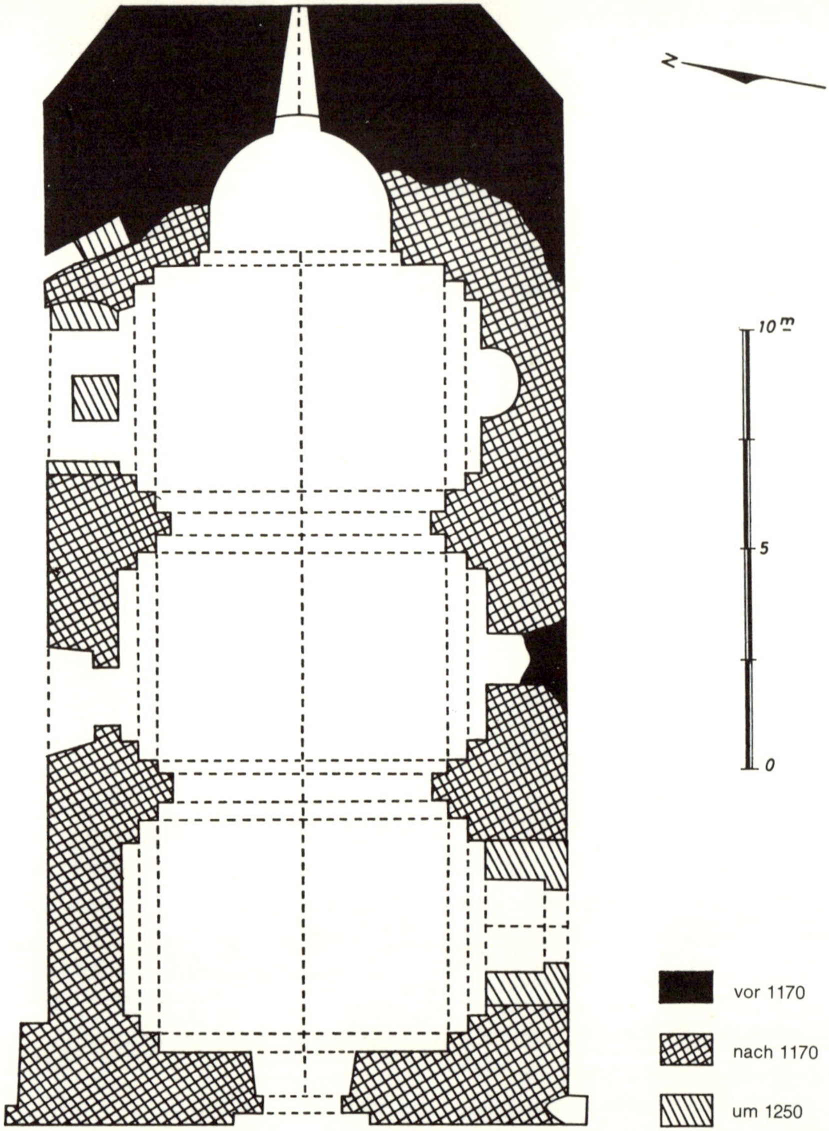

Krak des Chevaliers
Kapelle

liche Richtung abknickt. Ein durch Spitzbögen gestützter Steg führt von der Tür in Turm I zu diesem Eckerker, von dem aus man den Feind gut überfallen konnte.

Am Anfang des zweiten Abschnitts trifft man auf zwei Türangeln und danach auf eine Nische, in der wiederum eine Wache aufgestellt wurde. Am Ende dieses Rampenabschnitts steht man in einem quadratischen Raum, der durch vier in die vier Segmente des Kreuzgewölbes eingelassene Gußlöcher verteidigt wurde. Dieser Raum ist mit zwei Türen versehen:

a) Auf der Nordwestseite führt eine Tür über einige Stufen zum Fuß der inneren Umfassungsmauer hinunter. Von dort aus gelangt man zum Chorhaupt der Kapelle und zu dem Tor in Turm P, von dem aus man wiederum Zugang zu dem 120 Meter langen Saal hat.

b) Wenn man sich dagegen nach Westen wendet, kommt man in den dritten Abschnitt der Rampe. Der Weg führt durch den eigentlichen Eingang der inneren Umfassungsmauer hindurch in den Innenhof und mußte daher noch besser geschützt werden. Rechts und links von dem Gang liegen zwei Wachzimmer, in denen sich jeweils eine Schießscharte öffnet. Außerdem kommt man unter drei Bögen hindurch, von denen zwei Raum für einen breiten Maschikulis lassen. Weiter hinten sieht man die Spuren eines Fallgatters, das man von dem oberen Stockwerk aus hinunterfallen lassen konnte. Erkennbar sind auch noch die Türangeln sowie die Löcher für den Riegel, durch den diese Tür verschlossen wurde (Bild 26).

Schließlich steht man im Innenhof. Er ist eng und von unregelmäßigem Grundriß. Das liegt daran, daß seine Fläche Stück für Stück durch die im Lauf des 13. Jahrhunderts hinzugekommenen Anbauten verkleinert wurde.

Im Westen hat man die elegante gotische Galerie vor sich (Bild 41), die die Vorhalle des Großen Saals bildet. Im Süden geben drei gedrückte Spitzbögen den Zugang zu dem Raum mit den schweren Pfeilern frei, über dem die Esplanade angelegt wurde. Im Norden schließlich liegt der Vorbau an der Südflanke der Burgkapelle.

Die *Burgkapelle* (Bild 38 und 39) ist mit großer Wahrscheinlichkeit von den Johannitern nach dem Erdbeben von 1170 wiederaufgebaut worden. Sie ist im Innern 21,50 Meter lang und 8,50 Meter breit. Ihr einziges Schiff ist in drei spitztonnengewölbte Joche unterteilt, die durch Gurtbögen mit ausgeprägten Graten voneinander getrennt werden und im Osten mit einer halbkreisförmigen Apsis hinter einem großen, gestuften Bogen abschließen. Die Apsis wird von einem flachen, an den Ecken gekappten Chorhaupt ummantelt, das einen Teil der ursprünglichen einzigen Umfassungsmauer der Burg darstellt. Durch große Spitzbögen mit scharfgratigem, doppeltem Bogenlauf wurden an jeder Seitenwand der Kapelle drei Wandnischen geschaffen. Enlart stellte fest, daß die gleiche Anordnung auch in der Abteikirche von Montjoie in Palästina gegeben ist, die auf einem hohen Hügel in der Nähe von Jerusalem liegt. Wir haben es hier mit einem Charakteristikum der einschiffigen romanischen Kirchen in der Provence zu tun, das auch in Burgund, und zwar vor allem in der alten Diözese Chalon-sur-Saône, zu finden ist. Die Gurtbögen in der Burgkapelle des Krak kommen auf abgefasten Pilastern zu liegen, und ein verkröpftes, den Vorsprüngen der Pilaster folgendes Gesims umläuft in der Höhe der Kämpfer die ganze Kapelle. Ähnliche Gesimse begegnen uns in der Annenkirche von Jerusalem, in der Kirche von Abu Gosh und in der Kathedrale von Tartus. Wiederum finden wir sie auch in den romanischen Kirchen Burgunds und der Provence.

Die Kapelle erhält durch zwei große, jeweils mit einem Spitzbogen abschließende Fenster im Osten und im Westen Licht. Das Apsisfenster öffnet sich in einer sehr tiefen Nische. Von außen sieht man weiter oben eine Schießscharte, die auf den über das Gewölbe der Kapelle führenden Wehrgang geht. Das Fenster im Westen ist relativ groß und liegt über dem Portal. Im unteren Teil des Gewölbes öffnen sich darüber hinaus noch rechteckige Fenster.

Das Portal der Kapelle wurde gegen Ende der Frankenzeit durch eine zu den Befestigungsanlagen im Norden führende Treppe (Bild 37 und 42) verbaut. Man achte auf die Archivolte, die das Portal einfaßt, denn sie läuft auf der rechten und der linken Seite der Tür in einem kurzen horizontalen Gesims aus. – Ähnliches finden wir auch an den Portalen der Burgkapelle von Marqab.

Nach dem Anbau der Treppe konnte das Westportal der Kapelle des Krak nicht mehr als Eingang benutzt werden. Daher schufen die Johanniter einen Eingang auf der Südseite, vor den sie einen auf den Hof gehenden Portalvorbau setzten (Bild 41 und 42). Er führte in das erste Joch der Kapelle im Westen.

Bei Ausgrabungen vor dem Westportal fanden sich mehrere, in einer Reihe liegende Skelette. Es war im Mittelalter üblich, daß man sich aus Demut außerhalb der Kirche, und zwar vor dem Portal, *sub stillicidio*, bestatten ließ. Es wäre aber im Falle der Kapelle des Krak auch kein anderer Bestattungsort im Kirchenbereich möglich gewesen, da die Kapelle auf Felsgrund gebaut war und keine Krypta hatte. Wir können davon ausgehen, daß es sich bei den gefundenen Skeletten um die sterblichen Überreste einiger Johanniter des Krak handelt.

Durch die an den Hof angrenzende gotische *Galerie* gelangt man in den *Großen Saal*, der eine Länge von 27 und eine Breite von 7,50

Metern hat. Er wird von drei gewaltigen Kreuzrippengewölben überspannt, die auf zehn Abkragungen mit blattgeschmückten Konsolen aufliegen. Licht erhält der Saal durch die Fenster über der Galerie. In der nördlichen Wand öffnen sich zudem eine kleine Tür und ein großes, durch ein steinernes Fensterkreuz gegliedertes Fenster. Auf der Außenseite wird der obere Teil der Fenstereinfassung durch zwei dreipaßförmige Bogenfelder geschmückt, die mit einer Kreuzblume und mit eingerollten Blättern verziert sind.

Der Große Saal hatte eine Doppelfunktion. Als Saal einer Ritterburg war er einerseits Empfangsraum und Ort von Versammlungen und Banketten; andererseits entsprach er dem Kapitelsaal eines Klosters und hatte eine Klostergalerie. Dort konnten die einfachen Ritter und die Sergeanten ein wenig abseits den Versammlungen folgen, die im Saal von den Würdenträgern des Ordens abgehalten wurden. Die Galerie (oder Vorhalle) muß einst das Schmuckstück des Krak des Chevaliers gewesen sein (Bild 41 und 42).

Da die Galerie auf der Ostseite liegt, fällt in sie ab Mittag keine Sonne mehr. So konnten die Ritter, wie Rey vermutete, an diesem Ort während der heißesten Stunden des Tages ein wenig Kühle finden. In der an den Hof angrenzenden Frontseite der Galerie öffnen sich zwei Portale und fünf Doppelfenster mit schlanken Mittelsäulen. Durch die in regelmäßigen Abständen aufeinanderfolgenden Öffnungen wird die Galerie in sieben Joche untergliedert, deren Rippengewölbe auf eleganten Konsolen liegen. Der Große Saal ist durch zwei Türen und zwei weitere Öffnungen mit der Galerie verbunden.

Mit seinen Gewölben, Säulen, Pilastern, den mit verschiedenartigem Blattwerk geschmückten Kapitellen und den gotischen Fenstern bringt dieses Ensemble die Harmonie eines Stils zum Ausdruck, der zur Zeit Ludwigs IX. in der Ile-de-France und der Champagne entstand und den man im allgemeinen als Hochgotik bezeichnet. Die fein gemeißelten Steine der Galerie lassen an das Maßwerk der Sainte-Chapelle in Paris und an das der Kathedrale von Reims denken. Die Sainte-Chapelle wurde 1248 fertiggestellt, und mit ihr begann wohl eine Blütezeit gotischer Kunst.

Die Galerie des Krak muß um die Mitte des 13. Jahrhunderts, also ungefähr zu der Zeit, da sich König Ludwig IX. im Heiligen Land aufhielt (1250–1254), angelegt worden sein. Leider hat sich bis in unser Jahrhundert nur ein einziges der fünf gotischen Fenster einigermaßen erhalten. Die anderen vier sind von dem Architekten Pierre Coupel gegen 1936 nach dem Vorbild dieses einen Fensters restauriert worden. Besagtes Fenster wird durch einen schlanken Pfeiler aus vier zierlichen Säulen unterteilt. Das Bogenfeld wird zu einem großen Teil durch blindes Maßwerk ausgefüllt. Es besteht aus zwei gedrückten

Spitzbögen, die einen Dreipaß umfassen. Darüber erhebt sich ein durchbrochener Fünfpaßokulus.

In die Bogenpfeiler des siebten Jochs der Galerie sind zwei Inschriften, eine in lateinischer und eine in französischer Sprache, eingemeißelt:

SIT TIBI COPIA
SIT SAPIE(N)CIA
FORMAQ(UE) DET(UR)
INQ(UI)NAT OMNIA SOLA
SUP(ER)BIA SI COMI(TETUR)

kann man auf dem nördlichen Pfeiler lesen. Übersetzen kann man diese Inschrift wie folgt: Sei reich, weise und schön, aber hüte dich vor dem Stolz, der alles beschmutzt.

Auf dem südlichen Pfeiler steht in sehr kleinen Buchstaben der Satz: CEST LABOR FU FAIT EL TENS DE FRE(RE) IORGI....XO. (*Dieses Werk wurde zu Ehren Bruder Iorgis ausgeführt*). Besagter Iorgi war sicher ein Burgherr des Krak. Wir haben seinen Namen jedoch in keiner Urkunde wiedergefunden.

Die Konsolen, auf denen die Rippengewölbe aufliegen, und auch die Gurt- und die Scheidbögen können mit denen der Sainte-Chapelle in Paris, der Kathedrale von Auxerre und der Kirche Saint-Martin in Clamecy verglichen werden. Das südliche der beiden von der Galerie zum Großen Saal führenden Portale hat ein vergleichbares Bogenfeld wie das zuvor beschriebene Fenster der Galerie, das heißt zwei Dreipässe mit einem durchbrochenen Fünfpaßokulus darüber. Die von einem Rundstab gebildete Archivolte endet in einer Spirale beziehungsweise einem Gegenbogen.

Das zweite Portal, das im Laufe der Zeit sehr beschädigt wurde, bildete den Hauptzugang zum Großen Saal. Es war auf beiden Seiten mit zwei kleinen Säulen und einem Pilaster geschmückt, die jeweils in Kapitellen endeten. Drei Kanneluren mit je einer kleinen, fünfblättrigen Blume am unteren Ende faßten die Säulen ein. Die gleichen Kanneluren finden wir an den Säulen der Grabeskirche wieder sowie an den Kathedralen von Giblet/Djebeil und Gaza. In Frankreich schmücken sie die Portale der Kirche Saint-Germain-des-Prés in Paris und das Nordportal von Notre-Dame von Étampes. Die kleinen Blumen unten an den Kanneluren jedoch tauchen nur an diesem einen Portal des Großen Saals vom Krak des Chevaliers auf.

Der Krak des Chevaliers, Esplanade und Innenhof. ▷

Die beiden von der Galerie auf den Saal gehenden, von Säulen flankierten Fenster weisen am unteren Ende der Archivolte die gleiche Spirale auf, die wir bereits am ersten Portal zum Großen Saal beobachten konnten. An dem Fenster rechts vom zweiten Portal ist sie besonders ausgeprägt. Daß wir dieses Detail so hervorheben, hat seinen Grund. Wir sehen in ihm nämlich die Wiederaufnahme eines Ornaments, das an den Kirchen des 5. und 6. Jahrhunderts in Zentralsyrien, und da vor allem an den Fenstern der Basilika von Baqirha zu finden ist. Darüber hinaus tauchen die Spiralen auch am Nordportal der Kirche von Abu Gosh auf.

Durch zwei Türen im Westen des Großen Saals gelangt man in den 120 Meter langen Saal (Bild 34 und 35), den man auch vom Hof aus erreichen kann. Die Besonderheit dieses Saals ist, wenn man einmal von seiner ungewöhnlichen Länge absieht, der große Backofen. Er besteht im Grunde genommen aus zwei übereinandergesetzten Öfen, von denen der untere ständig in Betrieb gewesen sein muß und seine Hitze an den oberen Ofen abgab. Im hinteren Teil des Saals befindet sich ein 27 Meter tiefer Brunnen, in dem das Wasser neun Meter hoch steht.

Vom 120 Meter langen Saal führt eine Tür zu dem Gang, der ausgehend von Turm P hinter dem Talus entlang der ursprünglichen westlichen Innenmauer verläuft und durch die in den Talus eingelassenen Schießscharten Licht erhält. Über diese Schießscharten konnte man auch den Zwinger zwischen den beiden Umfassungsmauern verteidigen.

In der südlichen Hälfte des Burghofes liegt der im letzten Bauabschnitt angelegte große Raum mit der Esplanade darüber, durch den sich der Hof beträchtlich verkleinerte. Der Raum wird durch fünf Reihen von schweren Pfeilern unterteilt und reicht bis an das Sockelgeschoß der großen, dreigliedrigen Donjonanlage. Es ist anzunehmen, daß dieser Raum als Lagerraum diente, in dem vor allem Nahrungsmittelreserven aufbewahrt wurden. Wir haben in ihm die steinernen Sockel der Traubenpressen gefunden sowie breite Schalen, in denen man vermutlich die Oliven preßte. Des weiteren gibt es in dem Raum vier Zisternen und eine zu dem Backofen und den sich vermutlich in der Nähe befindenden Küchen führende Tür.

Über eine Treppe kann man vom Hof aus auf die Esplanade gelangen. Hier finden wir kreisförmige Öffnungen, durch die der Pfeilerraum Luft und Licht erhält.

Im Süden der Esplanade erheben sich die drei mächtigen dreistökkigen Türme K, I und J, die zusammen eine Art *Donjon* bilden. Dieser Komplex war als letzter Zufluchtsort gedacht und ist daher an seiner südlichen Front, an der westlichen und der östlichen Seite und an der an die Innenanlage der Burg angrenzenden Nordseite gleichermaßen geschützt. Man kann davon ausgehen, daß in ihm ständig Kriegsmaschinen aufgestellt waren und für den Belagerungsfall genügend Munition und ausreichend Nahrungsmittel zur Verfügung standen. Auch für Wasser war gesorgt. Im unteren Raum von Turm J befindet sich eine große quadratische Öffnung, durch die man den Wassergraben erreichen konnte. Die Öffnung im Gewölbe des Raums ermöglichte den Transport des Wassers hinauf ins erste Geschoß.

Auf der Höhe des 120 Meter langen Saals haben wir die Fundamente des alten quadratischen Turms gefunden, aus dem später Turm K (Bild 30) wurde. Dieser Turm wurde im ersten Geschoß durch zwei Schießscharten, eine im Westen und eine im Süden, verteidigt. Ins zweite Geschoß führt von der Esplanade aus eine Treppe und von der Kurtine zwischen Turm K und Turm J aus eine Wendeltreppe hinauf. Vor letzterer liegt ein kleines spitzbogiges Portal, dessen Tympanon mit zwei Kreuzblumen geschmückt ist (Bild 33).

In diesem zweiten Geschoß finden wir den runden Raum, den Enlart als das »Zimmer des Meisters« bezeichnet hat. Bei dem schönen und lichtvollen Raum muß es sich um die Residenz des Burgherrn beziehungsweise des jeweiligen Großmeisters gehandelt haben, in dem ausnahmsweise wohl auch ein besonderer Ehrengast untergebracht wurde. Der Raum erhält im Nordwesten durch ein rechteckiges Fenster und im Südosten durch ein sehr großes Spitzbogenfenster Licht. Das Kuppelgewölbe des Raums beschreibt eine vollendete Halbkugel, unter die sich ein auf Rundpfeilern mit Knospenkapitellen aufliegendes Rippengewölbe spannt. In der Höhe der Kapitellkörper umläuft ein Fries aus fünfblättrigen Blumen den ganzen Raum und faßt auch den Bogen des Fensters im Südosten ein. Die beiden Bögen, die dieses Fenster auf der Außenseite rahmen, sind ebenfalls mit kleinen Blumen geschmückt. Das gleiche Motiv finden wir zwischen 1230 und 1240 in Frankreich wieder.

Auf der einst zinnengekrönten Terrasse, die sich über dem eben beschriebenen Raum erhebt, befindet sich ein Erkerturm, auf dem vermutlich die Standarte der Johanniter flatterte. In Quellentexten wird in der Tat von einem Banner gesprochen, das auf einem der hohen Türme der Festung angebracht war, und auch auf einem Siegel ist dieses Banner dargestellt.

Turm J (Bild 18, 20 und 21) ist das am stärksten befestigte Bauwerk der Burg. Wie bereits angedeutet, führt die Schießscharte des ersten Turmgeschosses durch eine 8,40 Meter starke Mauer. Zum Inneren der Burganlage hin wird der Turm durch einen 3,50 Meter breiten Graben von der Esplanade abgetrennt. Das zweite Geschoß erhält auf seiner Nordseite durch zwei rechteckige, von steinernen Fensterkreuzen unterteilte Fenster Licht. In den Bogenfeldern jedes dieser beiden Fenster sind in Hochrelief zwei große Blüten herausgearbeitet. Die Tür zum zweiten Geschoß liegt an der Ostseite. Daneben führt in der mächtigen Mauer eine gerade Treppe zu der Terrasse empor. In der südlichen Mauer öffnet sich eine hohe Schießscharte. An der Außenseite reichte die Brüstung einer halbkreisförmigen Wallmauer, die Platz für einen Umgang ließ, einst bis unten an diese Schießscharte heran. An den beiden Enden der Wallmauer lagen zwei Türen an den Seiten des Turms.

Von der Turmterrasse aus hat man einen wunderbaren weiten Blick: Im Norden erhebt sich das düstere Alawitengebirge und im Osten der Djebel Hellu mit der das Orontestal überwachenden Festung Tuban; im Südosten sieht man in der Ferne den See von Homs schimmern, und im Süden liegt einem die grüne Ebene der Boquée zu Füßen, die durch den Nahr el Kebir und seine Nebenflüsse mit Wasser gespeist wird. Weiter hinten erkennt man den Djebel Akkar, der eine Fortsetzung der Libanonbergkette bildet und den die Festung Akkar beherrscht. Diese wacht im Süden über die Senke von Homs, die im Norden vom Krak des Chevaliers dominiert wird. Gleichzeitig war Akkar Verbindungsglied zwischen dem Krak und Tripolis. Beide Burgen konnten sich gegenseitig durch Feuerzeichen Nachrichten übermitteln. Hinter dem Djebel Akkar sieht man von weitem die schneebedeckten Gipfel des Antilibanon.

Die Anhöhe in der Nähe des Krak setzt sich in einem schmalen Bergrücken fort, der zu den Steinbrüchen führt, aus denen die Baumeister des Krak den guten Kalkstein zum Bau der Burg herbeischaffen ließen. Etwa zwanzig Kilometer weiter im Westen erhebt sich über der Küstenebene der hohe rechteckige Donjon von Safita, dem Castel-Blanc der Templer. Und ganz weit hinten ist schließlich die helle Linie des Meeres zu erkennen, die mit dem Himmel zu verschmelzen scheint.

Turm J ist mit den anderen Türmen durch von Schießscharten durchbrochene Kurtinen verbunden. Über dem Talus zwischen Turm J und Turm I ist die Brüstung in der Höhe des ersten Geschosses zum Teil noch erhalten. In ihr öffnen sich zwei Reihen von jeweils acht Schießscharten. Zwischen den Schießscharten der unteren Reihe liegen rechteckige Öffnungen, hinter denen möglicherweise die Armbrustschützen plaziert wurden. Eine große, 18 Meter lange Plattform ließ darüber hinaus genügend Platz zum Aufstellen großer Kriegsmaschinen.

Turm I (Bild 18 und 28) ist ebenfalls mit mächtigen Verteidigungsanlagen ausgestattet. Im Erdgeschoß steht er mit einer überwölbten, hinter dem Talus verlaufenden Galerie in Verbindung, und durch eine

Tür in seiner Ostseite gelangt man über einen Steg zu dem Eckerker im spitzen Winkel der Rampe. Der Raum im zweiten Geschoß erhält viel Licht und konnte sowohl zum Innern der Burganlage hin als auch auf der den Angreifern ausgesetzten Außenseite über rechteckige Öffnungen und Schießscharten verteidigt werden.

Die Terrasse von Turm I hat leider ihren Zinnenkranz verloren. Dagegen ist an diesem Turm, wie auch an Turm K, noch der untere Teil der Schießscharten zu sehen, die es den Burgbewohnern ermöglichten, bis weit in den Graben hinunterzuzielen.

Turm M (Bild 28) ist eine der bemerkenswertesten Anlagen der Burg. Er beschreibt die Form eines Fünfecks und erhebt sich an der südöstlichen Ecke zwischen den beiden Umfassungsmauern. Vor dem Sockelgeschoß von Turm I verdeckt er einen Teil des großen Talus, woraus man schließen kann, daß er erst nach dem Talus angelegt wurde und demzufolge nicht mehr in den zweiten Bauabschnitt fällt. Er liegt an dem Punkt der Aufgangsrampe, an dem diese von der Nord-Süd-Richtung nach Nordwesten abknickt, und konnte daher beide Rampenabschnitte bestens überwachen. Darüber hinaus diente er auch zur Verteidigung des südlichen Zwingers, in dem der große Wassergraben liegt.

Wir konnten bei dieser Befestigungsanlage keinerlei Ähnlichkeit mit anderen, von den Kreuzfahrern errichteten Bauten erkennen, woraus wir zunächst schlossen, daß er arabischen Ursprungs sei. Aufgrund zweier Gegebenheiten läßt sich jedoch beweisen, daß er auf die Johanniter zurückzuführen ist: Zum einen haben wir an dem Turm fränkische Steinmetzzeichen gefunden, die sich bei unserer Untersuchung als von großem Nutzen erwiesen, zum anderen ist sein Eingang im Süd-Süd-Westen (Bild 26) mit einem Fallgatter versehen, was an den muslimischen Bauwerken aus jener Zeit noch nicht zu beobachten ist.

Über der Tür sieht man zwei im Profil dargestellte, sich gegenübersitzende Löwen in Hochrelief. Auch diese Löwen sind eine fränkische Arbeit, bei der auf Werke der orientalischen Antike zurückgegriffen wurde.

Unserer Meinung nach wurde Turm M frühestens in der Mitte des 13. Jahrhunderts, aber noch vor der letzten Zeit der fränkischen Herrschaft über den Krak errichtet, in der mangels Geld und guter Arbeitskräfte nur sehr armselig gebaut wurde. Turm M ist eine herrliche Konstruktion aus großen Bossensteinen, wie wir sie sonst an keiner anderen Stelle im Krak finden.

Wenn wir einmal das schlechte Mauerwerk aus der letzten fränkischen Zeit ausklammern, dann können wir beim Krak drei verschiedene Mauerverbände unterscheiden: 1. den Mauerverband aus groben Bossensteinen, 2. den schönen Mauerverband aus glatten Steinen und 3. den Mauerverband aus großen Bossensteinen von Turm M. In Frankreich tauchte diese dritte Art des Mauerverbands, nachdem lange Zeit das glatte Mauerwerk der zweiten Art in den Befestigungsanlagen von König Philipp August und König Ludwig IX. wiederkehrte, erst später auf. Unserer Meinung nach fand sie erst seit der Herrschaft Philipps des Kühnen Verwendung. Wenn wir damit richtig liegen, dann hätten wir es im Krak mit dem ersten Mauerverband aus großen dekorativen Bossensteinen zu tun, den wir in Frankreich Ende des 13. Jahrhunderts und im 14. Jahrhundert noch häufig wiederfinden werden.

*

An dieser Stelle sollen noch einige Angaben über die Befestigungsanlagen der äußeren Umfassungsmauer gemacht werden, die wir sowohl von der Außenseite als auch von der Innenseite her betrachten wollen. Wenn man den Burghof in der Mitte der Anlage über das Tor des dritten Rampenabschnitts verläßt und sich, in dem quadratischen Raum angelangt, nach links wendet, gelangt man zu einer Tür, hinter der einige Stufen in den Zwinger auf der Ostseite des Krak hinunterführen. In diesem Zwinger geht man am Chorhaupt der Kapelle vorbei und stößt auf Turm P, in dem es einen zweiten Zugang zum Burginneren gibt. Schräg gegenüber von Turm P liegt in der äußeren Umfassungsmauer das Tor des Nicolas Lorgne (Bild 19), das, da es vollständig verstellt war, erst 1928 von uns entdeckt wurde. An Turm 13 – von innen aus betrachtet links von dem besagten Tor – steht in großen Lettern die dem ehemaligen Burgherrn gewidmete Inschrift, die sich noch immer an ihrem ursprünglichen Platz befindet. Das Tor war das letzte Werk der Johanniter und das erste, das von den Muslimen schon zu Beginn der Belagerung von 1271 bezwungen wurde.

Nach diesem Tor beginnt die harmonische, wie aus einem Guß geschaffene äußere Umfassungsmauer der Westseite, die um das Jahr 1200 begonnen wurde und fünf, durch Kurtinen miteinander verbundene halbrunde Türme aufweist.

Die Arbeit wurde ohne Unterbrechung ausgeführt. Angefangen von der Kurtine nördlich von Turm 13 bis zu der Kurtine hinter Turm 5 wurden die Steine in regelmäßigen Reihen aufeinandergeschichtet. Die Türme 1 mit 5 haben jeweils den gleichen Grundriß und sind auch von der Anlage her völlig identisch. Der erste Turm wird im Arabischen als *Bordj et Tahuneh*, als Turm der Windmühle bezeichnet, da auf ihm zur Zeit der Kreuzfahrer eine Windmühle stand.

Die Innenseite des äußeren Mauerrings (Bild 29) wird durch eine Reihe von mit Spitzbögen abschließenden Öffnungen gegliedert. Die größeren von ihnen bilden den Zugang zu den Türmen; die insgesamt 29 kleinen Öffnungen verengen sich zu Nischen, in die die Schießscharten der Kurtinen eingelassen sind. Der Raum eines jeden Turms ist von quadratischem Grundriß und mit einer Spitztonne eingewölbt. In ihm öffnen sich jeweils drei Nischen mit Schießscharten, durch die man nach jeder Seite zielen konnte. Alle genannten Schießscharten verbreitern sich nach unten hin. Vom Zwinger zwischen den beiden Umfassungsmauern aus konnte man sich direkt hinter den Schießscharten in der äußeren Umfassungsmauer plazieren.

Zu den oberen Mauerabschnitten, die wir, wie wir gleich sehen werden, als regelrechte Stockwerke bezeichnen können, führten Treppen empor. Oberhalb der Spitzbögen verlief ein gewölbter Gang, der mit den aus der Mauer nach außen vorkragenden und sich mit den Schießscharten abwechselnden steinernen Pechnasen in Verbindung stand. Noch einen Stock darüber lag dann der zinnengekrönte Wehrgang. Diese dreifache Verteidigungsebene ist heute nur noch an der Kurtine zwischen den Türmen 4 und 5 erhalten. Bei der restlichen Mauer zwischen den Türmen 1 und 4 kann man nur noch die Kragsteine der Pechnasen erkennen (Bild 22).

Im Orient bauten die Kreuzfahrer sehr früh solche Maschikulisgalerien aus Stein. In Frankreich dagegen gab es während des ganzen 12. und auch noch im 13. Jahrhundert sogenannte Hurden, das heißt auf auskragenden Balken angelegte Wehrgänge. Die Erklärung für die Neuerung liegt darin, daß die Franken im Heiligen Land zum einen die Festungsbauten der Griechen, Römer und Byzantiner vor sich hatten und daß zum anderen das für die Hurden benötigte Holz in Syrien rar war.

Natürlich wurden die großen, im Heiligen Land errichteten Befestigungsanlagen in Frankreich nachgeahmt. Man weiß zum Beispiel, daß Richard Löwenherz nach dem dritten Kreuzzug im Jahre 1197 das Château-Gaillard in Les Andelys bauen ließ, das im Vergleich zu den bis zu jenem Zeitpunkt im Abendland errichteten Festungsbauten einen beachtlichen Fortschritt darstellte. Von den Ähnlichkeiten zwischen dem Krak und dem Château-Gaillard wollen wir zwei besonders augenscheinliche hervorheben, die die Annahme nahelegen, daß ein Begleiter König Richards dem Krak einen Besuch abstattete und sich dort seine Anregungen holte: Erstens finden wir den großen Maschikulis über den am Talus beginnenden Pilastern, den wir im Krak an dem aus dem 12. Jahrhundert stammenden Turm P beobachten können, am Donjon des Château-Gaillard wieder; und zweitens gibt es auf der Südseite des Château-Gaillard einen dreieckigen Bau vor einer langen, an beiden Seiten von zwei Rundtürmen begrenzten Kurtine. – Im Krak liegt vor der äußeren Umfassungsmauer im Süden ebenfalls ein dreieckiger Bau, und auch die beiden die Kurtine begrenzenden Rundtürme sind vorhanden. – Der quadratische Turm in der Mitte der Kurtine wurde erst nach der Einnahme der Festung durch die Araber von Sultan Qalaun errichtet. – Die Anlage ist also wiederum im Krak und im Château-Gaillard ähnlich. Und wenn wir nun die Zeit ins Auge fassen, dann erinnern wir uns daran, daß man im zweiten Bauabschnitt des Krak, der vom Ende des 12. bis in die ersten Jahre des 13. Jahrhunderts reichte, mit der äußeren Umfassungsmauer begann. Wer also am dritten Kreuzzug teilnahm und am Krak vorbeikam, der konnte diese Anlage bereits in fertiger Form sehen.

Im Jahre 1935 entdeckte man außerhalb des Krak, in einer Entfernung von 40 Metern vom Haupteingang, die Überreste einer Kapelle mit Taufbecken. Diese Kapelle muß einst von den Bauern benutzt worden sein, die im Schutz der Festung lebten und die umliegenden Felder bestellten, um die Versorgung der Besatzung zu gewährleisten. Die Kapelle war ursprünglich vollständig ausgemalt. Von den für sie typischen figürlichen Darstellungen, die für eine Verknüpfung zwischen französischer und syrischer Kunst sprechen, ist noch ein Fragment erhalten, das man abnahm und auf Leinwand übertrug. Eine Inschrift verrät, daß eine der Figuren den heiligen Pantaleon darstellt, einen Arzt, der im Jahre 303 in Nikomedien den Märtyrertod starb. Später wurde an der nördlichen Außenmauer der Kapelle noch ein weiteres Fresko mit der Darstellung Jesu im Tempel entdeckt (Bild 40), das dem ersten Fresko im Hinblick auf seine Komposition ähnelt. Die Gemälde fanden ihren Platz in dem Museum, das in der Kathedrale von Tartus eingerichtet wurde.

Die Bildseiten

Der Krak des Chevaliers

Marqab

33

40

42

44

46

Die Kreuzritterburg Marqab

Wenn man auf der großen, entlang der syrischen Küste verlaufenden Straße nach Norden fährt, stellt man fest, daß sich einer der Ausläufer des Djebel al Ansariye kurz vor der zwischen Tartus und Lattakia gelegenen Kleinstadt Banias fast bis zum Meer erstreckt. Man befindet sich hier an der schmalsten Stelle des Küstenstreifens. Ganz in der Nähe erhebt sich auf einem breiten Bergrücken die mächtige Kreuzritterburg Marqab, zu der man von dem sechs Kilometer nordwestlich von ihr gelegenen Banias aus gelangt (Bild 48).

Geschichte

Der arabische Name *Marqab* bedeutet soviel wie »Wachposten«, und das traf auf die Festung auch bestens zu, denn von ihr aus konnte man in der Tat die gesamte Küstenstraße überwachen. Darüber hinaus riegelte sie im Süden das Fürstentum Antiochia ab, dessen Grenze zu der Grafschaft Tripolis durch den Nahr Banias gebildet wurde.

Östlich von Marqab, ganz in der Nähe der Burg, lag wie eine Enklave in christlichem Gebiet das Land der Assassinen, einer Gruppe schismatischer Muslime, die auch unter dem Namen Ismaeliten bekannt waren. Sie hatten sich im 12. Jahrhundert in diesem wilden, mit steilen Felsen gespickten Teil des Djebel al Ansariye niedergelassen, in den man nur durch enge und tiefe Schluchten gelangt.

Noch vor der Ankunft dieser religiösen Splittergruppe, genauer gesagt im Jahre 1062, war von den Muslimen an der Stelle des heutigen Marqab eine Burg errichtet worden. Sie fiel im Jahre 1104 in die Hände der Byzantiner, die unter der Leitung von Admiral Kantakuzenos eine Militärexpedition an die syrische Küste unternahmen. Zu einem heute nicht mehr zu bestimmenden Zeitpunkt wurde die Burg dann von den Muslimen zurückerobert.

Die Franken ließen sich an dem Ort zum ersten Mal vermutlich in den Jahren 1117 bis 1118 nieder. Man kann jedoch davon ausgehen, daß sie ihn nicht zu halten vermochten, da das Fürstentum Antiochia nach dem Tod von Fürst Roger am 28. Juni 1119 in der Schlacht von Ager Sanguinis (im Westen von Aleppo) ohne Herrscher war und mehrere Jahre lang durch einen Bürgerkrieg erschüttert wurde. An der Schlacht nahm ein wichtiger Baron namens Renaud Masoier (oder auch Mansoer genannt) teil, der sich besonders tapfer schlug. Er wird in mehreren Urkunden als Konnetabel des Fürstentums bezeichnet. Als es Fulko, dem König von Jerusalem, im Jahre 1131 nach einer Revolte gelang, die Ordnung wiederherzustellen, übertrug er eben diesem Renaud die Herrschaft über das Fürstentum. Der Sohn des Barons, Renaud II. Masoier, bemächtigte sich dann im Jahre 1140 der Festung Marqab.

Genau zu jener Zeit drohte der Gegend um Marqab eine neue Gefahr, die die Sicherheit im christlichen Gebiet beeinträchtigte und das freie Kommen und Gehen an der Küste erschwerte. Die Assassinen begannen sich im Djebel al Ansariye an der südöstlichen Grenze des Fürstentums niederzulassen, besetzten in den Jahren 1132 und 1133 Qadmus und el Kahf und in den Jahren 1140 und 1141 dann die noch heute erhaltene Burg Masyaf, die sie zu ihrer Hauptfestung machten. Sie erwiesen sich als ebenso erbitterte Gegner der orthodoxen Muslime wie der Christen.

Der Anführer der Gruppe wurde auch »der Alte vom Berge« genannt, und seine Anhänger waren bereit, ihm bis in den Tod zu folgen. Er schickte sie zu seinen Feinden und gab ihnen den Befehl, eine wichtige Persönlichkeit zu erdolchen. Um sie willfähriger zu machen, benebelte er sie mit Hilfe von Haschisch. Daher bezeichnete man diese Separatisten auch als *haschaschin*. Der Begriff Assassinen leitet sich vom französischen *assassins* ab, was soviel wie »Mörder« bedeutet.

Der berühmteste Assassinenanführer war ein gewisser Rachid ed Din Sinan, der von 1169 bis 1192 an der Spitze der Gruppe stand. Saladin fand in ihm einen grausamen Feind, der es nur darauf abgesehen hatte, ihn umzubringen. Der Ajjubidensultan erkannte die Gefahr und belagerte im Jahre 1176 die Burg Masyaf. Er hatte damit jedoch keinen Erfolg und mußte unverrichteterdinge wieder abziehen. Von Wilhelm von Tyrus wissen wir, daß sich ganze zehn Festungen in der Hand der Assassinen befanden und daß in ihrem Gebiet 60000 Menschen lebten. Fünf Festungen lagen in einer Entfernung von nur rund zwanzig Kilometern von Marqab.

In der Regel zogen es die Kreuzritter vor, die Assassinen eher wohlwollend zu behandeln und sich neutral zu verhalten. Das heißt, sie verlangten von ihnen lediglich eine Abgabe und versuchten nicht, sie aus ihren Bergen zu vertreiben. Vorsichtshalber befestigten sie jedoch die Burg Marqab, die dem feindlichen Territorium am nächsten lag.

Um 1140 ließ sich dann der besagte Renaud II. Masoier, einer der wichtigsten Barone von Antiochia, in Marqab nieder und errichtete eine erste fränkische Burg, von der noch einige Teile neben den massiveren Befestigungsanlagen übriggeblieben sind, die die Johanniter ab dem Jahr 1186 bauten. Ungefähr in der gleichen Zeit, also Ende der ersten Hälfte des 12. Jahrhunderts, wurde mit großer Wahrscheinlichkeit in dem ganzen von den Kreuzfahrern eroberten Gebiet das Verteidigungsnetz ausgebaut und mehrere Festungen errichtet beziehungsweise verstärkt.

Als 1137 die in der Nähe von Hama und Homs gelegene Burg Montferrand von Emir Zengui eingenommen wurde, sah der Graf von Tripolis sein Territorium bedroht und vertraute den Krak des Chevaliers im Jahre 1142 der Obhut der Johanniter an. In der Nähe der Hafenstadt Askalon im Königreich Jerusalem, die sich in diesen Jahren noch immer in den Händen der Muslime befand, ließ König Fulko zwischen 1137 und 1142 drei Festungen – Bethgibelin, Ibelin und Blanche Garde – errichten, die zum einen als Angriffsstützpunkt dienten und zum anderen die Funktion von Blockadeburgen übernahmen, durch die die Offensiven der Ägypter abgefangen werden sollten. Von 1138 bis 1140 wurde zudem in Galiläa die mächtige Burg Zefat gebaut, und rechts vom Toten Meer ließ der Vasall des Königs, Payen le Bouteiller, die Kreuzritterburg Kerak errichten.

Renaud II. Masoier war bis zu seinem Tod im Jahre 1185 Burgherr von Marqab. Er besaß sehr weite Gebiete jenseits des Orontes, in der fruchtbaren Gegend Rudj zwischen Antiochia und Apameia. Damit hatte er einen ähnlich großen Machtbereich wie der Herr von Sahyun, dessen Territorium sich zwischen dem Orontes und Aleppo erstreckte. Nach und nach sah sich Masoier jedoch gezwungen, seine Güter an den Johanniterorden zu verkaufen, vermutlich um die hohen Kosten abzudecken, die er mit dem Bau von Qalaat Marqab auf sich genommen hatte, und um den Unterhalt seiner Besatzung gewährleisten zu können. Zuerst veräußerte er seine Pachtgüter in der Nähe von Marqab und Banias; dann verkaufte er auch seine Eigentümer in Rudj. Bertrand Masoier, der Sohn des großen Burgherrn, wollte nach dem Tod seines Vaters nicht die schwere Last übernehmen, die mit der Leitung der Festung verbunden war, und übergab sie deshalb am 1. Februar 1186 dem Großmeister des Johanniterordens, Roger des Moulins. Zu diesem Schritt war es auch höchste Zeit, denn bereits zwei Jahre später fand die große Offensive Saladins in Syrien statt, und Marqab wäre mit Sicherheit das gleiche Los beschieden gewesen wie den anderen Burgen, die sich weiterhin in adligen Händen befanden. Als Beispiele seien an dieser Stelle nur Sahyun, Burzey und Shogur-Bakas angeführt. – Nur aufgrund der starken Finanzkraft des Ordens konnte Qalaat Marqab schnell wieder in verteidigungsfähigen Zustand gebracht werden und der Christenheit noch eine Zeitlang erhalten bleiben.

Als sich Saladin im Frühjahr 1188, einige Monate nach seinem Sieg von Hattin, zur Eroberung Syriens aufmachte, fand er die Burgen der Johanniter und der Templer gut befestigt. Am Krak angekommen, unternahm er erst gar nicht den Versuch eines Angriffs, sondern zog sofort nach Tartus weiter. Diese Stadt plünderte er, mußte jedoch vor dem Donjon der Templer eine Niederlage einstecken und abermals nach Norden weiterziehen. So gelangte er an den schmalen Engpaß an der syrischen Küste, der von der Kreuzritterburg Marqab bewacht wurde. Dort wurde er im Hafen von Banias bereits von einer von Admiral Margaritos kommandierten Flotte erwartet, die der König von Sizilien, Wilhelm II., zur Unterstützung der Christen im Orient geschickt hatte. Die christlichen Truppen zielten von ihren Schiffen aus auf das an der Küste entlangziehende muslimische Heer und versuchten auf diese Weise, ihm den Weg zu versperren. Der Sultan wartete jedoch die Nacht ab und ließ eine Wand aus Lederschilden errichten. Hinter dieser konnten die Muslime Schutz vor den Pfeilen der Sizilianer finden und den Engpaß sowie den Hafen von Banias passieren. An Marqab wagten sie sich allerdings nicht heran, sondern zogen direkt nach Jable/Djeble weiter.

In den Jahren 1203, 1204 und 1205 unternahmen die Johanniter von Marqab und vom Krak mehrere Expeditionen nach Hama, Homs und Montferrand. Der Sultan von Aleppo, al Malik Zahir Ghazi, rächte dies, indem er zwischen 1204 und 1205 ein Heer nach Marqab entsandte. Es gelang zwar, einen Turm der Umfassungsmauer zu zerstören, doch nachdem der Heerführer durch einen Pfeil getötet worden war, zogen sich die Muslime wieder zurück.

Dem kann man entnehmen, daß die Johanniter von Marqab zu Beginn des 13. Jahrhunderts am höchsten Punkt ihrer militärischen Macht angelangt waren. Die archäologische Untersuchung führt uns zu dem gleichen Ergebnis: Die von den Johannitern gewaltig ausgebaute Kreuzritterburg muß zu jener Zeit beinahe fertig gewesen sein und sich trutzig auf dem Bergrücken über dem Meer erheben. Im Juni des Jahres 1204 (vielleicht auch 1205 oder 1206) wurde in Marqab unter der Leitung des Ordensgroßmeisters sogar ein Generalkapitel der Johanniter abgehalten und wichtige Statuten des Ordens festgelegt, die uns heute noch erhalten sind.

Eine interessante Beschreibung der damaligen Kreuzritterburg liefert uns der Reisende Wilbrand von Oldenburg, der im Jahre 1212 durch Syrien kam: »Die Burg ist groß und sehr stark befestigt. Sie ist mit einer doppelten Mauer umgeben und mit mehreren Türmen bestückt. Sie erhebt sich auf einem hohen Bergrücken, gehört dem Johanniterorden und ist die wichtigste Verteidigungsanlage des Gebiets. Ihr gegenüber liegen die Burgen des Alten vom Berge (also des Anführers der Assassinen) und des Sultans von Aleppo. Die Herren von Marqab vermochten es, deren Tyrannei Einhalt zu gebieten, und können von ihnen sogar jedes Jahr eine Abgabe von 2000 Mark verlangen. In der Nacht übernehmen vier Ritter und 28 bewaffnete Männer die Wache. Und abgesehen von der Besatzung wohnen in Marqab noch weitere tausend Menschen. Die in der Burg gelagerten Vorräte sind für fünf Jahre vorgesehen.«

Anfang des 13. Jahrhunderts rief Papst Innozenz III. zum fünften Kreuzzug auf, und nach seinem Tod im Juni 1216 trieb sein Nachfolger Honorius III. diese Idee voran. Im Okzident ließ der Papst die Gläubigen durch seine Legaten zusammentrommeln. Ins Heilige Land schickte er den überzeugenden Redner, Jacques de Vitry, den er zum Bischof von Akkon ernannte. Dieser kam im November 1216 im Orient an und zog durch Palästina, den Libanon und Syrien. Seine Reden hatten in Akkon, Tyrus, Sidon, Beirut und Giblet/Djebeil großen Erfolg, und in Tripolis wurde der Bischof von Graf Bohemund IV. feierlich empfangen. Natürlich suchte er auch die Festungen der Johanniter und der Templer auf und ergriff er in der Runde der Ritter das Wort. Er kam in den Krak, nach Safita, nach Tartus, wo er beinahe ein Opfer der Assassinen geworden wäre, und schließlich nach Antiochia und in die Frankenburg Marqab, deren Macht auch er zu rühmen wußte.

Wir haben bereits darauf hingewiesen, daß König Andreas II. von Ungarn im Januar 1218 im Krak und in Marqab ein fürstlicher Empfang bereitet wurde. In Anbetracht der gewaltigen Ausgaben, die die Instandhaltung der Festungen dem Orden abforderte, war der König zu beachtlichen Zuschüssen bereit. So floß also noch aus anderen Quellen Geld in die Burgen, und sie konnten sich für die kommenden kriegerischen Auseinandersetzungen wappnen.

Im Jahre 1233 wurden im Krak Truppen aus dem gesamten christlichen Gebiet zusammengezogen, um eine große Expedition gegen Hama in Angriff zu nehmen. Das Kontingent der Johanniter war 2000 Mann stark und wurde von Großmeister Guarinus angeführt. Auch Marqab schickte einen Teil seiner Besatzung in den Krak, um seinen Beitrag zu der großen Militärexpedition zu leisten.

1242 liefen dann in Marqab die Fäden zusammen. Großmeister Pierre de Vieille-Bride unternahm von der Burg aus Schritte gegen den Sultan von Aleppo, mit dem die Johanniter damals Krieg führten. Die Burg war in der Zwischenzeit zum Bischofssitz geworden, denn der Bischof von Banias hatte sich dazu entschlossen, seine Residenz nach Marqab zu verlegen.

Ab 1261 begann sich jedoch das Blatt zu wenden. Die große Offensive des Mameluckensultans Baibars, die gegen die christlichen Staaten und vor allem gegen die Festungen der Johanniter gerichtet war, brachte die Franken in große Bedrängnis. Sowohl im Krak als auch in Marqab konnten die Ritter dem Sultan nur mit großer Mühe die Stirn bieten, und immer häufiger mußten sie Niederlagen einstekken. Im Jahre 1268 bemächtigte sich Baibars der großen Stadt Antiochia. Noch im selben Jahr waren die Johanniter gezwungen, dem Sultan die zwischen Marqab und Lattakia gelegenene Hafenstadt Jable zu überlassen. Zwischen Dezember 1269 und Januar 1270 kam der Sultan zweimal unversehens mit seinen Truppen aus Hama herbei, um die Festung Marqab zu belagern. Damit wollte er sich die Macht über die Küste verschaffen, um ein leichteres Spiel beim Krak zu haben.

Noch gelang es den Johannitern, die Angriffe abzuwehren. Im Jahre 1271 konnte dann der Krak trotz des heroischen Widerstands der Burgbewohner nach fünfwöchiger Belagerung von Baibars eingenommen werden. Damit begann der Niedergang der christlichen Herrschaft über das Heilige Land. – Zwanzig Jahre später zwangen die Muslime die Christen endgültig in die Knie. Die syrische Küste war in den siebziger Jahren noch in christlicher Hand und wurde von Marqab, Maraclée, Tartus, Tripolis, Giblet/Djebeil und Beirut aus beherrscht.

Ende Oktober des Jahres 1280 unternahmen die Christen, im Bündnis mit den in Nordsyrien eingefallenen Mongolen, sogar eine Offensive gegen die Muslime, und eine Truppe von 200 Kriegern brach von Marqab auf in die Gegend des Krak. Sie raubten den Muslimen große Teile ihres Viehbestands, ohne sich jedoch näher an den Krak heranzuwagen. Auf ihrem Rückzug nach Norden wurden sie auf der Höhe von Safita von 5000 muslimischen Reitern angegriffen. Die Christen wichen zunächst zurück, holten dann aber ganz plötzlich und trotz ihrer geringen Zahl in der Nähe von Maraclée zum Ge-

genschlag aus und jagten die Muslime in die Flucht. Sie verloren in der Schlacht nur einen einzigen Sergeanten, töteten aber über hundert Feinde.

Baibars, der Herr über den Krak, ließ die durch die Belagerung von 1271 verursachten Schäden reparieren. Nach ihm baute dann der Mameluckensultan Qalaun die Verteidigungsanlagen weiter aus und beauftragte zudem Balban al Tabbakhi, einen seinen wichtigsten Männer, mit der Einnahme von Marqab. Auf diese Weise wurden die beiden großen Schwesterburgen, der Krak und Marqab, miteinander konfrontiert. Im Februar des Jahres 1281 brach Balban al Tabbakhi an der Spitze eines siebentausend Mann starken Heeres zur Belagerung Marqabs auf. Doch gelang es den Johannitern, obwohl sie nur über 200 Ritter und eine Fußtruppe von 200 Leuten verfügten, durch einen überaus mutigen Vorstoß aus der Festung die Muslime in die Flucht zu schlagen. Auf der christlichen Seite waren nach der Schlacht nur geringe Verluste zu beklagen: ein Ritter und zwölf Sergeanten hatten den Tod gefunden.

Am 25. September 1281 schrieb der Großmeister des Johanniterordens und ehemaliger Burgherr des Krak, Nicolas Lorgne, von Akkon aus einen Brief an den englischen König Eduard I.: *Nostre Chastel de Margat nos tenons aussi bien garni de frères et d'autres gens d'armes comme nos feismes jusques avant la trive...* (Unsere Burg Marqab ist noch immer genauso gut mit Ritterbrüdern und anderen bewaffneten Männern bestückt, wie das vor dem Waffenstillstand der Fall war...), bat ihn dann jedoch eindringlich um Hilfe für den Orient, wo sich die Lage gefährlich zugespitzt hatte. Grund dafür war der Tod des mongolischen Khan, eines wichtigen Bündnispartners der christlichen Staaten im Morgenland. Qalaun fühlte sich wieder stark und zögerte keine Minute lang, das am 13. Mai 1281 mit dem Großmeister der Johanniter für zehn Jahre und zehn Monate geschlossene Abkommen über den im Brief angesprochenen Waffenstillstand zu brechen.

Heimlich ließ er in Damaskus aufrüsten, stellte ein großes Heer zusammmen, beschaffte Munition, Pfeile, Öl, Wurfmaschinen und Geschütze und erschien am 17. April 1285 vor Marqab. Die Festung hielt den Belagerern fünf Wochen lang stand, genau wie vor ihr der Krak. Sie wurde ganz von Geschützen umstellt, deren Geschosse die Wurfmaschinen der Burgbewohner schwer beschädigten. Man war in Marqab jedoch in der Lage, das Kriegsgerät zu reparieren, und so konnte auch ein Teil der feindlichen Geschütze samt ihrer Bediener vernichtend getroffen werden. Qalaun ging folglich zu einer anderen Taktik über. Er ließ von seinen Mineuren unterirdische Gänge graben, von denen sich einer bis unter den Turm an der Südspitze der Festung vor dem Donjon erstreckte. In diesem Gang wurde Holz aufgeschichtet und in Brand gesteckt, während die Angriffe draußen noch immer mit der gleichen Heftigkeit von den Johannitern zurückgeschlagen wurden. Dann jedoch wurde der Turm am 23. Mai durch den Brand zum Einsturz gebracht. Die Franken waren vom Kampf erschöpft, und nachdem sie feststellten, daß von den Muslimen auch unter den Burggräben und unter anderen Türmen Stollen gegraben worden waren, mußten sie einsehen, daß ein längerer Widerstand zwecklos war. Qalaun, der die Festung nicht weiter beschädigen wollte, um sie für sich und gegen die Christen nutzen zu können, machte den Franken ein großzügiges Angebot. Sie konnten, falls sie sich geschlagen gaben, frei nach Tartus und Tripolis abziehen, was sie schließlich auch taten.

Die Spuren dieser furchtbaren Belagerung von 1285 sind noch heute an den Mauern des Donjons von Marqab zu sehen. So können wir nach all den vergangenen Jahrhunderten in den Mörtelschichten zwischen den Steinen in der Nähe der Schießscharten noch die Stellen erkennen, in denen die feindlichen Pfeile steckten. Das ist der Beweis dafür, daß die Bogenschützen bei Belagerungen vor allem auf die schmalen Schießscharten der Türme zielten. Die Pfeile, die ihr Ziel nicht erreichten, blieben dann entweder in den Mörtelschichten stekken oder sie prallten von den Steinen ab und fielen zu Boden.

Qalaun stationierte in der ehemaligen Kreuzritterburg eine große Garnison und ließ sie mit einer ausreichenden Zahl von Kriegsmaschinen ausstatten. Der zerstörte Turm wurde wieder aufgebaut und trägt zur Erinnerung an den Sieg des Sultans eine Inschrift. Vermerkt ist auch der Name des Balban al Tabbakhi, dem als erstem die Leitung des militärischen Unternehmens übertragen worden war.

BESICHTIGUNG

Die mächtige Kreuzritterburg Marqab beherrscht in majestätischer Lage den Küstenstreifen (Bild 48). Ein großer quadratischer Vorturm, der Bordj es Sabi, liegt am Rande der Straße auf einer Bergkuppe. In Friedenszeiten muß dieser Turm eine Art Zollstelle gewesen sein, an der von den vorbeiziehenden Karawanen eine Abgabe verlangt wurde. Im Nordwesten von Marqab, am Meeresufer, liegt die kleine Stadt Banias, die Sitz eines Bischofs war.

Die Kreuzritterburg Marqab von Osten. ▷

Die Umgebung der Burg bietet ein interessantes geologisches Phänomen: Die im Licht der Sonne grellweiße Senon-Kreide wird an einigen Stellen von einer dunklen Basaltschicht überlagert, wodurch sich ein ungewöhnlich starker Kontrast ergibt.

Das Mauerwerk von Qalaat Marqab ist nicht so schön wie das des Krak. Als Material wurden grob behauene Basaltsteine verwendet, die man durch dicke weiße Mörtelschichten miteinander verband. Dadurch sind in der Burg die gleichen Kontrastpunkte wie in ihrem Umfeld gegeben, nur daß bei dem Bauwerk das Schwarz dominiert, was der Burg mit ihren hohen Mauern ein recht düsteres Aussehen verleiht (Bild 47).

Die Ringmauer paßt sich der Form des Bergrückens an, der im Südosten durch eine schmale Senke mit einem Ausläufer des Djebel al Ansariye verbunden ist. Der Grundriß von Marqab hat in etwa die Form eines gleichseitigen Dreiecks mit einer Seitenlänge von 350 Metern im Norden, 400 Metern im Osten und 400 Metern im Westen. Nach Süden hin beschreiben die Ost- und die Westseite eine leichte Einbuchtung, so daß die Spitze des Dreiecks, in der sich die wichtigsten Anlagen der Burg und in vorgeschobener Position der Donjon befinden, die Gestalt eines in die Länge gezogenen Bugs hat.

Der Donjon (L) ist ein wuchtiger, auf der Verteidigungsseite halbkreisförmiger Turm mit einem Durchmesser von 22 Metern (Bild 46 und 47). Er ist genau gegenüber der Anhöhe hinter der Senke gelegen. Vor dem Donjon erhebt sich in etwas tieferer Lage eine vorgeschobene Verteidigungsanlage, die in alten Texten als »Sporn« (C) bezeichnet wird. Bei der Belagerung von 1285 wurde dieser Sporn zerstört und in der Folgezeit von Sultan Qalaun wieder aufgebaut. Auf einem weißen Kalksteinband an der Spitze wurde eine Inschrift zu Ehren des Sultans angebracht. Ein Rundturm an der Nordseite der Festung ist ebenfalls auf die Zeit der arabischen Besetzung, das heißt auf die Zeit nach 1285, zurückzuführen. Die übrige Anlage ist im wesentlichen ein Werk der Franken, wobei wir hier zwischen zwei Phasen, der Kreuzritterzeit von 1140 bis 1186 und der Johanniterzeit von 1186 bis 1285, unterscheiden müssen.

Auf der Nord- und auf der Westseite grenzt die Burg an sehr steile Hänge. Im Osten dagegen hat Marqab einen weniger guten natürlichen Schutz und wurde daher künstlich durch einen auf beiden Seiten gemauerten Graben von der Umgebung abgetrennt.

Von Süden aus betrachtet, weist die westliche Burgmauer zunächst drei quadratische Türme auf. Hinter diesen beginnt dann eine Reihe von elf zum Teil noch erhaltenen halbrunden Türmen, die sich auf der Nord- und der Ostseite fortsetzt. Die Ähnlichkeit dieser Türme mit den Türmen auf der Westseite der äußeren Umfassungs-

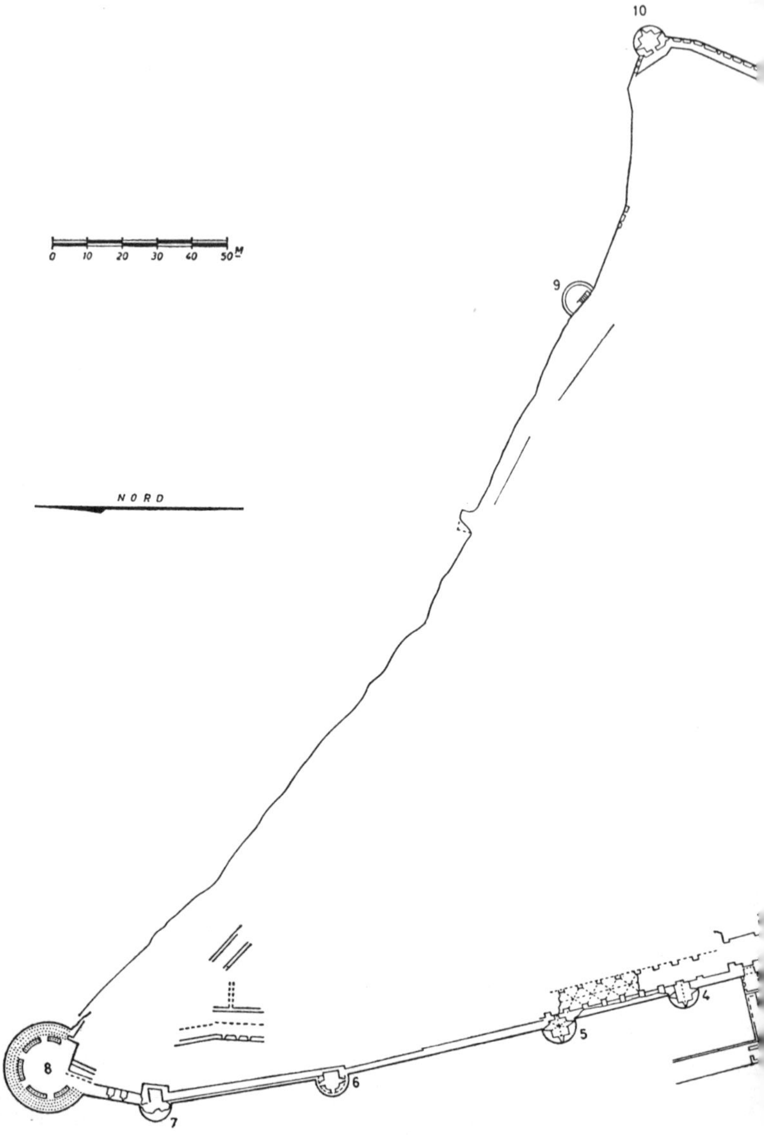

mauer des Krak des Chevaliers ist verblüffend, und daher darf man annehmen, daß die Türme in etwa zur gleichen Zeit, das heißt gegen Ende des 12. Jahrhunderts, gebaut wurden.

Ganz nahe an der äußeren Umfassungsmauer von Marqab liegt eine zweite, innere Umfassungsmauer, in der sich zahlreiche Schießscharten öffnen.

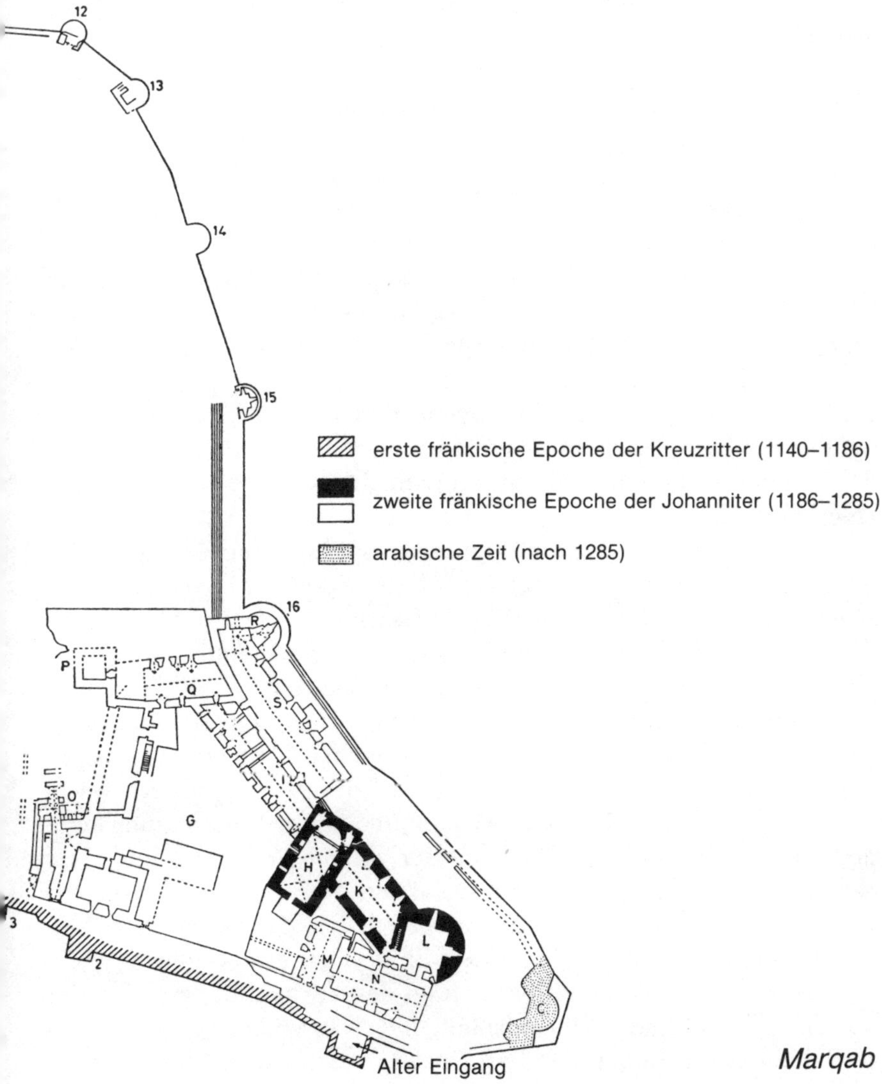

Marqab

Die drei quadratischen Türme auf der Westseite stammen noch von der ersten fränkischen Burg aus der Kreuzritterzeit. Der Eingang zu dieser Burg, der heute durch einen großen Erdhaufen versperrt wird, befand sich in dem ersten Turm.

Später wurde der Haupteingang dann in der Mitte der Westseite angelegt und zwar in einer Art Torturm (A). Zu diesem gelangt man über einen an einem sanften Hang angelegten, zu einer Brücke führenden Treppenaufgang. Der Torturm ist ein zweigeschossiger quadratischer Bau, der in beiden Stockwerken mit einem Rippengewölbe eingedeckt ist. Aufgrund dieser Rippen aus Basaltgestein kann man den Turm ungefähr auf die Zeit um 1270 datieren. Der Turm war durch ein Tor, ein Gußloch im oberen Geschoß, ein Fallgatter und eine von zwei Schießscharten flankierte Pechnase bestens geschützt. Er schließt mit einer zinnengekrönten Terrasse ab.

Hinter dem Torturm liegt das von der doppelten Mauer eingefaßte Burgareal, und von dort aus erreicht man über einen Zickzackweg den Torbau F der eigentlichen Burg. Diese füllt die gesamte Spitze des Dreiecks aus. An ihrem südlichsten Ende befindet sich der Donjon mit dem vorgelagerten Sporn, ein Stück weiter nach hinten versetzt liegt die Burgkapelle (H), und an sie grenzen die Magazine, die Wirtschaftsbauten und die Wohngebäude an. Ihnen gegenüber, auf der westlichen Seite, finden wir den Großen Saal, der weiter unten näher beschrieben wird. Die genannten Bauten gruppieren sich um einen Hof (G).

Dieser wichtigste Teil der Burganlage wird von dem übrigen Areal durch einen mächtigen Turm (R) im Osten abgegrenzt, der sich zwischen den beiden Umfassungsmauern erhebt (s. Farbtafel S. 177). An ihn schließt sich ein breiter Graben an, der wahrscheinlich eine ähnliche Funktion wie der *birket* im Krak des Chevaliers erfüllte, also als Wasserreservoir diente. Darüber führt eine Brücke zu einem weiteren Eingang der Burg. Den in Torbau F gelegenen Hauptzugang O zur inneren Burganlage finden wir dann der Ostseite gegenüber.

Der große Turm R ist wie der Donjon auf der Verteidigungsseite abgerundet. Er hat einen Durchmesser von 11,20 Metern und setzt sich auf seiner Nordseite bis zu dem Talus der inneren Umfassungsmauer fort (Bild 46 und 47). Durch eine kleine Tür in der Nähe des Talus kann man in das untere Geschoß des Turmes gelangen.

Die äußere Umfassungsmauer folgt der Turmrundung und bildet auf diese Weise eine Wallmauer mit einem Durchmesser von 17 Metern. Von dieser Mauer, die die Verteidigung des Wehrgangs erleichterte, ist jedoch nur noch wenig erhalten. Man kann allerdings noch den unteren Teil der Schießscharten erkennen, durch die man in den Graben hinunterzielen konnte.

Das untere Geschoß von Turm R weist nur eine Schießscharte auf, während sich im oberen runden Teil des Turms drei Schießscharten öffnen. Durch eine vierte Schießscharte auf der Nordseite konnte der Zwinger zwischen den beiden Umfassungsmauern verteidigt werden. Die Terrasse des Turms hat zwei Verteidigungsebenen, eine in Höhe des Bodens mit Schießscharten in großen, mit Spitzbögen überwölbten Nischen, und eine zweite darüber, auf der Höhe des Wehrgangs, in dessen Zinnen ebenfalls Schießscharten eingelassen sind. Der Turm steht im Süden mit den beiden auf zwei Stockwerke verteilten Räumen S in Verbindung, die eine Länge von 46 Metern haben und mit Tonnengewölben eingedeckt sind. Im oberen dieser beiden Räume wurde vermutlich die Besatzung untergebracht, während im unteren aller Wahrscheinlichkeit nach Magazine eingerichtet waren.

In den Torbau F gelangt man durch das Tor O, das genauso stark befestigt ist wie der Torturm A an der Außenmauer. Im Westen des Torbaus führt noch ein weniger gut verteidigtes, aber durch die äußere Umfassungsmauer geschütztes Tor in die Burg. In den Innenhof (G) gelangt man vom Torbau aus durch einen sich nach Süden öffnenden weiten Spitzbogen.

Wenn man sich im Hof nach Westen wendet und einige Stufen nach oben steigt, kommt man in den leider im Laufe der Jahrhunderte schwer beschädigten *Großen Saal,* der einstmals mit einem Kreuzrippengewölbe eingedeckt war. Zwei seiner Seitenwände sind eingestürzt, und auch von dem Gewölbe ist nur ein Eck mit drei Rippen sowie die sie stützenden Kapitelle erhalten. Die Kapitelle sind mit Blattwerk verziert, haben einen kreisförmigen Abakus und liegen auf kleinen Schäften auf, was in der fränzösischen Kunst des Heiligen Landes häufig zu sehen ist und auch im 13. Jahrhundert in der Champagne vorkommt. Vermutlich kann dieser Große Saal auf die Mitte des 13. Jahrhunderts datiert werden.

An der Nordseite des Saals liegt ein kleines Zimmer über einem Tor, das zum Zwinger zwischen den beiden Umfassungsmauern im Westen führt. Vom Fenster dieses Zimmers aus hat man einen herrlichen Blick über das Meer. Das nur noch sehr schlecht erhaltene Fenster wird von einer spitzbogigen Archivolte eingefaßt, die durch mehrere Rundstäbe profiliert ist und auf Pilastern und schlanken Säulen aufliegt. Übriggeblieben sind von dem Fenster auch noch zwei Kapitelle aus weißem Marmor. Dieser Teil des Gebäudes könnte aus einer früheren Zeit, nämlich vom Ende des 12. Jahrhunderts, stammen. Das schöne Zimmer mit Blick aufs Meer muß dem Burgherrn gehört und einst als Zimmer für Ehrengäste gedient haben. Vielleicht war es auch das Zimmer des Bischofs von Banias, der im Laufe des 13. Jahrhunderts in Marqab residierte.

Gegenüber dem Großen Saal, auf der anderen Seite des Hofes, trifft man auf die an die Räume S angrenzenden Gebäude. In ihnen können wir Wirtschaftsbauten sehen, die mit zwei Öfen zum Brotbakken sowie mit Küchen ausgestattet waren.

Weiter in Richtung Süden liegt die *Kapelle* (H), die mit ihrem Schiff von einer Länge von 23 und einer Breite von 10 Metern für eine

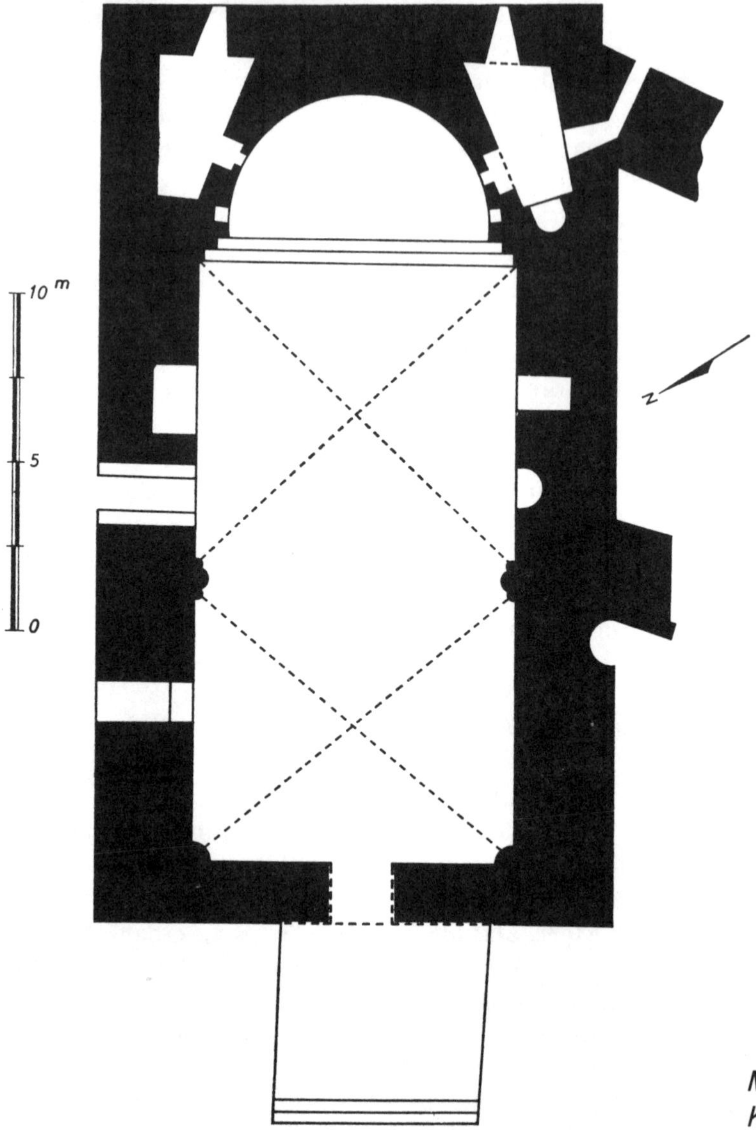

Marqab
Kapelle

Burgkapelle eine beachtliche Größe erreicht. Sie übertrifft damit die Kapelle im Krak des Chevaliers und wurde auch etwas später als diese, nämlich kurz nach der Niederlassung der Johanniter in Marqab, errichtet. Die Gesimse der Kapelle erinnern an die Gesimse der Sakralbauten der Ile-de-France aus dem dritten Viertel des 12. Jahrhunderts. Die kleine zeitliche Verzögerung erklärt sich daraus, daß die romanische Kunst in ein so fernes Gebiet »exportiert« wurde.

Die Kapelle ist in zwei kreuzgratgewölbte Joche unterteilt, die durch einen Gurtbogen voneinander getrennt sind. Das Gewölbe wird auf jeder Seite durch Pilaster gestützt, und nur der Gurtbogen ruht auf zierlichen Säulen. Die halbkreisförmige Apsis liegt zwei Stufen höher als das Kirchenschiff (Bild 44). Drei Pilaster nehmen ihren zweifach gestuften, durch abwechselnd schwarze und weiße Bogensteine skandierten Eingangsbogen auf beiden Seiten auf. Ein Gesims unterstreicht den Ansatzpunkt der Halbkuppel und überfängt den Bogen des Fensters, das in die hintere Apsiswand eingelassen ist. Zwei Sakristeien, die durch jeweils eine Schießscharte Licht erhalten, flankieren die Apsis auf beiden Seiten. An der Außenseite schließt diese Konstruktion mit einem flachen Chorhaupt ab. Die Anlage von Sakristeien an den Seiten der Apsis wurde von den frühchristlichen Kirchen Syriens übernommen. Man findet diese Sakristeien auch bei anderen von den Kreuzfahrern errichteten Sakralbauten wieder. Als Beispiel seien nur die Kathedrale von Tartus und die Kapelle im unteren Geschoß des Donjons von Safita angeführt.

Die beiden Portale der Kapelle liegen im Westen und im Norden. Sie öffnen sich in einem Mauerwerk aus großen, mit besonderer Sorgfalt behauenen Basaltsteinen.

Das Nordportal besteht aus feinkörnigem Kalkstein und wird auf beiden Seiten von zwei zierlichen, in die Stufung eingestellten Säulen flankiert. Die Kapitelle sind mit in zwei Reihen angeordneten Blättern verziert. Das Tympanon wird von zwei Bogenläufen aus Rundstäben und halben Hohlkehlen gerahmt. Darüber liegt eine Archivolte aus Basalt, die an ihrem unteren Ende sowohl rechts als auch links in einer horizontalen Linie ausläuft. Auch die Abaki der Kapitelle setzen sich in einem horizontalen Gesims fort. Wir haben bereits bei anderen Sakralbauten der Kreuzfahrer darauf hingewiesen, daß diese Parallelanordnung der Gesimse in der Horizontalen ihren Ursprung in den christlichen Kirchen der ersten nachchristlichen Jahrhunderte in Syrien hat.

Zum Westportal, das dem Nordportal sehr ähnlich ist, steigt man einige Stufen empor (Bild 43). Das Portal wurde ursprünglich ebenfalls auf beiden Seiten von zwei heute nicht mehr vorhandenen, vermutlich marmornen Säulen flankiert. Erhalten sind drei Säulenbasen mit marmornen Ecksporen sowie drei Kapitelle und drei Abaki aus Marmor. Diese Kapitelle mit ihren in zwei Reihen angeordneten, nach außen gewölbten Blättern scheinen aus älteren Kapitellen herausgearbeitet zu sein. Die Türgewände werden durch halbe Hohlkehlen aufgelockert, die an der Basis durch einen kleinen Granatapfel verziert sind.

Bleiben noch die Gebäude K, M und N an den Seiten des Donjons. Die beiden Gebäude M und N reichen nur bis zum oberen Ende des unteren Turmgeschosses. Das auf der Südseite beschädigte Gebäude N wurde durch eine Reihe von Schießscharten auf der Westseite verteidigt. Aus seiner etwas unglücklichen Lage an der Flanke des Donjons kann man schließen, daß es nach dem Donjon errichtet wurde.

Das Gebäude K ist ein Verbindungsglied zwischen der Burgkapelle und dem Donjon. Es wurde offensichtlich nach der Kapelle gebaut, da es ein Fenster an der Südseite der Kapelle verdeckt. Sein Mauerwerk ähnelt dem des Donjons. Es ist aus kleineren Steinen gesetzt und läßt mehr Sorgfalt erkennen als das der Kapelle und der anderen Bauten der Burg. Man kann das Gebäude K auch als eine Verlängerung des Donjons betrachten und davon ausgehen, daß es zur gleichen Zeit wie dieser errichtet wurde. Beide Bauten sind in drei Stockwerke – ein unteres Geschoß, ein oberes Geschoß und eine Terrasse – untergliedert, und in beiden führt eine Treppe zu den oberen Geschossen hinauf.

In der Mitte des unteren Raums von Gebäude K liegt eine Zisterne (Bild 45). Dieser Raum ist mit einer Spitztonne eingewölbt und weist in der Ostseite drei rechteckige Fenster auf.

Der untere Raum des Donjons (L) mit seiner nach Süden hin halbrunden Außenmauer ist innen quadratisch. Auf der Verteidigungsseite hat die Mauer eine Stärke von 5,50 Metern. In ihrer Mitte ist eine Schießscharte eingelassen. An der nordwestlichen Seite des unteren Geschosses, genauer gesagt an dem Punkt, an dem der Donjon an das Gebäude N angrenzt, führt ein kleines Tor in den Graben hinunter.

Der obere Raum des Donjons wird durch zwei Schießscharten verteidigt und erhält durch zwei rechteckige Fenster Licht. Die Terrasse darüber liegt auf einer Ebene mit der von Gebäude K. So hatte man genügend Platz, um große Wurfmaschinen zu plazieren.

An dieser Stelle läßt sich wiederum ein Vergleich zum Krak des Chevaliers ziehen, denn die eben beschriebenen Terrassen ähneln denen von Turm J und Plattform J–I des Krak. Auch dort konnten schwere Wurfmaschinen aufgestellt werden.

Vom Sporn im Süden aus gesehen, ist der Donjon eine sehr wuchtige Konstruktion (Bild 46). Seine drei Schießscharten, eine im unteren und zwei im oberen Stockwerk, haben eine Höhe von über 2,50 Metern. Sie werden von den schwarzen, sorgfältig behauenen Steinen eingefaßt. Der obere Abschluß der Schießscharten ist abgerundet, ansonsten bilden sie über ihre ganze Länge einen geraden, schmalen Spalt. In den Fugen zwischen den Steinen haben wir in der Nähe der Schießscharten eine Vielzahl von Pfeilspitzen gefunden, die noch aus der Zeit der Belagerung von 1285 stammen.

Kurzbeschreibungen einiger weiterer Kreuzritterburgen im Heiligen Land

TARTUS. Am 21. April 1102 eroberte Raimund von Saint-Gilles mit Hilfe der genuesischen Flotte das syrische Tartus. Diese Stadt war die erste von den Kreuzfahrern eingenommene Stadt in dem Territorium, das später zur Grafschaft Tripolis wurde. Es ist nicht bekannt, wann die Templer, in deren Hand sich Tartus ab 1157 befand, die mächtige Festung errichteten. Fest steht nur, daß sie dort im Jahre 1169 residierten. Man darf allerdings davon ausgehen, daß die Burg bereits einige Jahre früher fertiggestellt worden war. Mit ihrem Mauerwerk aus mächtigen Bossensteinen ist sie eine typische fränkische Burg des 12. Jahrhunderts. Sie war die wichtigste Festung der Templer, doch leider ist von ihr heute nur noch sehr wenig erhalten.

Der wuchtige, über rechteckigem Grundriß erbaute Donjon erhebt sich direkt am Meer. Seine auf das Meer weisende Westfassade hat eine Seitenlänge von 40 Metern und wird rechts und links von zwei quadratischen Vorsprüngen flankiert, die die Seite nochmals um jeweils fünf Meter auf insgesamt 50 Meter verlängern.

Als Saladin Tartus im Jahre 1188 angriff, richtete er in der Stadt großen Schaden an. Vor dem Donjon mußten die muslimischen Truppen jedoch aufgeben und sich nach schweren Verlusten zurückziehen. Von dem imposanten Turm hat sich bis heute nur das Sockelgeschoß erhalten. Die an ihn im Norden angrenzende, sich am Ufer entlangziehende Mauer dagegen befindet sich noch in gutem Zustand. Sie führt zu einem ins Meer vorkragenden Teil der Umfassungsmauer, in dem sich ein Tor öffnet. Durch dieses Tor gelangt man zu einem Gang, der eine Verbindung zum Donjon herstellt.

Die Festung wird auf der Landseite durch eine doppelte Ringmauer mit Rechtecktürmen geschützt, vor der auf allen Seiten als zusätzliche Sicherheit tiefe, in den Felsen gehauene Gräben liegen. Sie wurden durch das Wasser des Meeres aufgefüllt.

Die innere Ringmauer, die die äußere Mauer überragt, ist eine Kasemattenmauer von einer Höhe von ungefähr 30 Metern. Vor ihr breitet sich im Osten und im Süden die Stadt aus. In einer Entfernung von rund 200 Metern von der Burg erhebt sich die berühmte Kathedrale, der weiter hinten ein eigenes Kapitel gewidmet ist. Auch die Stadt wurde durch einen Graben und eine mächtige Umfassungsmauer geschützt.

Zu der eigentlichen Burg gehören, abgesehen von dem Donjon, Wohnbauten, Magazine, ein großer Brunnen und eine sehr schlichte, rechteckige und in vier Joche untergliederte Kapelle. Nördlich vom Donjon liegt an der inneren Ringmauer ein großer Saal aus dem 13. Jahrhundert. Mit einer Länge von 44 und einer Breite von 15 Metern ist er noch viel größer als sein Gegenstück im Krak des Chevaliers, das im 13. Jahrhundert umgestaltet wurde. Der entsprechende Saal im Krak ist lediglich 27 Meter lang und 7,50 Meter breit.

Der weite und sehr schöne Saal war einst Ort feierlicher Ereignisse. Hier wurden bedeutende Persönlichkeiten empfangen und die Kapitel des Ordens sowie die Kriegsgerichte abgehalten. Er war in zwei Schiffe von jeweils sechs Jochen unterteilt und mit Rippengewölben eingedeckt, die auf einer Reihe von fünf rechteckigen Pfeilern in der Saalmitte auflagen. Die Gewölbe sind im Lauf der Zeit eingestürzt, und auch ihre Stützen sind zerbrochen. Erhalten blieb jedoch ein Teil der alten Saalmauern mit den Ansätzen der Gewölberippen sowie den Konsolen, die die Rippen trugen. Sie sind mit schön geformten Menschenköpfen verziert, über denen jeweils in zwei Reihen Laubwerk angelegt ist.

Im Jahre 1218 wurde im Süden von Akkon auf einem Kap das Castel-Pèlerin (Atlit) errichtet, das später der Obhut der Tempelritter anvertraut wurde. In dieser zum großen Teil eingestürzten Burg ist ebenfalls noch ein Teil der Mauer des großen Saals erhalten. Wie im Saal der Burg von Tartus sind die Konsolen unter den Gewölberippen mit Menschenköpfen verziert.

TRIPOLIS. Nach dem Ende des ersten Kreuzzugs machte sich Raimund von Saint-Gilles mit seinen Provenzalen auf den Weg nach Norden, um im Libanon einen fränkischen Staat zu gründen. Im Anschluß an die Einnahme von Tartus im Jahre 1102 unternahm er Eroberungszüge im Küstengebiet und im Landesinnern. Die ansässigen Maroniten erwiesen sich dabei als treue Verbündete.

Der große Hafen von Tripolis wurde hartnäckig verteidigt. Seine Eroberung erforderte eine lange und schwierige Belagerung. Daher ließ Raimund in den Jahren 1102 und 1103 in einer Entfernung von drei Kilometern vom Hafen, auf einer Anhöhe über dem Nahr Abu Ali eine Festung errichten, die ihm als Angriffsstützpunkt diente. Da ihm beim Bau der Festung zahlreiche Pilger halfen, gab er ihr den Namen Mont-Pèlerin (Pilgerberg). Heute wird die Festung im Arabischen Qalaat Sandjill genannt – zur Erinnerung an den Heerführer der Kreuzfahrer, Raimund von Saint-Gilles. Dieser starb dort am 28. Februar 1105. Sein ältester Sohn Bertrand nahm dann mit Hilfe von König Balduin und einer großen genuesischen Flotte vier Jahre später, am 12. Juli 1109, endlich die Stadt Tripolis ein. Damit war der Grundstein für die gleichnamige Grafschaft gelegt.

Die Burg wurde bei der Eroberung von Tripolis durch die Muslime im Jahre 1289 in Brand gesteckt und teilweise zerstört. In den Jahren 1307 und 1308 wurde sie dann von den Arabern auf den Fundamenten der fränkischen Festung wiederaufgebaut. Die Ostseite über dem Nahr Abu Ali stammt jedoch, wie es scheint, fast vollständig aus der Kreuzfahrerzeit. Auch im Innern der Festung liegt an den Mauern noch ein fränkischer Bau – die Überreste einer im 12. Jahrhundert errichteten Kapelle.

GIBLET/DJEBEIL. Byblos, von den Kreuzfahrern Giblet genannt, existierte bereits im 4. Jahrtausend vor Christi Geburt. Sein Hafen war lange Zeit der wichtigste Hafen an der Ostküste des Mittelmeeres. Die Kreuzfahrer errichteten ihre Burg auf den Fundamenten von Bauwerken der Phönizier und Römer. Die Ausgrabungen in der Altstadt, in der näheren Umgebung dieser Burg wurden von Pierre Montet, Maurice Dunand und dem Emir M. Chehab geleitet.

Nachdem Raimund von Saint-Gilles im Jahre 1102 Tartus eingenommen hatte, eroberte er mit Hilfe einer genuesischen Flotte am 28. April 1104 Djebeil, das von der arabischen Familie Banu-Ammar beherrscht wurde. Als Dank für die geleisteten Dienste überließ Saint-Gilles den Genuesen ein Drittel der Stadt. Wenige Jahre später, genauer gesagt im Jahre 1109, kam die Stadt durch den Genuesen Guglielmo degli Embriaci ganz an die Kathedrale von Genua. Von da an muß Djebeil ein erbliches Lehen der Embriaci gewesen sein.

Die Embriaci waren eine der wichtigsten Familien in der Grafschaft Tripolis und dort bis in die letzten Jahre der fränkischen Besetzung ansässig. Das mittelalterliche Giblet breitete sich im Norden der antiken Stadt aus. Seine Umfassungsmauern bildeten ein Viereck, dessen westliche Seite am Meeresufer lag. Der Hafen wurde von zwei Riffen eingefaßt, an deren äußerstem Ende zwei Türme zur Verteidigung der Fahrtrinne standen. Die Stadtmauern wurden einst durch längliche Turmbauten verstärkt. Von ihnen sind noch ein paar Reste im Norden übriggeblieben. Die Johannes dem Täufer geweihte Kathedrale erhebt sich in der Mitte der Stadt. Die Burg dagegen liegt auf einem Hügel im Südosten und blickt auf die Stadt hinunter. Burg und Stadt werden durch eine Brücke miteinander verbunden, die zu einem Tor an der Nordseite der Burg in der Nähe des nordwestlichen Turmes führt.

Die Kreuzritterburg von Djebeil ist schlichter als die meisten anderen romanischen Burgen. Ein hoher und massiver Donjon erhebt sich über rechteckigem Grundriß in der Mitte der Anlage, die von verhältnismäßig niedrigen Kurtinen umgeben ist. An den Eckpunkten stehen jeweils quadratische Türme, und an der Seite, die den Angriffen am meisten ausgesetzt war, wurde die Mauer durch einen länglichen Vorsprung verstärkt. Der Grundriß der Burg ist unregelmäßig, und die Kurtinen sind nicht parallel angeordnet. Darüber hinaus wurde die Burg auf zwei verschiedenen Ebenen errichtet. Dieser Mangel an Symmetrie läßt sich dadurch erklären, daß die Festung über den Anlagen gebaut wurde, die sich zuvor an dieser Stelle befunden hatten. Bei Grabungen, die mehrere Jahre lang rund um die Burg durchgeführt wurden, legte man tiefe Gräben frei, die einst den Zugang zu ihr erschwerten. Der an den westlichen Graben grenzende Hang wird durch einen Wall aus dem dritten vorchristlichen Jahrtausend gebildet. Die Nordseite der Burg liegt ganz nahe an einer im 2. Jahrhundert angelegten Römerstraße.

An der Nord- und Südseite mißt der Donjon 18 Meter und an der West- und Ostseite 22,20 Meter. Mit seinen vier Meter dicken Mauern ist er eine der schönsten Befestigungsanlagen, die die Kreuzfahrer zu Beginn ihrer Niederlassung im Heiligen Land errichteten. Er wurde, wie es scheint, schon im Jahr der Einnahme Djebeils durch die Kreuzfahrer, das heißt im Jahre 1104, gebaut. Damit wäre er mit seinem Mauerwerk aus mächtigen Bossensteinen der älteste uns erhaltene fränkische Donjon. Bei den Grabungen fand Maurice Dunand auch eine phönizische Mauer, deren Bossensteine im Donjon wiederverwendet wurden. Der Archäologe stellte daher die Vermutung an, daß die Kreuzfahrer hier zum ersten Mal diese Technik benutzten. Das gleiche Bossenmauerwerk finden wir bei anderen von den Franken in der ersten Hälfte des 12. Jahrhunderts errichteten Festungen wieder. Zu ihnen gehören, um nur drei Beispiele zu nennen, Sahyun, Beaufort und die ältesten Teile des Krak des Chevaliers.

Der Donjon umfaßte eine Zisterne, die durch eine quadratische Öffnung in der Mitte der Decke mit dem ersten Geschoß in Verbindung stand. Der einzige Zugang zum Donjon liegt an der Westseite und zwar in einer Höhe von 13 Metern über dem Boden. Über das Tor wurde ein wuchtiger Türsturz gelegt, der aus einem einzigen Steinblock besteht und durch einen Entlastungsbogen aus drei großen Bossensteinen so gut wie nur eben möglich aufgelockert wird. Die gleiche Anlage finden wir an zwei Toren der Kreuzritterburg Sahyun sowie am Donjon von Beaufort und von Tartus. Man gelangte zu dem Tor über eine Brücke, die mit der westlichen Kurtine in Verbindung stand. Das zweite Geschoß sowie die zinnengekrönte Terrasse des Donjons wurden von den Muslimen verändert.

In der Ringmauer und den Befestigungsanlagen gibt es einige Bereiche, die aus der gleichen Zeit wie der Donjon zu stammen scheinen. Darüber hinaus sind auch die Ausbesserungsarbeiten zu erkennen, die vermutlich nach dem Erdbeben von 1157 vorgenommen wurden. In mehreren Teilen der Umfassungsmauer findet man Säulen, die als Binder Verwendung fanden, das heißt deren Schaft quer zur Mauerflucht gelegt wurde, um der Mauer eine größere Festigkeit zu verleihen. Dieses Verfahren haben die Franken dort angewandt, wo sie Säulen von antiken Monumenten fanden. Das trifft auf die Türme am Hafen von Djebeil zu und ist auch in Jable, Lattakia, Askalon, Tyrus, Cäsarea und an der Meerburg von Sidon zu beobachten. Auch die Muslime setzten dieses Verfahren ein. Doch da sich die Säulen in Djebeil in ein Bossenmauerwerk einfügen, können wir davon ausgehen, daß wir es hier mit einem Bau der Kreuzfahrer zu tun haben.

Andere Arbeiten sind den Muslimen zuzuschreiben. So ist das Eingangstor zur Burg am anderen Ende der Brücke mit Sicherheit ein arabisches Werk und stammt vermutlich vom Anfang des 14. Jahrhunderts.

SIDON. Das antike Sidon, heute Saida genannt, wurde von König Balduin I. von Jerusalem am 4. Dezember 1110 eingenommen. Saladin besetzte die Stadt im Jahre 1187 und ließ, da der dritte Kreuzzug kurz bevorstand, ihre Verteidigungsanlagen zerstören. Zwischen November 1227 und März 1228 befestigten dann die zum fünften Kreuzzug ins Heilige Land gefahrenen Christen die kleine, am Eingang des Hafens etwa 80 Meter vom Ufer gelegene Insel, die zur Meerburg von Sidon wurde.

Im Jahre 1253 ließ König Ludwig IX. die Stadt mit einer Mauer umgeben und auf einer 200 Meter vom Ufer entfernten Anhöhe, an dem Ort, an dem sich einst die antike Stadt befunden hatte, eine bedeutende Landburg bauen, die man auch als die Burg des heiligen Ludwig bezeichnete.

Die Mauern dieser Burg beschreiben im Süden einen Bogen, in den die abgerundete Seite des Donjons hineinragt. Insgesamt gesehen ist von dem Werk Ludwigs IX. wenig erhalten.

Die Meerburg dagegen stellt noch heute ein bedeutendes Zeugnis der Architektur jener Zeit dar. Im Westen erhebt sich ein mächtiger Turm mit abgerundeter Südseite. Im Osten befindet sich eine rechteckige Befestigungsanlage mit vier Reihen von Granitsäulen, die, wie auch bei anderen fränkischen Festungen, als Binder Verwendung fanden. Auf der Seite des offenen Meeres stehen zwei quadratische Türme, zwischen denen man die Überreste eines ungefähr 50 Meter langen Saals entdeckte, der vermutlich 1253, also zur Zeit König Ludwigs IX., mit Skulpturen ausgestattet worden war. Als Beweis dafür mögen die Konsolen und die Blattkapitelle dienen, die sich heute im Nationalmuseum von Beirut befinden.

Als Verbindung zur Stadt haben die Kreuzfahrer eine 35 Meter lange, aus vier Bögen bestehende Brücke gebaut. An dem zur Stadt weisenden Brückenkopf befand sich ein Turm, von dem aus die Anlage gut zu verteidigen war. Hinter ihm führte eine hölzerne Brücke zum Ufer, die man im Angriffsfall leicht einreißen konnte.

Erst nach den Kreuzzügen verband man die vier Brückenbögen aus dem 13. Jahrhundert durch eine steinerne Brücke mit der Stadt. Diese stürzte im Jahr 1936 bei einem Erdbeben ein, und auch von der Brücke der Kreuzfahrer blieb nur der am nächsten an der Insel gelegene Brückenpfeiler stehen. Später wurde der Zugang zur Meerburg jedoch wiederhergestellt.

AKKAR. Im Laufe des 12. Jahrhunderts wurde eine Reihe von Burgen, die das Landesinnere der Grafschaft Tripolis verteidigten, dem Johanniter- oder dem Templerorden übertragen. Das berühmteste Beispiel ist der an der Ostgrenze der Grafschaft gelegene Krak des Chevaliers, der 1142 in den Besitz der Johanniter kam.

Auf einem Ausläufer des Djebel al Ansariye gelegen, beherrscht er die weite Ebene von Akkar, die das Tal des Orontes mit dem Küstenstreifen verbindet. Etwa 25 Kilometer südlich vom Krak liegt auf einem Bergrücken des Libanongebirges die Kreuzritterburg Akkar gleichsam als Schutz der Ebene von der anderen Seite her.

In der Ebene von Akkar, die sich fächerartig zwischen Tartus im Norden und Tripolis im Süden öffnet, erheben sich auf Hügeln oder am Zusammenfluß von Wasserläufen mehr oder weniger wichtige Verteidigungsanlagen. Es handelt sich um alte strategische Positionen, die von den Kreuzfahrern neu befestigt wurden.

Nachdem ein Erdbeben im Jahre 1170 mehrere Burgen in der Grafschaft schwer beschädigt hatte, übergab König Almarich, der während der Gefangenschaft Graf Raimunds III. über die Grafschaft herrschte, die Burgen Akkar und Archas (im Westen von Akkar in Küstennähe) dem Johanniterorden.

Die Kreuzritterburg Akkar liegt auf einem etwa 700 Meter hohen, schmalen Bergrücken, den man im Süden durch einen tiefen Graben von der Burg abtrennte. Sie wird von einer Ringmauer mit Längsseiten von 150 Metern umgeben. Diese Mauer wird durch fünf rechteckige Türme verstärkt, deren wichtigster Turm sich auf dem Felsen an der südlichen Spitze erhebt. Der Zugang zu diesem Turm öffnet sich auf seiner Nordseite zum Innern der Burganlage hin in einer Höhe von mehr als drei Metern über dem Boden. Er war nur über eine Leiter zu erreichen. Unterhalb des Turms liegt an der Außenseite der Festung ein Becken, in das über ein Kanalsystem das auf der Turmterrasse angesammelte Wasser floß. Davon zeugen noch die in den Felsen gehauenen Rinnen.

Oben am Turm ist ein Fries mit dem Emblem Baibars', den Löwen, angebracht. Dieses Motiv finden wir auch im Krak des Chevaliers wieder. Ein Blick in historische Texte liefert uns die Erklärung für die Parallele: Der Sultan bemächtigte sich der Burg Akkar am 11. Mai 1271, das heißt einen Monat nach der Eroberung des Krak.

Der Ort, an dem die Burg Akkar liegt, ist von wilder Schönheit. Im Süden wird der Horizont durch die konkave Felswand des Djebel Akkar begrenzt, dessen Höhen bewaldet und mit Schnee bedeckt sind. Aus der Felswand stürzen zwei Wasserfälle rauschend in die Tiefe, wo sie sich in reißende Bäche verwandeln. Am Fuß des Felsens, auf dem sich die Burg erhebt, fließen sie zusammen und werden zum Nahr el Akkar. Im Norden öffnet sich das Tal des Nahr el Kebir, hinter dem die Kreuzritterburg Safita, der Krak des Chevaliers und das Alawitengebirge liegen.

SAFITA/CASTEL-BLANC. Kurze Zeit nachdem den Templern die große Zitadelle von Tartus übergeben worden war, erhielten sie die Kreuzritterburg Safita (Castel-Blanc) und die in geringer Entfernung südlich von dieser gelegene Burg Arima. Qalaat Safita erhebt sich zwischen Tartus und dem Krak des Chevaliers. Von letzterem trennen die Festung in Luftlinie gemessen nur etwa 15 Kilometer. Man mag sich darüber wundern, daß unweit des Krak eine weitere Festung errichtet wurde. Doch muß man bedenken, daß die Assassinenburg Khawabi im nahegelegenen Alawitengebirge nur 20 Kilometer entfernt lag und die Grafschaft vor gefährlichen Gegnern geschützt werden mußte.

Die bis auf den Donjon fast völlig zerstörte Burg Safita beherrscht einen Berg, der sich 380 Meter über der Ebene erhebt. Den höchsten Punkt nimmt der Donjon ein. Zwei Ringmauern zogen sich einst an den Hängen des Berges entlang. Eine davon erstreckte sich in ovaler Form über eine Länge von 175 Metern und maß an ihrer breitesten Seite etwa 100 Meter. Aus einer Luftaufnahme kann man erkennen, daß die heutige Kleinstadt Safita auf der Fläche der alten Festung errichtet wurde.

Der vermutlich vom Ende des 12. Jahrhunderts stammende Donjon ist mit Sicherheit ein Werk der Templer. Er hatte eine Doppelfunktion, war sowohl Verteidigungsanlage als auch Kirche, und konnte daher nur von einem zugleich religiösen und militärischen Orden entworfen worden sein. Interessant ist dabei, daß sich der Kirchen-Donjon bis heute als eine Glaubensstätte der Christen erhalten hat – die Mehrzahl der mehr als 3000 Einwohner von Safita gehört der griechisch-orthodoxen Kirche an –, im Unterschied zu so vielen anderen von den Kreuzfahrern errichteten Sakralbauten, die entweder zu Moscheen umgewandelt oder dem Verfall preisgegeben wurden.

Der Donjon von Safita ist ein herrlicher rechteckiger Bau mit einer Länge von 31, einer Breite von 18 und einer Höhe von 28 Metern, der aus zwei Stockwerken besteht und mit einer zinnengekrönten Terrasse abschließt. Das untere Stockwerk diente den Templern als Kapelle. Ihr Schiff ist mit einer Spitztonne eingewölbt und wird durch Gurtbögen in drei Joche unterteilt. Ein unter dem Fenster im Westen verlaufendes Gesims zieht sich um das gesamte Bauwerk, in dessen Seitenwände Schießscharten eingelassen sind. Die halbkreisförmige Apsis wird von einem flachen Chorhaupt ummantelt, in dem ebenfalls eine tiefe Schießscharte liegt. Rechts und links von der Apsis wurden zwei rechtekkige Sakristeien eingerichtet, in denen sich wiederum Schießscharten öffnen. Auch die Sakristeien werden von dem flachen Chorhaupt verdeckt. Das obere Stockwerk, zu dem man über eine in die Mauer eingelassene Treppe gelangt, ist 25,60 Meter lang und 12,60 Meter breit. Es wird durch eine Reihe von drei Pfeilern in zwei Schiffe unterteilt und über zehn sich nach unten hin verbreiternde Schießscharten verteidigt. In seiner südwestlichen Ecke führt eine Treppe auf die Terrasse hinauf, deren Zinnen bei einem Erdbeben im Jahre 1925 zum Teil zerstört wurden. Die Terrasse hat, im Gegensatz zu anderen Kreuzritterburgen, keine zwei Verteidigungsebenen. Unten in ihren Zinnen öffnen sich lediglich zahlreiche Schießscharten. Von der Terrasse aus kann man sowohl den Krak des Chevaliers als auch Arima und andere Burgen erblicken. In der Nacht war es möglich, mit diesen Festungen über Feuerzeichen Verbindung aufzunehmen. Im Jahre 1936 wurde der damals einsturzgefährdete Donjon durch den Architekten Pierre Coupel restauriert.

Viele Expeditionen gegen die Muslime nahmen zur gleichen Zeit vom Krak und von Safita ihren Ausgang. Und viele Male wurden die beiden Burgen im Verlauf desselben Feldzugs angegriffen. Baibars bemächtigte sich der Burg Safita im Februar des Jahres 1271, also kurz bevor er mit der Belagerung des Krak begann.

Keine einzige Quelle gibt Aufschluß darüber, wann Qalaat Safita in die Hände der Templer gelangte. Dennoch kann man den Zeitpunkt relativ genau festlegen, da man weiß, daß die Festungen Safita und Arima in den Jahren 1170 und 1171 ein schweres Los teilten. 1170 wurden ihre Mauern durch ein starkes Erdbeben erschüttert und im Jahr darauf wurden sie von Saladin vorübergehend eingenommen und beschädigt. Man kann nun davon ausgehen, daß König Almarich, der die Burgen Akkar und Archas nach dem Erdbeben von 1170 zur Neubefestigung unter die Obhut der Johanniter stellte, desgleichen mit den Burgen Safita und Arima tat – nur daß er sie statt den Johannitern den Templern übergab. Aus der Bauweise des Kirchen-Donjons von Safita kann man darüber hinaus schließen, daß es sich um ein Bauwerk vom Ende des 12. Jahrhunderts handelt.

In den historischen Quellentexten tauchen die Burgen Safita und Arima immer gleichzeitig auf. Die kleine Burg Arima liegt auf einem Berg, der von zwei in den Nahr Abrash mündenden Wasserläufen umflossen wird. Im Jahre 1149 gehörte die Burg einem Feudalherrn aus Toulouse mit Namen Bertrand, der ein Sohn des Grafen Alphonse-Jourdain und ein Enkel von Raimund von Saint-Gilles war.

Die Burg ist im Laufe der Zeit weitgehend zerstört worden. Bei den beiden Türmen aus schweren Bossensteinen darf man als Bauzeit die erste Hälfte des 12. Jahrhunderts annehmen. Und wie bereits oben gesagt, kam Arima um 1171 in die Hände der Templer. Wahrscheinlich fiel die Burg im Jahre 1271, also zur gleichen Zeit wie Safita, an Baibars.

Wenn man von Tripolis aus die Küstenstraße gen Norden fährt, sieht man in der Ebene, an der Abzweigung der Straße nach Homs, die kleine Burg Koliat (el Qlei'at) liegen, die der Graf von Tripolis, Pons, 1128 den Johannitern schenkte. Die Burg wird von einer quadratischen Umfassungsmauer mit einer Seitenlänge von 60 Metern eingefaßt, die in der Mitte jeder Seite durch einen länglichen Turmbau verstärkt wird. An den Eckpunkten erheben sich quadratische Türme, von denen einer höher ist als die übrigen drei. Bei Koliat handelt es sich um eine Niederburg, die den Hirten mit ihren Herden als Zufluchtsstätte diente und ein Stützpunkt für die in den Kampf ziehenden Heere war.

Zwischen Safita und dem Meer liegt das Castel rubrum oder Qalaat Yahmur, das gelegentlich auch als Castel-Rouge bezeichnet wird. Es erhebt sich an der Stelle des alten Jamura an einer Straße, die von Tartus zu dem am Rande des Orontestals gelegenen Raphanée führte. Die Kreuzritterburg Yahmur wurde von Graf Raimund III. von Tripolis im Jahre 1177 den Johannitern übertragen. Sie besteht aus einem gut erhaltenen quadratischen Donjon mit einer Seitenlänge von 14,50 Metern und ist von einer quadratischen Umfassungsmauer umgeben, die eine Seitenlänge von 34 Metern hat. Diese von Gräben gesäumte Mauer wurde von den Muslimen verändert. Der Donjon dagegen hat seinen ursprünglichen, fränkischen Charakter bewahrt. Er besteht aus zwei kreuzgratgewölbten Stockwerken, die durch Gurtbögen untergliedert und durch einen achteckigen Pfeiler in der Mitte gestützt werden. Ähnliches ist auch im Donjon der Kreuzritterburg Sahyun zu beobachten. In das Untergeschoß des Donjons kann man vom Hof aus durch ein kleines Tor gelangen. Zwischen dem unteren und dem oberen Stockwerk gibt es keine direkte Verbindung. Der Zugang zum Obergeschoß liegt an der südwestlichen Turmseite und führt ins Leere. Nur über einen Steg, den man von der Umfassungsmauer zum Donjon schlug, war es möglich, ins Innere zu gelangen. Eine in die Mauer eingelassene Treppe muß einst zum Steg emporgeführt haben. Das obere Donjongeschoß wurde auf jeder Seite durch Schießscharten verteidigt. Eine Treppe an der Turmmauer führt zur Terrasse hinauf, die in zwei Verteidigungsebenen – unter Bögen gelegene Schießscharten und einen zinnengekrönten Wehrgang – untergliedert ist.

Kirchen

Jerusalem. Die Annenkirche

Im nordöstlichen Winkel der Altstadt Jerusalems, nicht weit vom Stephanstor entfernt, befindet sich die Annenkirche, die an der Stelle errichtet wurde, an der sich, einer alten Überlieferung zufolge, einst das Haus der Eltern Mariens, der heiligen Anna und des Joachim, befunden hatte. Im 7. Jahrhundert gab es an dem gleichen Standort eine vermutlich byzantinische Kirche. Diese heilige Stätte kam nach der Einnahme Jerusalems durch die Kreuzfahrer an die Benediktinerinnen und wurde um ein Kloster erweitert.

Im Jahre 1103 fand der Pilger Saewulf die Kirche in der Obhut von vier Ordensschwestern vor. Ihnen schloß sich Judith, die Tochter König Balduins, an, die bis 1144 als Nonne im Kloster blieb. Man darf davon ausgehen, daß die heutige Kirche ungefähr zu dieser Zeit, vielleicht sogar ein wenig früher, erbaut wurde.

Als Johannes von Würzburg um 1160 nach Jerusalem kam, war das Annenkloster ein großes, in voller Blüte stehendes Kloster. Doch nur wenige Jahrzehnte später, nach der Einnahme Jerusalems im Jahre 1187 durch Saladin, wurde es zweckentfremdet und in eine Koranschule umfunktioniert.

Im Jahre 1856 schenkte der damalige Sultan die alte romanische Kirche der französischen Kaiserin Eugenie. Mit dieser Schenkung wollte er seinen Dank für den Beistand zum Ausdruck bringen, den Frankreich ihm im Krimkrieg geleistet hatte. Die Kaiserin vermachte die Kirche ihrem Staat. Mit der Restaurierung des vernachlässigten Sakralbaus wurde der französische Architekt G. Mauss beauftragt,

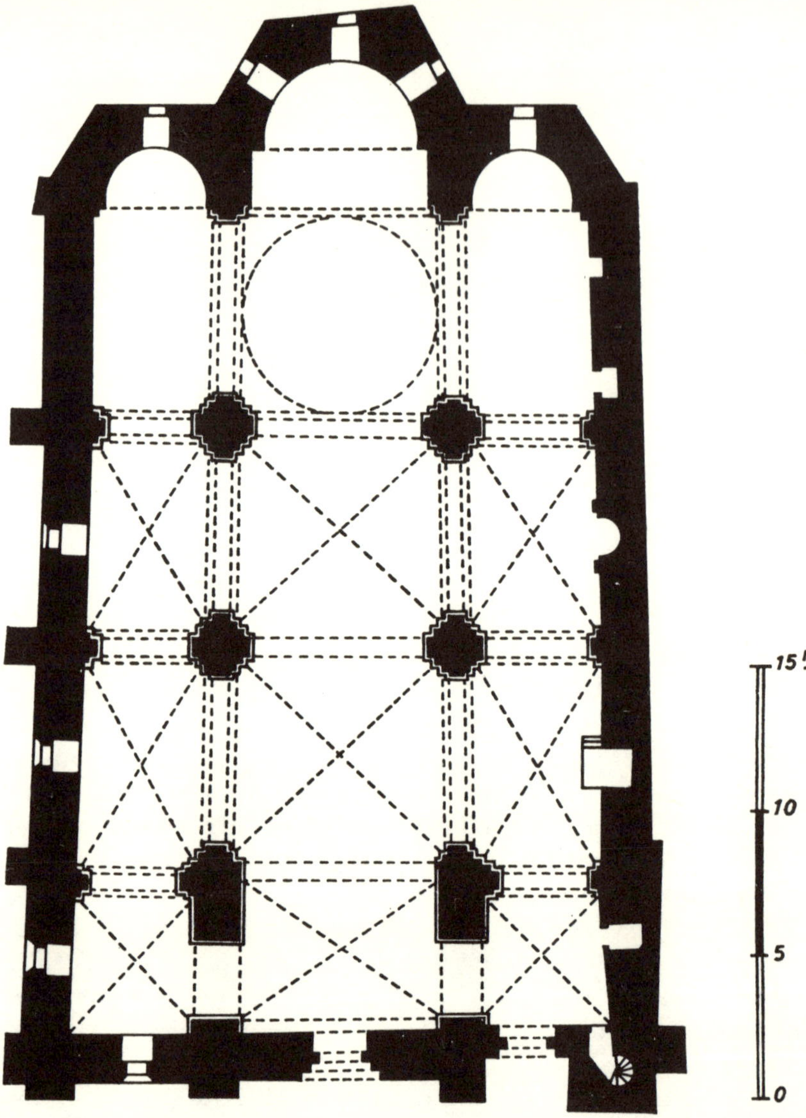

Jerusalem
Annenkirche

der mit großer Sorgfalt und viel Geschick ans Werk ging. Zu seinen Aufgaben gehörte auch die Leitung der Ausgrabungen, durch die im Westen der Kirche der Teich Bethesda und unter dem Kirchengebäude die alten Grotten entdeckt wurden, die lange Zeit ein bedeutendes Ziel der Pilger gewesen waren. Heute wird die Kirche von der Gemeinschaft der französischen Weißen Väter betreut.

Die Annenkirche hat einen unregelmäßigen Grundriß und ist im Westen etwas breiter als im Osten. Das ist vermutlich darauf zurückzuführen, daß man bei ihrem Bau die Fundamente oder sogar Teile der byzantinischen Kirche wiederverwendete. Bemerkenswert ist auch, daß die mittlere Apsis außen von drei unterschiedlich großen, asymmetrisch angeordneten Mauerflächen ummantelt ist (Bild 62). Bei den beiden weniger tiefen Seitenapsiden bleibt dagegen die Symmetrie gewahrt.

Die Kirche besteht aus einem Langhaus und einem nicht ausladenden Querhaus, an dem sich die drei Apsiden aufreihen. Das Langhaus ist in ein Hauptschiff und zwei Seitenschiffe unterteilt, bei denen eine weitere Untergliederung in jeweils drei Joche zu beobachten ist. Die Besonderheit besteht darin, daß die drei westlichen Joche wesentlich kürzer als die sechs übrigen Joche sind.

Die Vierung wird von einer Kuppel überwölbt, die sich über vier in horizontalen Schichten gemauerten Pendentifs entfaltet (Bild 57 und 58). Einen Vergleichspunkt zu dieser Kuppel bilden die in einer Reihe angeordneten Kuppeln der aquitanischen Kirchen aus der Gegend zwischen Cahors und Saintes in Frankreich. Auf dem Fußkreis der Kuppel basieren in der Annenkirche vier kleine Rundbogenfenster, wie wir sie auch in den Kuppeln von Saint-Etienne de la Cité in Périgueux sowie in Souillac wiederfinden. Außen ist die Jerusalemer Kuppel von einem sehr niedrigen Tambour von der Form eines Oktogons ummantelt.

Das Hauptschiff und die Seitenschiffe sind mit Kreuzgratgewölben eingedeckt, die durch Gurtbögen voneinander getrennt werden (Bild 53, 54, 55 und 56). Die Pfeiler zwischen dem zweiten und dem dritten Joch und zwischen dem dritten Joch und der Vierung haben einen kreuzförmigen Grundriß und werden durch je acht Pilaster verstärkt. Ihre Kapitelle beziehungsweise ihre Konsolen nehmen die Gurtbögen und die Anfänger der Kreuzgratgewölbe des Hauptschiffes sowie der Seitenschiffe auf und tragen darüber hinaus auch die großen gestuften Scheidbögen zwischen den Schiffen. Halbkreuzförmige Pfeiler an den Mauern der Seitenschiffe erfüllen die gleiche Funktion im Hinblick auf die Gurtbögen und die Gewölbeanfänger.

Die Pfeiler zwischen dem ersten und dem zweiten Joch sind noch wuchtiger als die übrigen Pfeiler, besitzen aber zum mittleren Schiff hin keine vorgelagerten Pilaster. Sie grenzen eine Art Narthex von dem restlichen Kirchengebäude ab.

Über dem ersten Joch des südlichen Seitenschiffs erhob sich einst ein Turm, der auf der westlichen und der südlichen Außenseite durch drei Stützen verstärkt wurde. Es handelte sich um einen massiven Glockenturm, dessen Vorhandensein noch im Jahre 1729 belegt ist. Ein an ihn angelehntes Treppentürmchen existiert noch heute. Der rechteckige kleine Turm dagegen, der an der Stelle des alten Turms die Kirche schmückt, ist jüngeren Datums.

Im Langhaus und im Querhaus verläuft ein durchgehendes Gesims unterhalb der Obergadenfenster. Man findet es auf der gleichen Höhe auch in der mittleren Apsis wieder, wo es jedoch über die drei in die Apsis eingelassenen Rundbogenfenster führt. Auch die beiden Bögen, die die seitlichen Apsiden einfassen, liegen wie die Hauptapsisfenster unterhalb der Gesimslinie.

In jedem Joch des Hauptschiffes und der Seitenschiffe öffnet sich ein nach innen ausgeschrägtes Fenster, das mit keinerlei plastischem Schmuck versehen ist. Auch der Schmuck der Kapitelle und der Konsolen im Innenraum der Kirche ist sehr bescheiden. Erwähnenswert sind der in zwei Reihen angeordnete und an Farnkraut erinnernde Blattdekor an dem Pfeilerkapitell einer der Hauptschiffarkaden und der Wellendekor an dem Kapitell eines Pilasters (Bild 60). An anderen Stellen hat man auf ein Motiv arabischen Ursprungs zurückgegriffen und übereinandergesetzte Rundstäbe als Dekorform benutzt. An einer Konsole des nördlichen Seitenschiffs erinnern zwei Motive an Reisigbündel, und an einer anderen Konsole meint man, zwei Schuhsohlen erkennen zu können, die in ihrer vertikaler Anordnung von einer Rolle festgehalten werden (Bild 59). Es wurde der Vorschlag gemacht, diese Schmuckelemente als Attribute von Abraham und Mose zu sehen: das eine als das Reisigbündel des Isaak, das andere als die Sandalen des Mose, die dieser auf dem Berg Sinai auszog, bevor er mit dem Herrn sprach. Die Rolle über den Sohlen wäre nach dieser These die Gesetzesrolle, die Gottvater Mose überreichte. Diese Interpretation erscheint jedoch recht willkürlich.

Die beiden Konsolen vor der Halbkuppel der mittleren Apsis (Bild 61) sind mit einem Menschen- und einem Stierkopf geschmückt. In ihnen dürften wohl die Symbole der Evangelisten Matthäus und Lukas zu sehen sein.

Die Fassade der Kirche (Bild 49 und 50) ist sehr schlicht, weist aber insgesamt gesehen mehr Schmuckelemente als der Innenraum auf. Ihr spitzbogiges Portal öffnet sich zwischen zwei starken, bis zur Höhe der Seitenschiffe reichenden Wandvorlagen. Das glatte Tympanon wird von einer doppelten Bogenrundung eingefaßt, die auf leicht vorkragenden Kämpfern über schmucklosen, gestuften Gewänden zu liegen kommt. Den äußeren Rahmen der beiden Bogenrundungen bildet eine Archivolte (Bild 52) aus einer langen Reihe von kleinen konkaven Rauten, in die jeweils ein Loch zur Erhöhung der Licht-Schatten-Wirkung eingelassen ist. Darüber verläuft in der Horizontalen ein dreireihiger Rollenfries, der nach oben hin mit einer Art Eierstabmotiv abschließt und das Sohlbankgesims für ein kleines Spitzbogenfenster bildet.

Ein hohes und breites Spitzbogenfenster beherrscht den Giebel der Fassade (Bild 51). Seine schmucklose Einfassung wird von zwei Säulen mit korinthischen Kapitellen flankiert, die einen Bogen mit Faltenfriesen tragen. Eine vorkragende und mit breiten Akanthusblättern verzierte Archivolte umläuft diesen Bogen auf der Außenseite.

Die Annenkirche wurde höchstwahrscheinlich in der ersten Hälfte des 12. Jahrhunderts gebaut. Die Fassade dagegen ist womöglich erst um 1150 mit Schmuckelementen versehen worden.

Der Steinschnitt des gesamten Bauwerks ist beachtenswert. Besondere Aufmerksamkeit verdient darüber hinaus die harmonische Komposition der Raumeinheiten, die von der Pendentifkuppel über der Vierung und der Halbkuppel der mittleren Apsis beherrscht werden (Bild 57 und 58). Was aus der Annenkirche ein Schmuckstück der romanischen Kunst des Heiligen Landes macht, ist jedoch in erster Linie die Schlichtheit und Reinheit ihrer Linien. Die Kirche scheint in einer einzigen Bauphase errichtet worden zu sein und wurde, abgesehen von dem Glockenturm, nicht durch Um- und Anbauten verändert. So hat sie ihr ursprüngliches Erscheinungsbild bis in die heutige Zeit im großen und ganzen bewahrt.

Die Bildseiten

Jerusalem. Annenkirche

Die Kirche von Abu Gosh

Die Kathedrale von Djebeil/Giblet

50

51

52

55

56

57

58

59

60

61

62

63

ABOU-GOSH

64

65

66

69

70

71

GIBLET

72

73

75

77

78

79

TARTOUS

80

83

84

85

86

87

88

89

90

91

92

93

94

95 *AMYOUN*

97

99

Die Kathedrale Notre-Dame von Tartus

79 *Westfassade.*
80 *Südseite, links das Portal.*
81 *Schießscharten im Erdgeschoß und im ersten Stockwerk des südöstlichen Turms.*
82 *Schießscharte im Erdgeschoß des südöstlichen Turms.*
83 *Südportal.*
84 *Hauptschiff und Chor.*
85 *Der Chor von Norden.*
86 *Chor.*
87 *Südliches Seitenschiff.*
88 *Blick ins Hauptschiff auf die Rückwand der Westfassade. Rechts der große Sockel zwischen dem zweiten und dem dritten nördlichen Joch.*
89 *Hauptschiff und südliches Seitenschiff.*
90 *Blick aus dem südlichen Seitenschiff ins Hauptschiff.*
91 *Kapitelle aus dem 13. Jahrhundert.*
92 *Der große Sockel zwischen dem zweiten und dem dritten nördlichen Joch.*
93 *Pfeiler auf der Nordseite des großen Sockels.*
94 *Der große Sockel zwischen dem zweiten und dem dritten nördlichen Joch. Durchgang vom Hauptschiff zum nördlichen Seitenschiff.*

Die Phokaskapelle von Amiun

95 *Altarraum.*
96 *Nördliches Seitenschiff und Hauptschiff.*
97 *Altarraum.*
98 *Südportal.*
99 *Chorhaupt.*

Abu Gosh

Der Standort der Kirche von Abu Gosh gab in der Forschungsgeschichte immer wieder Anlaß zu Meinungsverschiedenheiten, und auch die zum Teil in die heutige Kirche integrierten Vorgängerbauten lösten so manche Diskussion aus.

Das Dorf Abu Gosh, zu dem die Kirche gehört, trug früher den arabischen Namen *Qariet el Enab*, zu deutsch »Ort der Trauben«. Zur Zeit der Kreuzfahrer nannte man seine Quelle *Fontenoid* oder »Emmausquelle« und wollte in ihr den biblischen Ort Emmaus sehen.

Der Marquis de Vogüé und der Architekt Mauss vertraten Anfang dieses Jahrhunderts die gleiche Meinung, wurden darin jedoch 1924 durch R. P. Meistermann widerlegt. Erst R. P. Abel, der das Palästina der Zeit Christi und das der Kreuzfahrerzeit mit größter Genauigkeit erforschte, konnte wieder Beweise dafür erbringen, daß unter Abu Gosh und Emmaus ein und derselbe Ort zu verstehen war. So erscheint dieser denn auch auf der Karte von C. N. Johns und F. M. Abel, *Palestine of the Crusades* (1946), sowie auf dem *Atlas Israel* (Jerusalem 1960) von J. Prawer und Benvenisti.

Zur Zeit des Kaisers Vespasian war in Abu Gosh die 10. römische Legion (*fretensis*) stationiert. Am Gewände der Tür zur Krypta ist noch die Inschrift VEXILLATIO.X. LEG. FRE(TENSIS) zu lesen.

Wahrscheinlich wurden in Abu Gosh später eine byzantinische Kirche und dann eine Moschee errichtet. Schließlich entstand die romanische Kirche, die Anlaß zu erneuten Diskussionen gab. Mauss war der Überzeugung, daß zur Errichtung dieses trutzigen Kirchen-

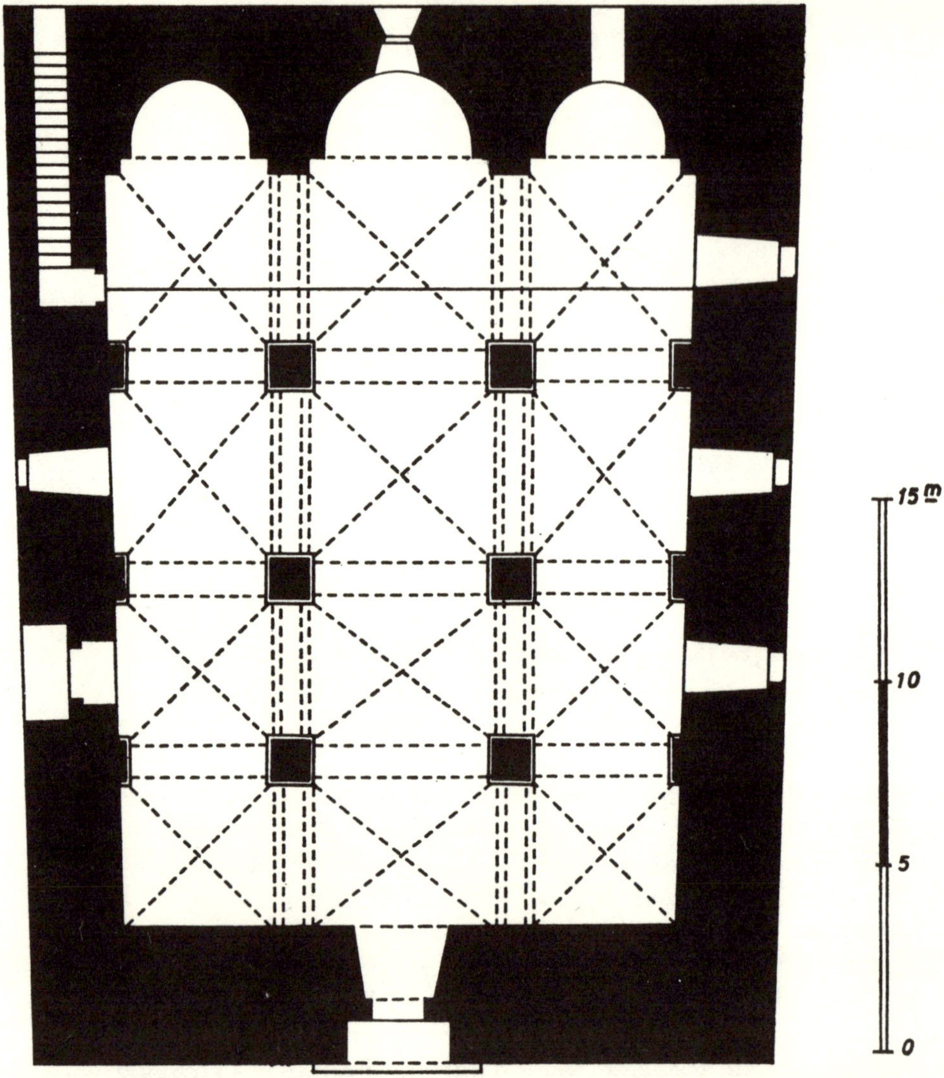

Abu Gosh

baus die vier Mauern des römischen Forts wiederverwendet wurden, und Meistermann stimmte dem französischen Architekten in dieser Hinsicht zu. Enlart untersuchte eingehend sowohl die Argumente, die für diese These sprachen, als auch die, die sie widerlegten: Die Quelle in der Mitte der Krypta wird von einem Brunnen mit antiker Brunnenwand eingefaßt, wobei es sich zweifellos um eine Quelle handelt, die einst zur Versorgung einer Festung diente. Die Außenmauern der Kirche bestehen aus antiken Bossenquadern, doch ist es auch möglich, daß älteres Material wiederverwendet und die Inschrift der 10. Legion im nachhinein in das Gewände der Kryptatür eingelassen wurde. Enlart kam nach Abwägung aller Argumente pro und contra zum Schluß, daß die Kirche zwar über dem römischen Fort errichtet worden war, daß man jedoch die Außenmauern veränderte, um die Bauachse in Richtung Osten zu verschieben.

Nun scheint zwar die Kirche zum einen eher nach Südosten als nach Osten ausgerichtet zu sein, und zum anderen ist die westliche Mauer zu einem großen Teil bossiert und auch die Ecksteine sind Bossenquader, doch wenn man sich die Mauern näher ansieht, stellt man fest, daß sie, vor allem was ihre Öffnungen anbelangt, tatsächlich wesentliche Veränderungen erfuhren.

Die schlichte Kirche mißt im Norden und im Süden 29 Meter, 22,50 Meter am Chorhaupt und 20,70 Meter im Westen. Die Nord- und die Südwand sind 2,80 Meter dick, und die Westwand erreicht sogar eine Stärke von 3,70 Metern. Die drei halbrunden Apsiden sind in ein gerades Chorhaupt eingebettet, und in der nordöstlichen Ecke der Kirche führt eine Treppe zu den Terrassen empor. In die im Vergleich zu den seitlichen Apsiden höhere Mittelapsis fällt durch ein hoch angelegtes Fenster Licht. Das vierjochige Hauptschiff wird von zwei Seitenschiffen flankiert. Die Pfeiler, die das Gewölbe tragen, sind in der Kämpferzone durch einen Karnies abgesetzt. Sie fangen die großen Arkaden mit gestuftem Bogenlauf auf, die Hauptschiff und Seitenschiffe voneinander trennen. Das Hauptschiff wird auf der Außenseite durch Widerlager gestützt. Zwischen ihnen liegen Obergadenfenster, die den Innenraum erhellen. Die Seitenschiffe, in deren Wände ebenfalls Fenster eingelassen sind, sind wie das Hauptschiff kreuzgratgewölbt. Zur Unterteilung der Joche sind gedrückte Spitzbögen eingezogen (Bild 65, 66 und 67). Die Gurtbögen des Hauptschiffes kommen auf Kapitellen mit zwei Reihen gewölbter Blätter zu liegen. Die zugehörigen kleinen Säulen haben einen sehr kurzen Schaft, der zur Mauer hin abknickt und in diese hineinzuführen scheint.

In den Abaki der Kapitelle setzt sich das Gesims fort, das unter den Fenstern des Hauptschiffes, unter der Halbkuppel der Mittelapsis und über dem Apsisfenster das gesamte Kirchenschiff umläuft. Diese Art von Gesims finden wir häufig in den romanischen Kirchen Burgunds wieder.

In den Seitenschiffen kommen die Gurtbögen zum Innern der Kirche hin auf den rechteckigen Pfeilern zu liegen. An der Nord- und der Südwand werden sie von ähnlichen kurzen Säulchen aufgefangen, wie wir sie schon im Hauptschiff beobachtet haben. Auch das Gesims, das unterhalb der Fenster der Seitenschiffe, unterhalb der Halbkuppel der seitlichen Apsiden sowie unterhalb des Fensters der mittleren Apsis verläuft, ist mit dem zuvor beschriebenen Gesims zu vergleichen. Die beiden Gesimse vermitteln den Eindruck eines zweigeschossigen Aufrisses der Kirche.

Als interessantes Detail ist zu vermerken, daß die beiden Arkaden an der Westwand des ersten Hauptschiffjoches nicht auf einer, sondern auf je zwei kurzen Säulen aufliegen.

In diesem Raum von so schlichter Architektur lohnt es sich, den Skulpturenschmuck näher ins Auge zu fassen, der für die romanische Kunst in Palästina charakteristisch zu sein scheint. Die kurzen, aus der Wand vorkragenden Säulchen, die einzeln oder, wie wir gesehen haben, auch paarweise auftreten, finden wir in verschiedenen anderen Bauwerken der Gegend wieder. Als Beispiele seien nur die Jakobuskirche und die Klostergebäude der Grabeskirche von Jerusalem, die Kathedrale von Ramla und die Abteikirche von Montjoie angeführt. In der Provence tauchen sie in der Abtei von Silvacane und im Kloster von La Celle (Var) auf. Da es sich hierbei jedoch um Sakralbauten aus dem 13. Jahrhundert handelt[1], ist es gut möglich, daß der Okzident in diesem Fall vom lateinischen Orient beeinflußt wurde und nicht umgekehrt.

Das durch die Obergadenfenster hell erleuchtete Hauptschiff hat in dem großen Fenster oben in der Westwand noch eine weitere Lichtquelle. Dieses Fenster wird von vier stark voneinander abgesetzten Bögen eingefaßt.

Das Portal der Kirche öffnet sich im zweiten Joch des nördlichen Seitenschiffs. Sein spitzbogiges Tympanon ist stark zurückversetzt und wird von einer einfach gestuften Archivolte gerahmt. Die ebenfalls einfach gestuften Gewände werden durch Kämpfer abgegrenzt, die in einem Gesims an der Außenwand der Kirche weiterlaufen. Auch die Archivolte knickt an ihrem unteren Ende in die Horizontale ab und läuft in einem zweiten Gesims aus. Die beiden Gesimse werden nur durch eine Steinlage voneinander getrennt (Bild 64). Diese Schmuckform ist uns schon von der Annenkirche her bekannt und taucht auch an mehreren anderen Bauwerken der Gegend auf. Wir haben es hier mit der Nachahmung eines Dekors frühchristlicher Kirchen Zentralsyriens zu tun. Besonders hervorzuheben sind bei der Kirche von Abu Gosh schließlich noch die spiralförmigen Eindrehungen am unteren Ende der halben Hohlkehle der zweiten, inneren Bo-

[1] Camille Enlart (*Monuments des croisés...*, Bd. 1, Anhang, S. 204) nimmt an, daß die abgewinkelten Säulen arabischen Ursprungs sind.

genrundung des Portals. Damit wird ebenfalls ein Motiv der oben genannten Kirchen nachempfunden.

Die Kirche von Abu Gosh war einst mit byzantinischen Fresken ausmalt, von denen heute jedoch fast gar nichts mehr erhalten ist. Sie waren zum Teil mit griechischen, zum Teil mit lateinischen Inschriften versehen. In den Halbkuppeln der Apsiden waren im Norden die Majestas Domini zwischen der Muttergottes und Johannes dem Täufer dargestellt, im Süden Abraham, Isaak und Jakob, die die Seelen der Auserwählten empfangen, und in der Mitte der in die Vorhölle hinabsteigende Christus. In den Seitenschiffen waren einst die Kreuzigung Jesu und der Marientod zu sehen, ferner der heilige Georg und der heilige Demetrios zu Pferd. Die beiden letztgenannten Personen waren, zusammen mit dem heiligen Merkurios, die Schutzheiligen des byzantinischen Heeres. Die Kreuzfahrer nahmen sie ebenfalls als Schutzheilige an, und bald wurde der heilige Georg auch im Abendland verehrt. Die Pfeiler waren mit großen Bildern von Gestalten in byzantinischem Gewand geschmückt.

Auch die Krypta, die man durch seitliche Türen betritt, war ursprünglich ausgemalt. Man kann in ihr noch die Sterne an den Gewölben sowie das häufig auftauchende Faltwerkmotiv erkennen. Die Pfeiler der Krypta sind quadratisch, kurz und wuchtig und tragen die Kreuzgratgewölbe. Im Westen besteht die Krypta aus drei parallel verlaufenden Gängen. In der Kryptamitte entspringt die Quelle, die einst das römische Fort mit Wasser versorgte. Aus der Ostwand schließlich wölben sich drei halbrunde Apsiden (Bild 68 bis 71).

Unter Experten wurde die Vermutung angestellt, daß die Kirche das Werk von Einheimischen sei. Das ist zum Teil wohl auch wahr. Das Portal der Kirche erinnert stark an die ersten christlichen Kirchen in Syrien, die abgewinkelten kurzen Säulen stammen eindeutig aus dem Repertoire der palästinischen Kunst, und die Fresken an den Wänden und den Pfeilern sind auf einen byzantinischen Künstler zurückzuführen. Gegen die These spricht, daß die Wandmalerei zum Teil mit lateinischen Inschriften versehen war. Man darf daher davon ausgehen, daß es sich zwar um eine Kreuzfahrerkirche handelt, daß diese jedoch von den Christen aus Palästina errichtet wurde. Als die Gegend im Jahre 1141 in den Besitz der Johanniter kam, wurden die Mauern verstärkt und der Kirche damit Wehrcharakter verliehen. Nach der Einnahme Palästinas durch Saladin im Jahre 1187 fand in ihr lange Zeit kein Gottesdienst mehr statt.

Der Marquis de Vogüé, einer der ersten Kunsthistoriker, die sich mit den Kirchen des Heiligen Landes befaßten, besuchte die Kirche zum ersten Mal im Jahr 1853 und beschrieb sie in seinen Aufzeichnungen. Zwanzig Jahre später, als derselbe Marquis französischer Botschafter in Istanbul war, erreichte er, daß sie in den Besitz des französischen Staates gelangte.

Im Jahr 1901 entsandten die französischen Benediktiner von Jerusalem einige Mönche dorthin. Die Krypta wurde dem Architekten Mauss anvertraut, der für das französische Außenministerium arbeitete. Die Neuweihe der Kirche fand im Jahr 1907 statt. Zur Zeit wird die Kirche von Abu Gosh von einer Gemeinschaft der französischen Lazaristen betreut.

Giblet, Baptisterium. ▷

Giblet/Djebeil. Die Kathedrale

Im Jahre 1104 nahm Raimund von Saint-Gilles mit der Unterstützung einer genuesischen Flotte die Stadt Djebeil ein, die an der Stelle der alten Küstenstadt Byblos lag und von den Kreuzfahrern Giblet genannt wurde. Zum Dank dafür überließ der berühmte Kreuzfahrer den Genuesen einen Teil der eroberten Stadt, die auf diese Weise an Guglielmo degli Embriaci gelangte. Dessen Familie hatte während der ganzen Zeit der fränkischen Herrschaft ihren Sitz in Djebeil und emigrierte erst nach dem Untergang der Kreuzfahrerstaaten nach Zypern.

Am 29. Juni 1170 wurde Djebeil samt seiner Kathedrale und seiner Burg durch ein furchtbares Erdbeben zu großen Teilen zerstört und mußte mühselig wiederaufgebaut werden. Doch bereits 1188 traf die Stadt mit dem Überfall Saladins ein erneuter Schicksalsschlag. Und nur zwei Jahre später, als sich Kaiser Friedrich Barbarossa mit seiner Armee im Anzug befand, wurde sie von dem Ajjubidensultan übel zugerichtet. Von 1198 bis zu ihrer Bezwingung durch Sultan Baibars im Jahre 1266 lebten die Einwohner dann in relativem Frieden. Im Jahre 1291 fiel Djebeil, wie alle Küstenstädte, in sarazenische Hand.

Von der ursprünglichen, Johannes dem Täufer geweihten Kathedrale ist kaum mehr als die Hälfte erhalten geblieben. Bei dem Erdbeben des Jahres 1170 wurde die Kirche so schwer beschädigt, daß man sich nur zu einem teilweisen Wiederaufbau entschloß. Das brachte natürlich einschneidende Veränderungen mit sich. Dazu kommt, daß die Kathedrale in jüngerer Zeit mehrmals restauriert wurde.

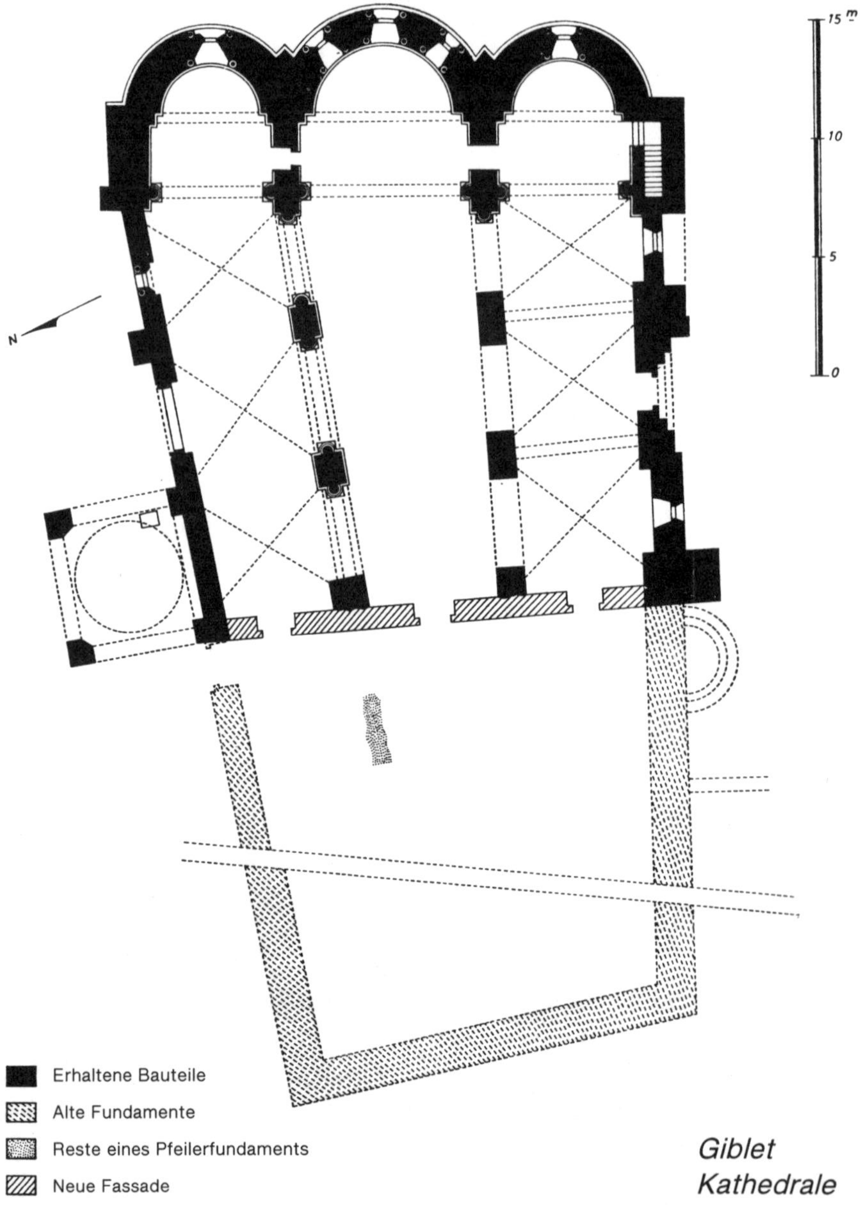

Giblet Kathedrale

Wenn man einmal von der Ostseite der Kirche absieht, die sich durch große Homogenität auszeichnet, wurde der gesamte Sakralbau sowohl in seiner Anlage als auch in seiner Einwölbung verändert.

Enlart ging davon aus, daß man mit dem Bau der Kathedrale um 1115 begann und daß sich die Arbeiten an ihr recht lange hinzogen.

Als dann die westliche Hälfte bei dem Erdbeben völlig einstürzte, wurde sie so gründlich abgetragen, daß Enlart auch nach seinen Ausgrabungen nicht in der Lage war, den ursprünglichen Grundriß genau zu bestimmen.

Die Kathedrale hat drei Apsiden, die sich an einem schmalen, dreigliedrigen Joch aufreihen, das an der Außenseite der Kirche sowohl im Süden als auch im Norden leicht vorkragt und damit Querhauscharakter besitzt. Von dem Langhaus, das in ein Haupt- und zwei Seitenschiffe unterteilt ist, sind nur noch die drei östlichen Joche erhalten. Vermutlich waren die Schiffe ursprünglich um jeweils drei Joche länger.

Der Grundriß der Kirche ist sehr unregelmäßig. Auf derselben, leicht nach Südosten ausgerichteten Achse liegen nur die drei Apsiden und das »Querhaus«. Bereits die südliche Außenwand und die Arkadenreihe zwischen dem Hauptschiff und dem südlichen Seitenschiff sind nicht genau im rechten Winkel zu dieser Achse angelegt. Noch krasser ist die Abweichung bei der Arkadenreihe auf der anderen Seite des Hauptschiffes und vor allem bei der nördlichen Außenwand.

Für diese ungewöhnliche Form lassen sich zwei verschiedene Erklärungen finden. Zum einen kann es sein, daß man die Bauten, die sich zuvor an der Stelle der Kirche befanden, im Norden nicht zerstören wollte; zum anderen besteht die Möglichkeit, daß man nach dem Erdbeben von 1170 aus Gründen der Sparsamkeit nur die Teile der Kirche wiederverwendete, die noch in einigermaßen gutem Zustand erhalten waren.

Die Apsiden beeindrucken durch ihre Gleichmäßigkeit und die Schönheit ihrer Anordnung. Die mittlere der Apsiden wölbt sich auf der Außenseite nur geringfügig weiter hervor als die anderen beiden (Bild 75 und 78). Ihr Licht erhält sie durch drei Fenster, wohingegen die zwei seitlichen Apsiden jeweils nur ein Fenster besitzen. Alle fünf Fenster werden auf der Innenseite von kleinen Säulen flankiert, deren Kapitelle mit sich nach außen rollenden Blättern geschmückt sind. Den beiden rechteckigen Pfeilern, die das Chorjoch von den östlichen Jochen trennen, sind jeweils drei Säulen vorgelagert, die sowohl den Triumphbogen vor der mittleren Apsis als auch die Gurtbögen der Seitenschiffe und die Arkaden des dritten Hauptschiffjochs auffangen. Die Säulen, die den Pfeilern der nördlichen Arkadenreihe des Hauptschiffes im Osten und im Westen vorgelagert sind, haben die gleiche Funktion.

Alle Kapitelle des östlichen Joches, des nördlichen Seitenschiffes und der nördlichen Arkadenreihe des Hauptschiffes sind mit schweren, sich nach unten krümmenden Blättern geschmückt und schließen unterhalb des Abakus mit einer kleinen Volute ab (Bild 76 und 77).

Dieser Art von Kapitellen begegnen wir in mehreren Kreuzfahrerbauten Jerusalems ebenso wie im Musée de Notre-Dame de France. Man könnte an dieser Stelle noch eine ganze Reihe ähnlicher Kapitelle aus französischen Kirchen aufführen.

Den Pfeilern der südlichen Arkadenreihe des Hauptschiffes sind, im Gegensatz zu denen im Norden, keine Säulen vorgelegt. Wir haben es hier nur mit länglichen rechteckigen Stützen zu tun, auf denen die Arkaden zu liegen kommen. Sie erinnern an die Stützen der Kirche von Abu Gosh.

Der weder durch Säulen noch durch Kapitelle geschmückte südliche Teil des Hauptschiffes und das südliche Seitenschiff sind damit wesentlich schlichter als ihre Entsprechung auf der gegenüberliegenden Seite. Man kann daher davon ausgehen, daß sie aus einem jüngeren Bauabschnitt stammen und erst nach dem Erdbeben von 1170 verwirklicht wurden.

Die drei Joche des Hauptschiffes sind mit einer Spitztonne eingewölbt, während wir in den Seitenschiffen Kreuzgratgewölbe vorfinden. Enlart stellte fest, daß alle Gewölbe jüngeren Datums sind.

Wann die westlichen Joche abgetragen wurden, läßt sich nicht nachweisen, doch darf man annehmen, daß sie in den Jahrzehnten nach ihrer Zerstörung durch das schwere Erdbeben beseitigt wurden. Vielleicht hatte man auch noch kurz nach dem Erdbeben ihren Wiederaufbau geplant, der sich jedoch bis zur Einnahme der Stadt durch Saladin im Jahre 1188 nicht mehr verwirklichen ließ. Danach war die Stadt zu arm, um solch kostspielige Arbeiten in Angriff zu nehmen. Aus den Chroniken und den Berichten der Reisenden des Mittelalters geht hervor, daß sich Djebeil zu jener Zeit in recht schlechtem Zustand befand. Im Jahre 1212 weist Wilbrand von Oldenburg darauf hin, daß die Umfassungsmauer zerstört war und die Stadt nur eine einzige intakte Verteidigungsanlage, nämlich den Donjon, besaß. Es gab zwar einen Bischof in der Stadt, doch der verfügte über keine Mittel: *Sedes episcopalis, licet paupercula.* Als der Dominikanermönch Burchardus de Monte Sion im Jahre 1283 durch Djebeil kam, vermerkte er lediglich: *Urbs admodum parva.*

Die Apsiden der Kathedrale stammen noch aus dem ersten Bauabschnitt. Allem Anschein nach sind sie durch das Erdbeben nicht in Mitleidenschaft gezogen worden. Ihr Schmuck ähnelt dem der Apsiden der Kathedrale von Beirut, wobei man hier sogar eine noch größere Sorgfalt feststellen kann. Die Kranzgesimse der Apsiden sind mit Kragsteinen verziert, die man teils mit romanischen, teils mit byzantinischen Motiven versah. Besonders hervorzuheben sind die Rosetten, die Enlart mit Kapitellen aus der Hagia Sophia von Konstantinopel verglich.

Das Portal, das sich im zweiten Joch des südlichen Seitenschiffs öffnet, wird von einer Reihe schöner, schlichter Spitzbögen eingefaßt. Die Bogenrundungen knicken in der Höhe des Kämpfers in die Horizontale ab, und auch bei der Archivolte ist, etwa eine Steinlage darüber, der gleiche Verlauf zu beobachten (Bild 72).

Das Baptisterium

Das Baptisterium ist an die Nordseite des ersten westlichen Jochs angebaut (Bild 74 und Farbtafel S. 261). Über seinem quadratischen Grundriß wölbt sich eine Pendentifkuppel, gestützt von drei weit gespannten Spitzbögen. Die Bogenläufe sind auf allen drei Seiten mit unterschiedlichem Dekor versehen. An der Westseite finden wir ein breites und tief eingeschnittenes Zickzackband, im Norden einen sogenannten Faltenfries und im Osten ein V-Motiv, das mit Rosetten ausgefüllt ist; nur das oberste »V« auf dem Schlußstein des Bogens weist keine Rosette, sondern ein Malteserkreuz auf (Bild 73). Ein in drei Reihen angelegter Rollenfries vervollständigt den Dekor dieses östlichen Bogens. Über allen Bögen verläuft unter dem Kuppelansatz ein Gesims auf Kragsteinen in der Form nach außen gewölbter Blätter. Wieder ist die Ostseite des Baptisteriums am schönsten geschmückt: Zwischen den Kragsteinen ihres Gesimses sind Metopen mit unterschiedlichen Blumenmotiven eingelassen.

Enlart hat für das Baptisterium, obwohl auch er dessen Ornamentik für romanisch hält, eine Entstehungszeit um 1200 vorgeschlagen. Damit können wir uns jedoch nicht einverstanden erklären. Das Baptisterium liegt an der Nordseite der Kathedrale, und diese Seite scheint von dem Erdbeben verschont geblieben zu sein. Außerdem ist sein plastischer Schmuck mit dem des Apsidengesimses vergleichbar, das durch das Erdbeben sicher nicht in Mitleidenschaft gezogen wurde. Am besten zeigen sich die Parallelen an dem Malteserkreuz auf dem Schlußstein des östlichen Bogens, denn es stimmt in jeder Einzelheit mit dem des Apsidenkragsteins überein. Wir sind daher der Meinung, daß dieses schön geschwungene Baptisterium noch vor 1170 errichtet und ausgeschmückt wurde.

Tartus/Tortosa. Die Kathedrale Notre-Dame

In dem Gebiet, das später zur Grafschaft Tripolis wurde, lagen zwei große Hafenstädte, Tripolis und Tartus. Letztere wurde in der Antike Antaradus genannt, und nachdem sie von Kaiser Konstantin wiederaufgebaut worden war, trug sie eine Zeitlang den Namen Constantia. Unter den Kreuzfahrern hieß die Stadt Tortosa.

Als die abendländischen Heere im Verlauf des ersten Kreuzzugs nach Jerusalem zogen, wurde Tartus im Februar 1099 vorübergehend eingenommen. Für den Nachschub an Waffen und Streitkräften zur Verteidigung der Stadt sorgte die Flotte des reichen Korsen Guynemer aus Boulogne-sur-Mer, die vor der Insel Ruad gegenüber von Tartus vor Anker gegangen war.

Nach der Einnahme von Jerusalem zog Raimund von Saint-Gilles mit seinem Kontingent wieder nach Norden und belagerte das in der Zwischenzeit von den Sarazenen zurückeroberte Tartus. Mit der Unterstützung einer genuesischen Flotte, der ebenfalls die Insel Ruad als Stützpunkt diente, bemächtigte er sich der Stadt im April 1102 und machte sie zum Ausgangspunkt für seine Feldzüge ins Landesinnere. Im Jahre 1105 fand der berühmte Kreuzfahrer bei der Belagerung der Stadt Tripolis den Tod.

Unter der fränkischen Herrschaft hatte Tartus eine wichtige strategische Funktion. Auf der einen Seite schützte es die Küstenstraße, auf der anderen Seite konnte man von der Stadt aus die unwegsame Bergzone ins Auge fassen, die von der gefürchteten religiösen Splittergruppe der Assassinen beherrscht wurde.

Der Templerorden machte Tartus im 12. Jahrhundert zu seinem bedeutendsten Kriegsplatz. Der Hafen war stark befestigt, und die Bischofsstadt wurde von einer mächtigen Mauer umschlossen. Noch heute kann man am Rande des Meeres das ausgezeichnete Mauerwerk bewundern.

Von dem Großen Saal der Templerburg sind noch einige Reste erhalten. Der Raum war 44 Meter lang und 15 Meter breit und wurde durch eine Säulenreihe in zwei mit Rippengewölben eingedeckte Schiffe unterteilt. Seine Konsolen waren mit Menschenköpfen geschmückt und schlossen unter den Gewölbeanfängern mit einem Blattdekor ab. Die gleichen Konsolen finden wir an der einzigen Mauer wieder, die von dem Großen Saal der Burg von Atlit/Castel-Pèlerin übriggeblieben ist, jener Burg, die die Templer im 13. Jahrhundert im Süden von Akkon in Meeresnähe errichtet hatten.

Nach seinem überwältigenden Sieg von Hattin in der Nähe des Sees Genezareth (1187) unternahm Saladin im Jahre 1188 einen Feldzug nach Syrien und griff bei dieser Gelegenheit auch Tartus an. Er überwand die Mauer der Bischofsstadt und verwüstete ihre Verteidigungsanlagen sowie die Kathedrale. Allein der Donjon der Templer hielt den Angriffen stand.

Der Kathedrale Notre-Dame von Tartus hat Enlart, der im Jahre 1921 von General Gouraud, dem damaligen Hochkommissar Syriens und des Libanon, in den Nahen Osten berufen worden war, eine ausführliche Studie gewidmet.[1]

Die fromme Legende, die diese Kathedrale umgibt, hat sie über Jahrhunderte hinweg zu einer der meistverehrten Kirchen der Christenheit gemacht. Man erzählte sich, daß der heilige Petrus auf seinem Weg von Jerusalem nach Antiochia lange in Tartus verweilte, um dort zu predigen, und daß er an dem Ort eine Kapelle errichten ließ, die der erste der Muttergottes geweihte Kirchenbau war; an ihrem Altar soll der oberste Apostel die heilige Messe gefeiert haben. Einer jüngeren Überlieferung nach verehrte man in der Kapelle auch ein vom Evangelisten Lukas gemaltes Marienbild. Die Wunder, die in ihr geschahen, zogen unzählige Menschen an, die auch von weither zur Wallfahrt herbeikamen. Sogar von den Sarazenen wurde der Ort verehrt, und sie suchten ihn auf, um die Heilung von ihren Krankheiten zu erbitten. All dies ist in ähnlicher Weise in verschiedenen Chroniken des Mittelalters festgehalten.

[1] Camille Enlart, *Monuments des croisés...*, Bd. II, S. 395–426.

Tartus, Notre-Dame, erstes nördliches Joch des Kirchenschiffs. ▷

Im Jahre 1253 begab sich Johann von Joinville, der sich zusammen mit König Ludwig IX. in Palästina aufhielt, nach Tartus und hielt in seinen Memoiren den folgenden Satz fest: *Je priai au roy que il me laissast aler en pelerinaige à Nostre Dame de Tortouze, là où il avait mout grant pelerinaige* (Ich bat den König, mich auf die Wallfahrt zur Notre-Dame von Tartus zu lassen, an den Ort, der von so vielen Menschen aufgesucht wurde). In der Stadt stellte man außerdem Mäntel aus Kamelhaar her, und die Königin hatte Joinville damit beauftragt, einige davon für die Franziskaner von Toulouse zu kaufen. Im Verlauf der Reise stattete Joinville auch dem Krak des Chevaliers einen Besuch ab.

Enlart veranlaßte Ausgrabungen, die den Beweis erbrachten, daß die kleine, vom heiligen Petrus gegründete Wallfahrtskirche, *modica ecclesiola, ecclesia parva,* von der die Chroniken berichten, im 12. Jahrhundert in die Kathedrale Notre-Dame integriert wurde.

Die Kathedrale von Tartus nimmt unter den Sakralbauten der Kreuzfahrer einen besonderen Platz ein, da sich in ihr romanische mit gotischen Einflüssen verbinden. Die Kirche, deren Mauerwerk große Sorgfalt erkennen läßt (Bild 81 und 82), ist in ein Hauptschiff und zwei Seitenschiffe untergliedert. Das Hauptschiff besteht aus vier, mit Spitztonnen eingewölbten Jochen und schließt im Osten mit einem kürzeren Chorjoch und einer im Halbrund angelegten Apsis ab (Bild 86). Die Seitenschiffe sind mit Kreuzgratgewölben eingedeckt, ansonsten aber in der gleichen Weise wie das Hauptschiff gegliedert. Die Halbkuppeln der drei Apsiden sind mit größter Präzision gemauert, so wie wir das von den romanischen Kirchen der Provence her kennen. In die Wand jedes Seitenschiffjochs ist ein Fenster eingelassen, während das mittlere Schiff seine Lichtquelle in dem Chorfenster und der dreigliedrigen Fenstergruppe im Fassadengiebel hat. Darüber hinaus öffnete man im 13. Jahrhundert in den beiden westlichen Jochen Fenster unten im Gewölbe (Bild 90).

Die kreuzförmigen Pfeiler werden auf jeder Seite durch Säulen verstärkt, deren Kapitelle sowohl die einfachen Bögen als auch die gestuften Gurtbögen auffangen (Farbtafel S. 271). In Höhe der Abaki umläuft ein Gesims die gesamte Nord-, Süd- und Chorwand der Kirche. Die Seitenschiffwände werden zum größten Teil durch ein tiefer sitzendes Gesims skandiert, das unterhalb der Fenster angelegt wurde.

Die beiden Apsiden der Seitenschiffe stehen mit zwei rechteckigen Räumen in Verbindung, die an die Choranbauten der frühchristlichen Kirchen des Vorderen Orients (*prothesis* und *diaconicon*) erinnern. In Notre-Dame von Tartus sind sie Teil zweier Türme, die den Chor des Sakralbaus flankieren.

Die Kathedrale von Tartus wurde mit Sicherheit im zweiten Viertel des 12. Jahrhunderts begonnen, und man darf davon ausgehen, daß sie bei Saladins Überfall auf die Stadt im Jahre 1188 noch nicht fertiggestellt war. Nach Meinung Enlarts führte man um 1200 einige Ausbesserungsarbeiten an der schwer beschädigten Kirche aus, doch erst nach der Mitte des 13. Jahrhunderts wurde die Westseite des Sakralbaus fertiggestellt. Während man an der ursprünglichen Einwölbung der Kirche nichts änderte, zeigt sich der Einfluß der Gotik am Kapitellschmuck, von dem weiter unten die Rede sein soll.

Auch im ersten westlichen Joch der Südseite kann man Spuren von der Wiederaufnahme der Arbeiten feststellen. Im Norden war der Bau ohnehin nicht sehr weit fortgeschritten, so daß der neue Bauabschnitt dort vor allem im zweiten westlichen Joch zu erkennen ist.

Der Pfeiler im nördlichen Teil des Hauptschiffes – zwischen dem zweiten und dem dritten Joch von Westen aus betrachtet – ist von sehr ungewöhnlicher Form (Bild 88, 92, 93 und 94). Wie Enlart aufzeigte, stand er mit der Verehrung in Verbindung, die der Jungfrau Maria und dem heiligen Petrus an diesem Ort seit den Anfängen des Christentums entgegengebracht wurde. Er besteht aus einem würfelartigen Sockel von vier Metern Höhe, auf dem die Stützen des Gewölbes aufsetzen. Durch ihn hindurch führt vom mittleren Schiff der Kirche ein Gang zum nördlichen Seitenschiff. Der Meinung Enlarts nach kennzeichnet der Pfeiler den Ort einer *ecclesiola*, in der vor Jahrhunderten Andenken an die Muttergottes aufbewahrt wurden. Im 12. und 13. Jahrhundert stellten der Pfeiler und ein kleiner Teil des nördlichen Seitenschiffs, der, wie aus einigen Überresten hervorgeht, einst durch Chorschranken abgegrenzt wurde, wohl eine Art Wallfahrtsstätte dar, in der die Pilger vor dem Bild der Jungfrau Maria und dem Altar des heiligen Petrus niederknieten. Man kann davon ausgehen, daß der Sockel einige Jahre nach dem Überfall Saladins auf die Stadt verstärkt und um 40 Zentimeter nach Westen hin verlängert wurde. Auf diese Weise konnte man auch die Arkade zwischen dem Haupt- und dem nördlichen Seitenschiff durch einen Aufbau über dem Sockel stützen und die Fertigstellung der Kathedrale erleichtern.

Das Hauptschiff wird, wie bereits angedeutet, durch drei Fenster im Westen erhellt, von denen das obere Fenster kleiner als die beiden darunterliegenden ist. Das Gesims, das in Höhe der Abaki an den Seitenwänden und der Chorwand entlangläuft, setzt sich im Westen fort und bildet die Ansatzlinie für die rahmenden Bögen der unteren Fenster. Das obere Fenster dagegen liegt über einem Rücksprung der Mauer, der Platz für einen schmalen Gang läßt, durch den man über eine kleine doppelte Treppe von der einen Seite der Kirche zur anderen gelangen kann.

Zur Vervollständigung unserer Beschreibung fehlt uns noch die Untersuchung des Skulpturenschmucks der Kathedrale. Sie ermöglicht es uns, anhand der stilistischen Entwicklung die einzelnen Bauabschnitte von Osten nach Westen zu rekonstruieren. Alle Kapitelle im östlichen Teil der Kirche ahmen den korinthischen Typus nach und sind mit einer Rosette in der Mitte geschmückt, die an einigen Stellen durch einen kleinen Menschenkopf ersetzt wird. Einige Kapitelle in der Nähe des Chors sind zum Teil nur grob behauen. Andere Kapitelle wiederum sind mit stark stilisierten Akanthusblättern geschmückt. In den meisten Fällen finden wir jedoch breite, sich nach außen wölbende Blätter, die in zwei Reihen angeordnet sind. Die gleichen Kapitelle treffen wir auch in mehreren Monumenten der Kreuzfahrer in Jerusalem an. Darüber hinaus schmücken sie das Portal der Kathedrale von Gaza, das Innere der Kathedralen von Djebeil/Giblet, Ramla, Lod/Lydda und Sebastije sowie das Portal der Burgkapelle von Marqab, die in der Nähe von Tartus gelegen ist. Auch in Frankreich begegnet uns diese Art von Kapitell oft, und zwar sowohl an der Kathedrale von Le Mans als auch an der Kathedrale von Aix-en-Provence. Nicht vergessen werden sollen darüber hinaus die Kapitelle, deren Schmuck in drei oder vier Reihen von kleinen, gekrümmten Blättern besteht.

Die Kapitelle des Pfeilers auf dem würfelartigen Sockel haben ebenfalls romanischen Charakter. Sie sind jedoch weiter entwickelt als die zuvor beschriebenen Kapitelle (Bild 93), und man kann an ihnen schon die Ansätze der Knospen erkennen, die im westlichen Teil der Kirche dominieren. Enlart schlägt als Entstehungsdatum die Zeit um 1200 vor.

In den westlichen Jochen, an den Pfeilern des mittleren Schiffes und der Seitenschiffe sowie an den Pfeilern an der westlichen Wand finden wir Kapitelle, die wahrscheinlich auf die Mitte des 13. Jahrhunderts oder sogar noch einige Jahre später zu datieren sind (Bild 91). Das schönste von ihnen hat seinen Platz im nördlichen Seitenschiff. Es handelt sich um ein Knospenkapitell, aus dem zarte Wildrosen herauszuwachsen scheinen. Ein Abguß dieses Kapitells befindet sich im Musée des Monuments français im Palais de Chaillot. Man kann es mit den Kapitellen der Kathedrale von Reims in Verbindung bringen sowie mit den Kapitellen der Kathedralen von Chartres, Toul und Vienne.

Bemerkenswert ist, daß die Kreuzgratgewölbe der Seitenschiffe der drei westlichen Joche runde Schlußsteine aufweisen, die mit schönen Blattmotiven geschmückt sind. Wie die eben beschriebenen Kapitelle stammen sie wahrscheinlich aus der Mitte des 13. Jahrhunderts.

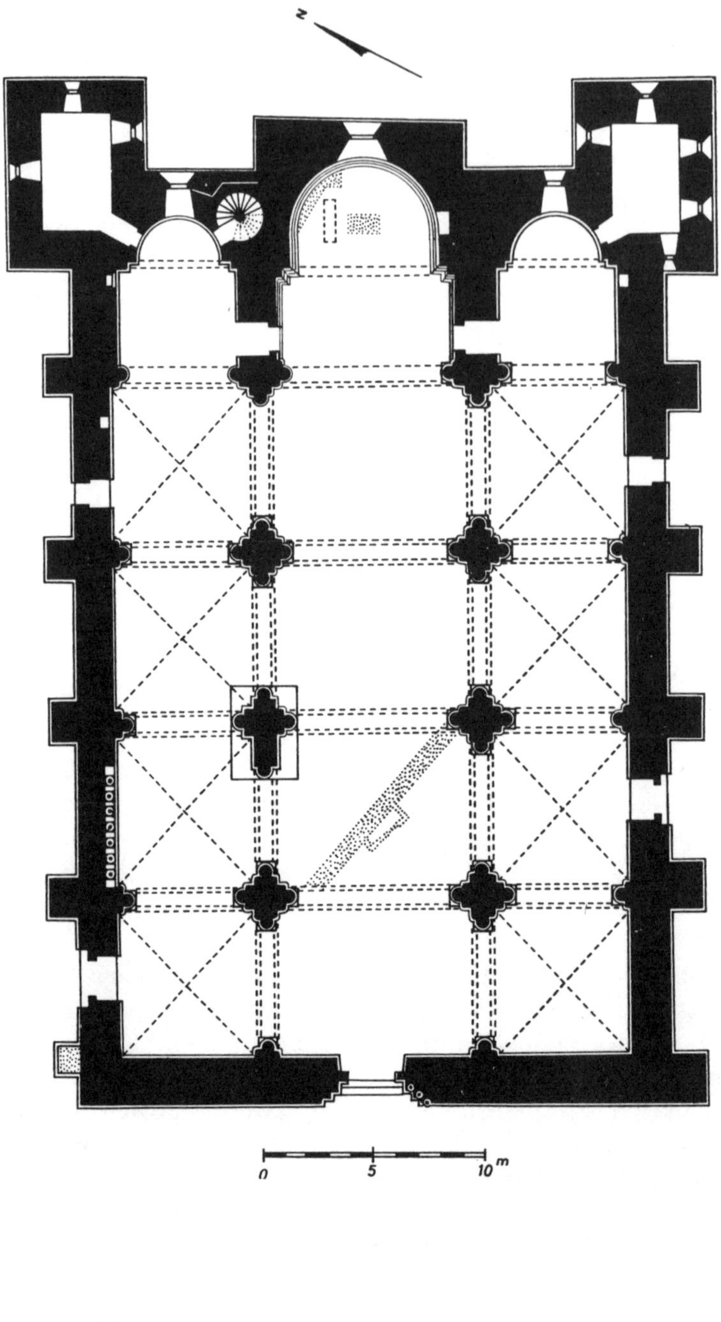

Tortosa
Kathedrale

Ein weiteres interessantes Schmuckelement befindet sich in der Halbkuppel der nördlichen Apsis. Es handelt sich um fünf, in Scheiben einbeschriebene Skulpturen. Die eine von ihnen stellt die Taube des Heiligen Geistes dar. Bei den anderen vier haben wir es möglicherweise mit den Symbolen der Evangelisten zu tun. Auch in den Kuppeln der romanischen Kirchen des Comtat-Venaissin kommen solche Flachreliefs vor.

Die Außenansicht der Kirche soll, angefangen bei dem Portal im Westen (Bild 79), nur kurz beschrieben werden. – Als die Kathedrale im Jahre 1851 in eine Moschee umgewandelt wurde, befand sich das Portal in einem sehr schlechten Zustand. Enlart bemerkte 1921, daß die gedrückten Spitzbögen, die Schaden genommen hatten, kurzerhand vermauert worden waren. Er stellte die Behauptung auf, daß das Portal einst dem Portal der Andreaskirche in Akkon sehr ähnlich gewesen sein mußte, dessen Spitzbögen auf Säulenkapitellen in den Gewänden zu liegen kommen. Besagtes Portal wurde Mitte des 13. Jahrhunderts geschaffen und um die Jahrhundertwende von Akkon nach Kairo versetzt. Das Portal der Kathedrale von Tartus wurde später nach dem Vorbild des Andreasportals restauriert.

Die drei Fenster über dem Portal sind stark nach innen ausgeschrägt. Ihre Bogenläufe setzen sich in zweiteiligen Säulen fort, wobei die beiden Schäfte durch einen Ring miteinander verbunden sind. Zwei ähnlich gestaltete Fenster öffnen sich auf die Seitenschiffe. Die Archivolten, die die fünf Fenster einfassen, knicken an ihren unteren Enden in die Horizontale ab. Damit wird, wie bereits mehrfach angedeutet, ein Schmuckelement der alten Kirchen Zentralsyriens wiederaufgegriffen. Die fünf Fenster werden durch schöne Kapitelle mit länglichem Kapitellkörper und Blattdekor geschmückt. Ein interessantes Detail findet sich an dem Kapitell rechts vom Fenster des südlichen Seitenschiffs: Hier hat der Bildhauer ein Tier gemeißelt, das einem Schakal gleicht. – Die Kapitelle scheinen nur wenige Jahre vor der Einnahme von Tartus durch die Sarazenen am 3. August 1291 ausgeführt worden zu sein und einige Wochen nach dem Fall von Akkon.

In die Seitenschiffe kann man auch durch zwei kleine Portale gelangen, von denen das eine im ersten Joch der Nordseite und das andere im zweiten Joch der Südseite liegt. Letzteres (Bild 83) schließt mit einer Archivolte ab, die an die Fenster der Kirchenfassade erinnert. Die Seitenwände der Kirche werden durch stark vorkragende Wandvorlagen skandiert.

Zwei rechteckige Türme betonen die Eckpunkte des Chorhauptes. Dieses Chorhaupt wurde im 13. Jahrhundert verändert. Ausschlaggebend dafür war die Bedrohung der Stadt Tartus durch Sultan Baibars im Jahre 1265, der mit seinen siegreichen Feldzügen die endgültige

Niederlage der Kreuzfahrer bereits in nächste Nähe gerückt hatte. Die Lage war so ernst, daß man sogar schon beschlossen hatte, die Kathedrale zu zerstören, um sie nicht in die Hände des Feindes fallen zu lassen. Man befürchtete nämlich, daß die Muslime die Kirche nach der Bezwingung der nahegelegenen Umfassungsmauer als Stützpunkt benutzen und die Stadt von dort aus gezielt angreifen würden. Papst Clemens IV. widersetzte sich diesen Plänen, ordnete aber die Befestigung des Chorhauptes an. So verstärkte man die beiden Türme an den Seiten und schützte die mittlere Apsis durch eine rechteckige Ummantelung. Die Türme sind zweigeschossig und mit Schießscharten zur Verteidigung der Kirche versehen. Es ist anzunehmen, daß sie einst auch eine zinnengekrönte Terrasse besaßen. Enlart stellte fest, daß man darüber hinaus zwei nicht vorkragende Türme an der Fassade errichtete. In seinem Werk (*Monuments des croisés...*, Bd. II, S. 407, Zeichnung 517) unternahm er den Versuch einer Rekonstruktion der Außenansicht der Kathedrale und zog Parallelen zur Kirche Saint-Victor in Marseille.

Mit ihren vier vermutlich zinnengekrönten Türmen muß die Kathedrale Notre-Dame von Tartus das Erscheinungsbild einer Wehrkirche besessen haben.

Amiun. Die Phokaskapelle

Die kleine Stadt Amiun liegt sechzehn Kilometer südlich von Tripolis. Wir finden dort eine sehr schlichte Kapelle vor, die dem heiligen Phokas geweiht ist, der um 320 in Antiochia den Märtyrertod starb. Der einzige Eingang der Kapelle öffnet sich im Süden, überwölbt von einem flachen Entlastungsbogen. Der Türsturz wurde aus einer antiken Granitsäule gearbeitet (Bild 98).

Die Kapelle besteht aus einem Langhaus, dessen dreijochiges Hauptschiff von zwei Seitenschiffen flankiert wird, und einer Apsis, die innen halbkreisförmig verläuft und außen rechteckig ummantelt ist (Bild 99).

Das mittlere Schiff ist, den Altarraum mit einbezogen, 13,40 Meter lang, während die Gesamtbreite der Kapelle ganze 11,60 Meter beträgt. Das Hauptschiff ist nur wenig höher als die Seitenschiffe (Bild 95 und 96). Sein Tonnengewölbe, das durch keine Gurtbögen untergliedert ist, läuft, gleich den Arkaden zwischen den Schiffen, leicht spitz zu. Die quadratischen Pfeiler sind durch Kämpfer vom Bogen abgesetzt. In der Apsis wird das Kämpfergesims durch eine Hohlkehle und einen Rundstab profiliert.

Der Apsisbogen hat eine leichte Hufeisenform (Bild 97), und das Halbrund der Apsis war einst mit byzantinischen Fresken und griechischen Inschriften geschmückt. Leider blieb nach einem Einsturz der Kuppel um 1925 nur noch das Bild des heiligen Phokas auf der linken Seite erhalten. Bei der Restaurierung der Wölbung konnten die übrigen Fresken nicht wiederhergestellt werden. Sie zeigten Adam und

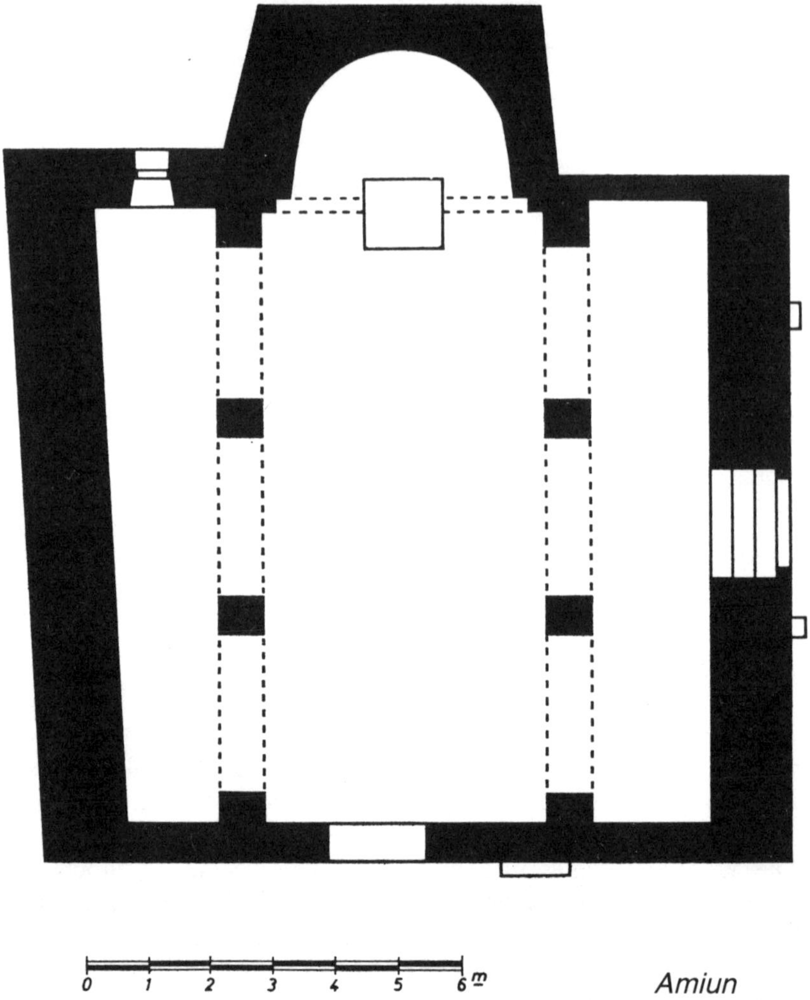

Amiun
Phokaskapelle

Eva, David und Salomon sowie Christus und die Apostel. Auch die Pfeiler waren einst mit Bildern von Heiligen bemalt.

Allem Anschein nach ist die Kapelle von einheimischen Künstlern gebaut und ausgeschmückt worden. Sie lebten in einem christlichen Dorf, dessen Einwohner nicht dem lateinischen Klerus angehörten. Anlaß zu dieser Schlußfolgerung gab uns die Tatsache, daß die Kapelle nur eine einzige, fensterlose Apsis besitzt, daß der Bogen dieser Apsis die Form eines Hufeisens hat und daß der Sakralbau einem griechischen Heiligen geweiht und mit byzantinischen Fresken ausgemalt ist.

Skulpturen

Jerusalem. Die Fassade der Grabeskirche

Als die Kreuzfahrer im Jahre 1099 von Jerusalem Besitz ergriffen, fanden sie auf dem Kalvarienberg zwei große byzantinische Kirchen vor; im Osten die Kreuzigungsbasilika und im Westen eine große Rotunde mit dem Heiligen Grab in der Mitte. Diese beiden Kirchen waren räumlich voneinander getrennt. Ganz in der Nähe befanden sich der Golgathafelsen, die Helenakapelle und die Grotte der Kreuzauffindung. Die Kreuzfahrer beschlossen, die heiligen Stätten miteinander zu verbinden und ihnen ein Kloster anzugliedern. Dabei achteten sie sorgsam darauf, die Rotunde in ihrer damaligen Form zu belassen. Nur auf der Ostseite ließen sie eine Öffnung ein, um eine Verbindung zu der neuen Kreuzfahrerkirche zu schaffen. Die Rotunde wurde dadurch zu einer großen Apsis im Westen der neuen Anlage umgestaltet. An sie grenzt der Chorraum an, der, wie man sagt, den Nabel der Welt bezeichnet.

Nächstes Bauelement ist das Querhaus und daran anschließend der Altarraum im Osten. Letzterer ist durch Doppelsäulen untergliedert und von einem siebenjochigen Umgang umgeben, aus dem sich drei Kapellen nach außen wölben.

Die erhaltenen Emporen der Rotunde wurden vermutlich mit denen an den Stirnseiten des Querhauses und denen des Altarraums in Verbindung gesetzt, und die Golgathakapelle wurde in das Gebäude östlich des südlichen Querhausarms einbezogen. Am 15. Juli 1149 wurde dann die Neuanlage der Grabeskirche geweiht. Es ist anzunehmen, daß sie zu diesem Zeitpunkt schon fertiggestellt war.

An der Stirnseite des südlichen Querhausarms erhebt sich die berühmte Fassade mit ihrem Doppelportal (Bild 101), das von seiner Anlage her an drei große Wallfahrtskirchen erinnert: an Saint-Martial von Limoges (nicht mehr erhalten), an Saint-Sernin von Toulouse und an die Kathedrale von Santiago de Compostela. Zwischen diesen Kirchen und der Grabeskirche von Jerusalem gibt es darüber hinaus auch gewisse historische Verbindungen. Saint-Sernin von Toulouse wurde zum Beispiel im Jahre 1096 von Urban II. geweiht, das heißt in dem Jahr, in dem der Papst während seines Aufenthalts in Frankreich zum ersten Kreuzzug aufrief.

Man kann auch noch Verbindungen zu einer weiteren französischen Kirche herstellen. Der Kapellenumgang der Grabeskirche erinnert nicht nur an Saint-Sernin, sondern auch an die Abteikirche von Cluny. Diese wurde im Jahre 1095 ebenfalls von Papst Urban II. geweiht. Der Baumeister, den die Kreuzfahrer zur Leitung der Arbeiten herbeiriefen, hat sich also mit Sicherheit von den genannten großen Kirchen anregen lassen, die kurze Zeit vor dem Beginn der Kreuzzüge in Frankreich entstanden waren.

Die Errichtung der Fassade der Grabeskirche wird in einigen Texten auf die Zeit zwischen 1131 und 1144 datiert. Der Glockenturm kann erst in der Folgezeit gebaut worden sein, da er den linken Teil der Fassade verdeckt. Für seine Entstehung wird der Zeitraum zwischen 1149 und 1187 angenommen.

Die Fassade wurde mit einer Vielzahl von Dekorelementen versehen. Große Teile davon sind jedoch im Laufe der Zeit verlorengegangen, und man muß die Fassade schon mit einer gewissen Aufmerksamkeit betrachten, um ihre ursprüngliche Schönheit zu erahnen.

Mit sehr viel Geschick wurden Ornamente und Gliederungselemente verschiedenen Ursprungs in der Fassade miteinander verbunden. Als Vorlage dienten zum Beispiel die ersten christlichen Kirchen in Syrien; doch auch byzantinische, arabische und romanische Einflüsse aus Toulouse und aus der Provence sind zu finden. Der Baumeister, dem die Leitung der Bauarbeiten übertragen worden war, stammte aus Frankreich, und sicher kamen mit ihm auch einige Handwerker aus dem Midi. Andere Handwerker, die mit der Ausschmükkung der Fassade beauftragt waren, stammten dagegen aus Jerusalem und Umgebung.

Was an der Fassade als erstes auffällt, ist die Ähnlichkeit der Gliederung im Erdgeschoß und im Obergeschoß. Über das Doppelportal, das von zwei flachen und mit Faltenfriesen geschmückten Spitzbögen gerahmt wird, hat der Baumeister zwei monumentale Doppelfenster von den gleichen Maßen wie das Portal setzen lassen, die auch die gleichen Faltenfriese aufweisen.

Die Anlage und die Dekorelemente verdienen eine nähere Beschreibung: Jedes der beiden aneinander angrenzenden Portale wird von drei Bogenläufen eingefaßt, die auf der rechten und der linken Außenseite in je drei marmornen Säulen enden. In der Mitte der Doppelportalanlage ruhen die sechs Bogenläufe auf fünf Marmorsäulen. Das kommt daher, daß die beiden äußeren Bogenläufe der Portale miteinander verschmelzen und auf der mittleren der fünf Säulen zu liegen kommen. Der rahmende Fries mit seinen eingedrehten Akanthusblättern, der die beiden Portale umgibt, knickt etwa in Höhe der Türstürze ab und setzt sich rechts an der Wand als horizontaler Fries fort; auf der linken Seite ist der Fries durch den Anbau des Glockenturms verdeckt.

Bei den Spiralen aus Akanthusblättern mit je einer kleinen Blüte in der Mitte ließen sich die Künstler offensichtlich von den Ornamenten anregen, die die frühchristlichen Monumente Zentralsyriens und insbesondere die Mausoleen von Dana und El Barah schmücken.

Die gedrungenen Kapitelle sind mit zwei Reihen von sich nach außen drehenden und besonders gut herausgearbeiteten Blättern geschmückt und enden in kleinen Voluten. Ihre Abaki weisen alle die gleichen abgeflachten und eindeutig byzantinischen Dekorelemente auf: spiralförmig eingedrehte Blätter mit Früchten dazwischen und darüber eine Leiste mit Eierstabmotiv. Dieser Abakusdekor setzt sich wie der rahmende Fries des Doppelportals horizontal nach rechts bis zum Ende der Fassade fort und verläuft parallel zum Portalfries, von dem ihn eine Steinlage trennt. – Wir konnten bereits bei mehreren Monumenten diese Parallelanordnung profilierter, wenn auch nicht ornamentierter Gesimse beobachten. Als Vorlage dienten wiederum syrische Sakralbauten aus frühchristlicher Zeit.

Im Tympanon des linken Portals erkennen wir ein sich nur leicht abzeichnendes Relief mit einer Gitterstruktur und kleinen Rauten in den Zwischenräumen. Das rechte Tympanon war ursprünglich von einem Mosaik mit Goldgrund überzogen, das die thronende Muttergottes darstellte. Die rahmenden Bogenläufe waren ebenfalls mit Mosaiken geschmückt, ähnlich wie die des in der Nähe gelegenen Golgathators. Von den letztgenannten Mosaiken sind noch einige Reste erhalten[1].

[1] Mosaiken mit Goldgrund schmückten auch das Innere der Grabeskirche und verliehen ihr die Farben der Markuskirche von Venedig. Vgl. Camille Enlart, *Monuments des croisés...*, Bd. II, S. 155–156: »Wenn wir das Bauwerk in Gedanken getrennt von seinen häßlichen modernen Anbauten sehen, wenn wir uns seine ursprüngliche Perspektive vorstellen, ihm das Licht, das ihm seine Fenster einst gaben, zurückverleihen, seine eleganten Galerien wieder hinzufügen, die Marmorsäulen wieder einziehen und an den Glanz seiner Mosaiken denken, dann verstehen wir, daß die Basilika der Kreuzfahrer nicht nur einzigartig war, sondern daß man sie auch als eine der schönsten Kirchen der Christenheit bezeichnen konnte.«

Die Türstürze der beiden Portale sind keine Monolithe, sondern bestehen aus schmalen Keilsteinen aus weißem Marmor. Von den Flachreliefs, die diese Türstürze schmücken, wird an späterer Stelle die Rede sein.

Oberhalb des Doppelportals verläuft ein Gesims, das etwa in Höhe der jeweils zweiten Portalsäule von außen nach oben abknickt und die Basis für die Fensteranlage bildet. Auf der rechten Seite verläuft das Gesims nach außen weiter und krönt die sogenannte Frankenkapelle.

Dieses Gesims ist ebenfalls mit byzantinischer Ornamentik versehen, was man in zweifacher Weise interpretierte. Zum einen betrachtete man das Gliederungselement als antike Spolien, zum anderen als sehr gute, im 12. Jahrhundert ausgeführte Kopie von griechisch-römischen Friesen.

Nach eingehender Untersuchung kam Enlart (*Monuments des croisés...*, Bd. II, S. 160, Bild 97, Zeichnung 295) zu der Überzeugung, daß es sich »um Spolien von Gesimsen aus der Spätantike handelt, die den Teilen der Grabeskirche entnommen wurden, die die Kreuzfahrer zwecks Anbau ihrer neuen Kirche zerstören mußten. Der Stil stammt aus der Zeit Kaiser Justinians«.

Das Gesims dient als Grundlinie für das große Doppelfenster, in dem sich die Anlage des Doppelportals wiederholt. Die sehr kleinen Fensteröffnungen hätten eigentlich gar keines solch mächtigen Rahmens bedurft, zumal sie sich nur in einer Höhe von fünf Steinlagen über dem Gesims öffnen. Daher wurde ihnen, wohl zu ihrer Vergrößerung, noch einmal je eine kleine Säule an die Seite gestellt. Die Bogenläufe der beiden Fenster enden auf der rechten und der linken Seite in je zwei und in der Mitte in drei schweren Säulen mit aus Trommeln zusammengesetzten Schäften, deren Basen direkt auf dem Gesims aufsetzen. Die Abaki der Kapitelle sind mit Akanthusblättern verziert und die Kapitelle selbst mit zu Kugeln zusammengerollten Dattelblättern. Wie bei den Portalen sind die äußeren Bogenläufe der Fenster mit Faltenfriesen geschmückt und verschmelzen in der Mitte der Doppelfenster miteinander.

Die Tatsache, daß wir an der Fassade der Grabeskirche gleich vier solcher Faltenfriese finden, bestätigt die ihr zugeordnete Bauzeit, nach 1131 und vor 1144. Das gleiche Dekorelement weist nämlich die Kirche in der zwischen Gaza und Jaffa gelegenen Stadt Ibelin auf, von der man weiß, daß sie im Jahre 1143 begonnen wurde. Dieses arabische Dekorelement hat sich zur gleichen Zeit im Heiligen Land, in Frankreich und auf Sizilien verbreitet.

Der die Doppelfensteranlage umlaufende und sich nach außen horizontal fortsetzende Fries (Bild 102) besteht aus einer doppelten

Reihe von Ranken mit breiten, sehr sorgfältig gearbeiteten Blättern – eine recht originelle romanische Dekorform, die nur wenig mit dem stark konturierten Blätterwerk gemein hat, das für die Künstler des 15. Jahrhunderts typisch ist.

Bleibt noch die Beschreibung der beiden Türstürze über dem Doppelportal[2]: Die Ikonographie des linken Türsturzes ist von besonderem Interesse. Dargestellt sind Szenen aus dem Leben Christi, die in Jerusalem und Umgebung spielen. Die erste und die letzte der skulptierten Personengruppen liegen jeweils unter einer Dreiergruppe von kleinen Bögen, die an den Außenseiten und in den Zwischenräumen mit kleinen Türmchen verziert sind. Die ersten beiden Skulpturengruppen von links zeigen die Auferweckung des Lazarus von den Toten (Bild 103, 104 und 105). Links sieht man das Grab, von dem ein Mann den Deckel abnimmt. Vier Männer stützen Lazarus, der schon beinahe aufrecht steht, und lösen seine Binden. Sie halten sich dabei, wie auch zwei weitere Personen der gleichen Gruppe, die Nase zu. Rechts daneben ist Jesus zu erkennen, der mit der linken Hand ein offenes Buch hält und mit der rechten die vor ihm kniende Martha segnet.

Die sich anschließende Szene geht der eben beschriebenen voran. Christus in aufrechter Position hält ein Buch in der Hand und segnet die Umstehenden. Vor ihm knien Martha und Maria, und etwa ein halbes Dutzend Freunde des Lazarus umgeben ihn. Sie bitten den Heiland um die Auferweckung des Toten (Bild 106).

In den folgenden Szenen beauftragt Jesus die Jünger Petrus und Johannes, einen Ort für die Feier des Passahmahls zu suchen. Die beiden Apostel bereiten das Lamm vor, und zwei weitere holen den Esel, auf dem Jesus reiten soll. Im Anschluß folgt der Einzug in Jerusalem und schließlich das Abendmahl (Bild 107). Der Abendmahltisch ist leicht gebogen, was man in der hochmittelalterlichen Ikonographie öfters findet. Jesus sitzt in der Mitte, und Johannes beugt sich zu ihm hin. Die anderen Apostel sind rechts und links um ihren Heiland gruppiert. Nur Judas steht allein auf der anderen Seite des Tisches.

Der Stil der Figuren erinnert an die skulptierten Friese an den Portalen der Kirche Notre-Dame des Pommiers in Beaucaire, an die der Kathedrale von Nîmes sowie an die Fassaden von Saint-Gilles-du-Gard und Saint-Trophime in Arles. Wie bei der romanischen Skulptur der Provence orientiert sich der Stil an den Flachreliefs römischer Sarkophage.

[2] H. Vincent und F.- M. Abel, *Jérusalem*, Bd. II, 1926, Bild XXVI; C. Enlart, *Monuments des croisés...*, Bd. II, S. 160–170 und Bild 94 bis 101.

Enlart bezeichnete das Ensemble als »ein Werk von einer achtbaren Mittelmäßigkeit«. Dieses strenge Urteil ist vermutlich auf die schlechte Qualität des Marmors zurückzuführen, der im Laufe der Zeit sehr gelitten hat. Die meisten Figuren sind derart beschädigt, daß man die Leistung des Bildhauers gar nicht mehr gebührend würdigen kann.

Beim rechten Türsturz hat der Bildhauer seiner Phantasie freien Lauf gelassen und dabei eine außerordentliche Virtuosität an den Tag gelegt. Zwei große Ranken mit Blättern und Früchten sind ineinander verschlungen und mit Perlen und kleinen Löchern verziert. Nackte und anatomisch gut studierte Personen in ungezwungener Haltung suchen sich einen Weg durch dieses Rankengeflecht (Bild 108 bis 112). Auszumachen sind auch ein Drache, ein Kentaur und eine Kombination zwischen einer Sirene und einem Vogel.

Der Ursprung dieser Motive ist sicher in antiken Dekorelementen zu suchen, bei denen zwischen Weinranken Vögel und Amoretten auftauchen. Die christliche Kunst des Orients, besonders die koptische Kunst, hat diese Motive dann für sich beansprucht, und im 12. Jahrhundert haben sie die romanischen Künstler, vor allem die aus der Gegend von Toulouse, übernommen. Die Doppelkapitelle von Notre-Dame de la Daurade zum Beispiel, die im Musée des Augustins von Toulouse ausgestellt sind, zeigen Figuren in ähnlichem Rankengeflecht. Eine vergleichbare Ornamentik ist auch an den Säulen der Portale von Saint-Denis und Chartres anzutreffen. Ein anderes Ornament des besagten Türsturzes jedoch kommt in Frankreich nicht vor: gemeint ist die in weicher Ondulation vom einen zum anderen Ende des Türsturzes verlaufende Ranke mit ihren dreigeteilten, sich vom Hintergrund abhebenden Blättern, die die plastische Wirkung durch Licht- und Schatteneffekte erhöhen. Enlart (*Monuments des croisés...*, Bd. II, S. 166) hat das gleiche Gewinde in der koptischen Kunst entdeckt, und zwar bei den skulptierten Friesen von Bauit.

Damit finden wir an der im zweiten Viertel des 12. Jahrhunderts errichteten und skulptierten Fassade der Grabeskirche von Jerusalem eine ganze Reihe von Einflüssen aus den verschiedensten Kulturräumen wieder. Ihre Kombination macht die Originalität der romanischen Kunst im Heiligen Land aus.

I *Abguß des Kapitells von Plaimpied (Cher) im Palais de Chaillot, Paris. Die Versuchung Christi (vgl. Bild 120).*

II *Kapitell von Plaimpied. Der Teufel (vgl. Bild 113 bis 115).*

III *Kapitell von Plaimpied. Der Teufel (vgl. Bild 124).*

292

IV *Kapitell von Plaimpied. Ecktürmchen (vgl. Bild 122).*

Nazareth. Die Kapitelle der Verkündigungskirche

Tankred, der treue Gefolgsmann Gottfrieds von Bouillon, blieb nach dem ersten Kreuzzug in Palästina und ergriff Besitz vom Fürstentum Galiläa. Als er nach Nazareth kam, entdeckte er dort zwei alte Basiliken, von denen sich die eine über dem Haus der Jungfrau Maria erhob; die Krypta dieser Basilika war die Verkündigungsgrotte. Tankred machte sich sofort und mit Eifer daran, diesen heiligen Ort wiederherzustellen.

Im Jahre 1103 kam der Pilger Saewulf nach Nazareth, und die Stadt wurde zum Sitz eines Erzbischofs. Bald darauf ersetzte man die Basilika durch die neue Verkündigungskirche. Im Jahre 1158 wurde in der Kathedrale der in Konstantinopel verstorbene Erzbischof Acardus in allen Ehren beigesetzt. Dieser war nach Konstantinopel gesandt worden, um dort die Eheschließung zwischen dem König von Jerusalem, Balduin III., und der Prinzessin Theodora auszuhandeln.

Im Jahre 1183 muß der Bau der Verkündigungskirche schon verhältnismäßig weit fortgeschritten sein. Der Übersetzer des Wilhelm von Tyrus berichtet, daß das Heer Saladins in jenem Jahr auf den Hügeln über Nazareth erschien und »die Frauen und Kinder der Stadt so sehr in Angst und Schrecken versetzte, daß sie sich in die große Kirche zu flüchten begannen. Sie drängten sich dabei so heftig, daß es mehrere Tote gab« (*les femmes et li enfant de la ville trop furent effréé et s'en commencièrent à foïr à la mestre église. A l'entrée fu la presse si grande qui y ot assez gens mortes*).

Als Saladin nach dem Sieg von Hattin im Jahre 1187 durch Nazareth zog, wurde in der Kathedrale unter den Christen ein großes Massaker angerichtet. Erst im Jahre 1250 kamen Sepphoris und Nazareth durch einen Vertrag wieder an die Christen zurück. Dieser Vertrag wurde von König Ludwig IX. ausgehandelt, der sich in jenem Jahr nach Palästina begeben hatte. Vor seiner Rückkehr nach Frankreich reiste der König persönlich nach Nazareth. Er machte sich am 23. März 1254 von Akkon aus zusammen mit Königin Margarete auf den Weg und nahm am 24. in der Kathedrale von Nazareth an einer feierlichen Zeremonie teil, die von dem Legaten Eudes von Toscanella zelebriert wurde. Gottfried von Beaulieu, der Vertraute des Königs, hat diese ergreifende Wallfahrt schriftlich festgehalten.

Im Jahre 1263 ließ Sultan Baibars die Kathedrale von Nazareth dem Erdboden gleichmachen. R.P. Viaud, der Superior des Franziskanerklosters von Nazareth, stellte 1889 und von 1907 bis 1909 Ausgrabungen am ursprünglichen Standort der Kathedrale an und hielt in seinen Berichten von 1893[1] fest, daß die Kirche 75 Meter lang und 30 Meter breit gewesen sein mußte und daß sie einst aus einem sechsjochigen Langhaus mit Seitenschiffen, einem großen, nicht vorkragenden Querhausjoch, einem Chorjoch und drei Apsiden bestand. Die Verkündigungsgrotte muß sich unter den beiden östlichen Jochen des Hauptschiffs und des nördlichen Seitenschiffs befunden haben. Nach den von Enlart angestellten Forschungen gab es in der Grotte mindestens vierundsechzig skulptierte Kapitelle.

Von diesem Monument, das nach Enlart »von einer seltenen Pracht« gewesen sein muß, blieben nur noch die Fundamente erhalten. Das heutige Bauwerk stammt aus den Jahren 1960 bis 1969. Außer den Fundamenten fand man auch einige Skulpturen, die die Kirche ehemals schmückten. Bei den zuerst entdeckten Werken (Grabungen von 1867) handelt es sich um zwei große bärtige Köpfe (Bild 128 und 129). Im Jahre 1908 grub Viaud dann mehrere Skulpturenfragmente aus, die mit großer Wahrscheinlichkeit für die Ausgestaltung des Westportals bestimmt waren. Unter ihnen befinden sich fünf erzählende Kapitelle, die Enlart zu den schönsten der romanischen Kunst zählt (Bild 113 bis 127).

Erwähnenswert ist von den entdeckten Skulpturen auch ein kleines Relief mit der Darstellung eines seltsamen, Feuer speienden Tieres. Ohne Zweifel handelt es sich um ein diabolisches Tier mit dem Körper eines Bockes, langen Hörnern und einem Schwanz mit Reptilienschuppen (Bild 130). Zu den übrigen Stücken gehören die Bogen-

[1] R.P. Viaud, *Nazareth et ses deux églises*, 1910. Der Ausgrabungsbericht von Viaud wurde von Enlart in seinem Werk *Monuments des croisés...* (Bild 8) abgedruckt.

steine einer mit Blättern verzierten Archivolte, ein Gesimsfragment und Teile eines Frieses mit Akanthusranken. Diese Ranken erinnern an die Ranken auf dem Türsturz des Golgathaportals von der Grabeskirche in Jerusalem (Enlart, *Monuments des croisés...*, Bild 99) und auch an die Friese von Saint-Gilles-du-Gard.

Schließlich fand man an der Stelle des großen Westportals noch zwei Sockel mit verstäbten Kanneluren, die Enlart mit den Sockeln der Portale der Kathedrale von Chartres und der Kirche Notre-Dame von Étampes vergleicht.

Enlart hat sich mit den in Nazareth gefundenen Fragmenten befaßt und versucht, die Elemente des Portals in einer Zeichnung zu rekonstruieren (*Monuments des croisés...*, Bild 129 bis 136).

Die fünf erzählenden Kapitelle wurden aus einem sehr weißen und weichen Kalkstein gemeißelt, der aus einem eine Meile von Nazareth entfernt liegenden Steinbruch stammt. Dank dieses feinkörnigen Steins war es dem Künstler möglich, insgesamt 48 feingliedrige und ausdrucksvolle Figuren zu schaffen, die der bis ins kleinste Detail ausgeführten Arbeit Ähnlichkeit mit dem Werk eines Ziseleurs verleihen.

Das größte dieser Kapitelle (Höhe: 65 Zentimeter; Breite am oberen Abschluß: 76 Zentimeter) hat drei skulptierte Seiten. Die vier anderen Kapitelle (Höhe: 42 Zentimeter) haben die Form eines Oktogons, von dem jedoch rückwärtig zwei Seiten glatt abgeschlagen wurden, so daß für die Bearbeitung jeweils sechs Seiten blieben. Wie auch bei dem großen Kapitell sind die Seiten nischenartig ausgehöhlt, wobei die Nischen die Form eines Halbkreises beschreiben. Der Grund, der nicht durch die heraustretenden Figuren verdeckt ist, hat eine rauhe Oberfläche und läßt die Spuren des Meißels erkennen. Die sich über den Nischen wölbenden Rundbögen sind an vier Kapitellen mit Röllchen und am fünften Kapitell mit kleinen gelochten Kugeln verziert. Über den Bögen erhebt sich ein Säulendekor, der Bogengänge und kleine Ecktürmchen ausbildet, über deren schuppenverzierten Dachschrägen sich jeweils noch ein zweites Stockwerk mit Rundbögen über einer Säulenstruktur befindet.

Das zentrale ikonographische Thema dieser Kapitelle ist die Mission der Apostel. Erstaunlicherweise gibt es für die Mehrzahl der auf den Kapitellen von Nazareth dargestellten Szenen jedoch keine Vergleichsbeispiele in der französischen Skulptur des 12. Jahrhunderts. Viaud und Enlart haben die Szenen in Anlehnung an die im Orient verbreiteten Legenden über das Leben der Apostel interpretiert.

Auf dem großen, dreiseitig skulptierten Kapitell ist in der Mitte die Fides, die bekrönte Personifikation des Glaubens, dargestellt. Sie hält einen Kreuzstab und führt einen Apostel an der Hand, der angesichts der Drohungen der Dämonen zögert, seiner Missionstätigkeit nachzugehen (Bild 113 und 114). An den Seiten des Kapitells finden sich denn auch vier Dämonen, von denen zwei mit Pfeil und Bogen zielen (Bild 115), während die beiden anderen eine Lanze und einen dreieckigen Schild in der Hand halten.

Die anderen vier Kapitelle stellen zwei Erscheinungen Christi in Galiläa sowie verschiedene Episoden aus der Predigtzeit der Apostel dar, die den Apokryphen oder der *Legenda aurea* entnommen sind.

Das erste dieser vier Kapitelle zeigt den ungläubigen Thomas: Jesus, durch einen großen Kreuznimbus betont, hebt seinen Arm, um Thomas die Wunde in seiner Seite zu zeigen (Bild 116, 118 und 119). Acht Apostel umstehen die Gruppe (Bild 117).

Auf dem zweiten Kapitell finden wir zwei verschiedene Episoden. Auf der rechten Seite erscheint Christus mehreren Aposteln am Ufer des Sees Genezareth, wie es der Evangelist Johannes beschreibt: »... In dieser Nacht fingen sie nichts. Als es aber schon Morgen wurde, stand Jesus am Ufer ... Er sprach zu ihnen: Werfet das Netz zur Rechten des Schiffs, so werdet ihr finden. Da warfen sie und konnten's nicht mehr ziehen vor der Menge der Fische. Da spricht der Jünger, welchen Jesus lieb hatte, zu Petrus: Es ist der Herr! Da Simon Petrus hörte ... warf er sich ins Meer. Die anderen Jünger aber kamen mit dem Schiff« (Joh 21). Man sieht Christus am Ufer stehen und Petrus über das Wasser laufen. Des weiteren ist ein Segelboot zu erkennen, in dem zwei Männer sitzen, von denen der eine ein Ruder in der Hand hält. Die anderen Seiten des Kapitells zeigen, wie der Apostel Petrus in Jaffa die Witwe Tabita von den Toten auferweckt (Bild 120 bis 122).

Auf dem dritten Kapitell sind ebenfalls zwei unterschiedliche Szenen dargestellt. Auf der einen Seite finden wir die Mission des heiligen Bartholomäus in Indien: Bartholomäus weckt den Sohn des Königs Polymnius von den Toten auf und befreit die von einem Dämon besessene und im wahrsten Sinne des Wortes gefesselte Tochter des Königs von ihrem Übel (Bild 123 und 124). Die anderen auf dem Kapitell dargestellten Szenen handeln von Jakobus dem Älteren, der in Judäa predigte (Bild 125): Der große Priester Abiathar verrät den Apostel an Herodes Agrippa, und dieser verurteilt ihn zum Tode. Auf seinem Weg in den Tod bekehrt Jakobus durch die Heilung eines Gelähmten den ihn begleitenden Schreiber Josias zum Glauben und spendet ihm die heilige Taufe. Weiter hinten sieht man den Henker, der den Apostel enthauptet.

Das vierte Kapitell erzählt die Legende des Apostels Matthäus (Bild 126 und 127), der in Äthiopien predigte und dort über die beiden Magier Zaroes und Arphaxat triumphiert, die in Begleitung zweier furchterregender Drachen seltsame Zaubereien anstellen. Matthäus gelingt es, die beiden Magier zu verblüffen und ihre Drachen zu verjagen. Er weckt nämlich den Sohn des Königs Egippus von den Toten auf, was die Magier zuvor vergebens versucht hatten, bekehrt den König und seine Familie zum christlichen Glauben und macht die Tochter des Königs, Iphigenie, zur Äbtissin eines Klosters. Als dann jedoch der Nachfolger des Königs, Hirtakus, Iphigenie zur Frau nehmen will und sich Matthäus dagegenstellt, wird der Apostel auf Befehl des Hirtakus getötet.

Auf der linken Seite des Kapitells sieht man König Egippus, wie er mit seinem von den Toten auferweckten Kind spricht. Daneben stehen die beiden durch das Wunder des Apostels erbosten Magier. Eine weitere Skulpturengruppe stellt den von Matthäus getadelten König Hirtakus und die zu Füßen des Apostels liegende Iphigenie dar. Noch einmal tauchen dann die beiden Magier auf, und schließlich erkennt man noch zwei seltsame Wesen, das eine vollständig behaart und das andere klein, nackt und mit spitzen Ohren. Man kann sie entweder als die beiden von Matthäus verjagten Drachen deuten oder aber, wie Viaud vorgeschlagen hat, als die verurteilte, von einem Dämon davongetragene Seele des Hirtakus.

An diesen so lebendigen Figuren stellt man sehr präzise Details fest, die eine Verbindung zu den schönsten romanischen Skulpturen Burgunds und der angrenzenden Gebiete erlauben. Dazu gehören der wehende, den Leerraum ausfüllende Saum der Gewänder, die in konzentrischen Kreisen verlaufenden Falten an den vorstehenden Teilen des Körpers und die am Kapitell mit der Darstellung der Fides auftauchenden Dämonen mit den zottigen Haaren. Letztere finden wir in Autun, Vézelay, Saulieu und Perrecy-les-Forges wieder. Den großen Heiligenscheinen, die die Köpfe Jesu und seiner Apostel rahmen, begegnen wir dagegen auch in Montceaux-l'Étoile (Saône-et-Loire), Charlieu (Loire), La Charité-sur-Loire und Donzy-le-Pré (Nièvre). Die kleinen gelochten Kugeln auf einem Nimbus und auf den Türmchen von Nazareth wiederholen sich ebenfalls im Brionnais, und zwar in Charlieu (Loire) und Saint-Julien-de-Jonzy (Saône-et-Loire). Auf dem Kapitell mit der Darstellung des wundersamen Fischfangs ist das Gewand Christi mit kleinen, mit dem Bohrmeißel ausgeführten Löchern übersät, was sich bei den Personen eines anderen Kapitells wiederholt. Auch auf den Heiligenscheinen, den Kronen und den Borten am Halsausschnitt und am unteren Saum der Kleider ist diese Dekorform zu finden und wiederum ist sie auch in Burgund verbreitet. Diese kleinen Löcher schaffen Schattenbereiche und erhöhen dadurch die plastische Wirkung der Skulptur. Gelegentlich wurden sie auch mit Glaspaste ausgefüllt, was in La Charité-sur-Loire und Donzy-le-Pré festzustellen ist.

Analogien bestehen jedoch nicht nur zur romanischen Skulptur in Burgund, im Nivernais und im Brionnais. Die größten Übereinstimmungen finden wir im Berry, und zwar an einem Kapitell aus der Kirche von Plaimpied (Cher), das im letzten Langhausjoch am südlichen Pfeiler des Querhauses steht (Bild I bis IV, S. 289–292). An diesem Kapitell sind nur drei Seiten skulptiert. Sie zeigen drei Gestalten unter weit gespannten und mit Röllchen verzierten Bögen und je ein Türmchen mit zwei Arkadengeschossen an den Eckpunkten des Kapitells. Die zentrale Figur ist Christus. Er sitzt frontal auf einem Thron, der von zwei drachenähnlichen Wesen mit Reptilienkörper und Krallen an den Füßen gebildet wird. Die Arme des thronenden Christus sind ausgebreitet, die Rechte ist zum Segen erhoben und in der Linken hält er die Bibel. Sein Kopf wird von einem sehr großen Kreuznimbus eingefaßt. Das Gesicht mit den tiefliegenden Augenhöhlen wird von einem kurzen Bart und langen, in der Mittel gescheitelten Haaren gerahmt, die die Ohren freilassen und weit in den Nacken fallen. Die Falten des Gewandes heben die vorragenden Körperteile hervor. Auf einem Ärmel, auf der Brust und am unteren Rand des Gewands finden wir mehrere Dreiergruppen von kleinen, mit dem Bohrmeißel geschaffenen Löchern (Bild I, S. 289).

An den anderen beiden Kapitellseiten findet sich je ein Dämon. Der Dämon auf der linken Seite ist behaart wie ein Bock und hat den Kopf einer Kröte. Seine Hände sind wie die Klauen eines wilden Tieres, während seine Füße Adlerkrallen ähneln (Bild III, S. 291). Der Dämon auf der rechten Seite hat einen glatten menschlichen Körper, auf dem ein Hundekopf mit abgeflachtem Schädel, gespitzten Ohren und einem weit aufgerissenen Maul sitzt. Seine Hände sind Krallen und seine Füße Pferdehufe (Bild II, S. 290).

Auffallend sind die Harmonie und die Anordnung dieser Skulpturengruppe. Die beiden Teufel unter den vorkragenden Türmchen verdrehte der Bildhauer so, daß sie gerade noch unter den Bögen Platz fanden. Gleichzeitig deutete er damit aber auch ihr Zurückweichen vor dem Heiland an, der ihnen offensichtlich Furcht und Schrecken einflöste. Mit dieser Szene wird die Versuchung Christi durch den Teufel dargestellt, denn der Dämon auf der rechten Seite hält dem Gottessohn einen Stein hin und schlägt ihm vor, diesen in Brot zu verwandeln. Eine ähnliche Szene kann man auf einem Kapitell in der Kirche von Saulieu (Côte-d'Or) beobachten.

In ihrer Ausführung, ihrer Gesamtwirkung und ihren Details stehen die Kapitelle von Nazareth dem Kapitell von Plaimpied sehr nahe. Das zeigt sich zum Beispiel an dem Röllchendekor auf den Rundbögen über den Nischen sowie an den Arkadentürmchen mit ihren Dachschrägen (Bild IV, S. 292). Darüber hinaus hat der Christus von Plaimpied den gleichen großen Nimbus wie der Christus von Nazareth, und das Gewand der beiden Christusfiguren weist den gleichen Lochdekor auf. Eine weitere Übereinstimmung liegt im Gesicht des Heilands, das auf beiden Kapitellen von dem gleichen in der Mitte gescheitelten Haar eingefaßt wird. Die Stirn ist jeweils sehr niedrig und die Nase lang und stark ausgeprägt. Das Gewand ist auf die gleiche Weise gerafft und unterstreicht jeweils die vorragenden Teile des Körpers, die Schultern, die Arme, den Bauch und die Knie.

Die Gestalt des Teufels zieht in Nazareth wie in Plaimpied besondere Aufmerksamkeit auf sich. Es ist bekannt, daß der Satan sehr oft in der romanischen Skulptur vorkommt. Im Languedoc, in Moissac, Beaulieu und Souillac erinnert er an einen ausgetrockneten Kadaver mit einer häßlichen Fratze. Im Tympanon von Conques in der Rouergue wurden die zahlreichen Teufelsgestalten vom Bildhauer in den verschiedensten Varianten dargestellt. Dabei reicht das Spektrum vom Komischen bis hin zum Furchterregenden. In Burgund spiegeln sich im Satan die Erzählungen der Mönche von Cluny wieder. Dem Chronisten des 11. Jahrhunderts, Radulf Glaber, der in Cluny und in mehreren anderen Klöstern aus der Umgebung lebte, erschien der Teufel gleich dreimal: »Er war von kleinem Wuchs, hatte eine nach vorne gewölbte Brust und eine niedrige Stirn. Sein Maul war sehr groß, und sein Kiefer erinnerte an den eines Hundes. Außerdem hatte er zottige Haare.« Auf diese Weise wurde der Teufel auch auf mehreren Kapitellen in Vézelay dargestellt. Seine Haare bestehen dort aus einzelnen Büscheln, die wie Flammen nach oben stehen. Solch zottige Haare begegnen uns darüber hinaus bei den Teufelsgestalten in der Kathedrale von Autun, in Anzy-le-Duc und in Perrecy-les-Forges sowie bei zwei Teufeln auf dem großen Kapitell von Nazareth. Dort handelt es sich um die beiden Satansfiguren, die mit Pfeil und Bogen auf die Fides und den von dieser an der Hand geführten Apostel zielen. Der Einfluß der burgundischen Kunst ist also unverkennbar. Eine noch engere Beziehung besteht jedoch wiederum zwischen Nazareth und Plaimpied im Berry.

In Nazareth begegnet uns zweimal ein Dämon mit vollständig behaartem Körper, und zwar auf dem Kapitell mit der Legende des heiligen Bartholomäus (Bild 123 und 124) und auf dem Kapitell, das dem heiligen Matthäus gewidmet ist (Bild 126). Auf dem letztgenannten Kapitell sieht man den behaarten Teufel im Kampf mit einem kleinen, nackten Wesen mit glattem Körper und langen, spitzen Ohren. In dieser Kombination kommen zwei dämonische Gestalten ansonsten nur noch auf dem Kapitell von Plaimpied vor, wo der linke Dämon einen

weiter Seite 333

Die Bildseiten

Jerusalem. Die Fassade der Grabeskirche

100 *Rechtes Portal: Archivolte und Fries in Höhe der Abaki (Detail).*
101 *Fassade der Grabeskirche.*
102 *Fassade: Archivolte der Fenster über dem Portal (Detail).*
103 *Linke Seite des Türsturzes des linken Portals, derzeit im Rockefellermuseum in Jerusalem: Auferweckung des Lazarus von den Toten.*
104 *Türsturz des linken Portals: Auferweckung des Lazarus von den Toten.*
105 *Türsturz des linken Portals: Auferweckung des Lazarus von den Toten.*
106 *Türsturz des linken Portals: zweite Szene links von der Auferweckung des Lazarus von den Toten mit Martha und Maria zu Füßen Jesu.*
107 *Rechte Seite des Türsturzes des linken Portals: Abendmahl.*
108 bis 112 *Türsturz des rechten Portals.*

Die Kapitelle von Nazareth

113 *Großes Kapitell A: Fides, die Personifikation des Glaubens, beschützt einen Apostel vor den Dämonen.*
114 *Großes Kapitell A: Fides hält die Hand des Apostels (Detail).*
115 *Großes Kapitell A: ein Dämon mit Pfeil und Bogen (Detail).*
116 *Kapitell B: der ungläubige Thomas.*
117 *Kapitell B: der Apostel zur Linken Christi (Detail).*
118 *Kapitell B: der Apostel Thomas (Detail).*
119 *Kapitell B: Christus (Detail).*
120 *Kapitell C: Petrus erweckt die Witwe Tabita in Jaffa von den Toten.*
121 *Kapitell C: der Kopf des heiligen Petrus (Detail).*
122 *Kapitell C: bekrönendes Ecktürmchen (Detail).*
123 *Kapitell D: Legende des heiligen Bartholomäus, der die von einem Dämon besessene Tochter des Königs heilt.*
124 *Kapitell D: die von einem Dämon besessene Tochter des Königs (Detail).*
125 *Kapitell D: Legende des heiligen Jakobus des Älteren.*
126 *Kapitell E: Legende des heiligen Matthäus, der den Sohn des Königs Egippus von den Toten auferweckt.*
127 *Kapitell E: Matthäus erweckt den Sohn des Königs von den Toten.*
128 und 129 *Die unvollendet gebliebenen großen Köpfe des Portals der Kathedrale von Nazareth, heute im Museum des griechisch-orthodoxen Patriarchats von Jerusalem.*
130 *Nazareth: diabolisches Tier.*

100

101

THE RAISING OF LAZARUS
اقامة لعازر من الموت

MARTHA AND MARY IMPLORING THE AID OF CHRIST
مرثا ومريم تبتهلان الى السيد المسيح

THE LAST SUPPER
العشاء السري

111

112

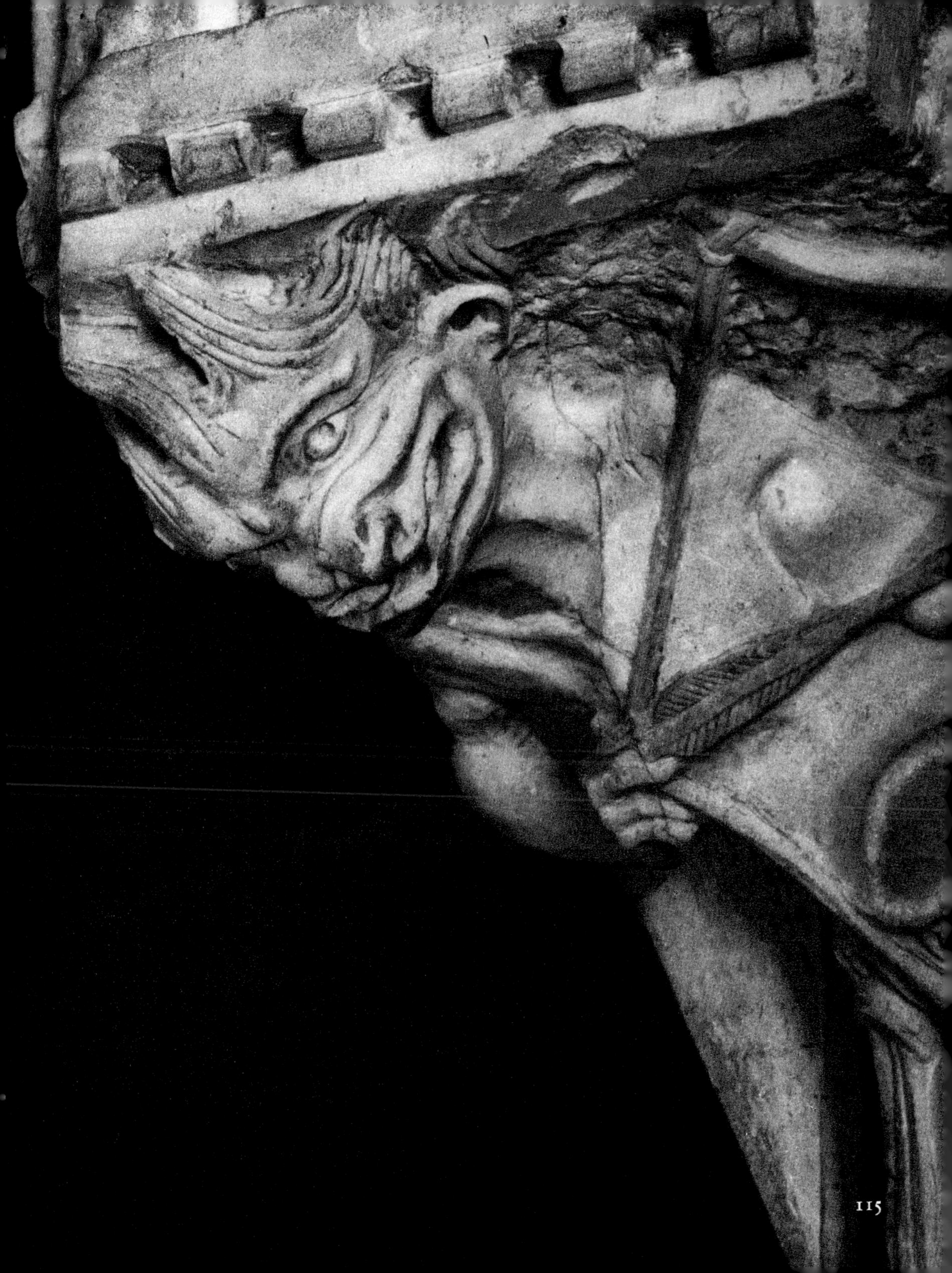

118

120

dicken Pelz trägt, während der rechte völlig haarlos ist und spitze Ohren hat.

Von den Skulpturen aus Nazareth verdienen neben den fünf Kapitellen auch die beiden bereits erwähnten, aus einem Block gehauenen Köpfe (Bild 128 und 129) eine nähere Betrachtung. Sie wurden im Jahre 1867 in der Stadt Nazareth unter einem Schutthaufen entdeckt und werden heute in dem kleinen Museum des orthodoxen Patriarchats von Jerusalem aufbewahrt.[2] Die überlebensgroßen Köpfe sind aus den zwei angrenzenden Seiten eines Steinblocks herausgemeißelt. Die Gesamthöhe des Blocks beträgt 50, die Breite 42 und die Tiefe 31 Zentimeter. Dabei ist der Kopf mit dem langen Bart 47, der andere Kopf 41 Zentimeter hoch.

Die Gesichter haben diesen irrealen Ausdruck, diese Stilisierung, die nur von einem großen Künstler erreicht werden kann und die sie den Propheten von Moissac und dem von der Kathedrale stammenden und heute im Museum von Senlis aufbewahrten Kopf ähnlich macht. Es handelt sich, wie es scheint, um einen semitischen Typus, was beweist, daß der offensichtlich aus Frankreich stammende Künstler sich durch Vorlagen aus dem Heiligen Land anregen ließ. Interessant ist vor allem die Gestaltung der Gesichter: die Backenknochen treten kaum hervor, und die Augenhöhlen liegen demzufolge nicht besonders tief; die Lidfalte fällt mit der Augenbraue zusammen, und die Iris wird durch ein tiefes Loch am oberen Rand des Augapfels gekennzeichnet; der Mund ist leicht geöffnet und die untere Lippe stark ausgeprägt; der Schnurrbart setzt weit oben an den Nasenflügeln an und fällt bis über die Mundwinkel hinunter; der stark in die Länge gezogene Kopf wird von fülligem Haar gerahmt, das in der Mitte gescheitelt ist und nur die obere Hälfte der Ohren bedeckt; der Bart ist bei der einen Gestalt kurz und gekräuselt, bei der anderen dagegen ist er lang, der Frisur ähnlich und nach unten zugespitzt, wodurch das ohnehin schon schmale Gesicht noch wesentlich länger erscheint.

Es ist deutlich zu erkennen, daß der Künstler sein Werk nicht vollendet hat. Lediglich die beiden Köpfe sind, bis auf einen kleinen Teil der Haare über dem Ohr der einen Gestalt, zu Ende geführt. Ansonsten ist der Steinblock unförmig und sollte sicher noch weiter bearbeitet werden. Die Ähnlichkeit der beiden bärtigen Gesichter mit den Gesichtern auf den fünf Kapitellen steht außer Zweifel. Es handelt sich demnach um Werke aus derselben Werkstatt. Mit großer Wahrscheinlichkeit stammen sie sogar von der Hand des Bildhauers, der auch die Kapitelle für die Kirche geschaffen hat.

[2] Ein Abguß der fünf Kapitelle von Nazareth befindet sich im Musée des Monuments français im Palais de Chaillot in Paris.

Den Kapitellen wurde ein ungewöhnliches Los zuteil. Im Jahre 1908, als Viaud nach Überresten des Hauses der Maria grub, entdeckte er in der Nähe der Nordseite der alten Kathedrale zwei Meter unter der Erde die Kapitelle in einer Grotte, in der man sie offenbar versteckt hatte. Die Kapitelle sind außerordentlich gut erhalten, und die fehlenden Fragmentstückchen sprangen erst durch die ersten Hakkenschläge der Grabenden ab. R.P. Vincent, Professor an der Bibelschule von Jerusalem, der bei den Grabungen dabei war, äußerte die Meinung, daß diese Kapitelle niemals an ihren Bestimmungsort gelangten. Und wenn wir nun noch einmal in Betracht ziehen, daß die beiden zuvor beschriebenen Köpfe nicht vollständig zu Ende geführt sind, so ist es wahrscheinlich, daß sich all diese Skulpturen noch in der Bearbeitungsphase befanden.

Nach Meinung Enlarts waren die Kapitelle zur Ausschmückung des Westportals gedacht. Das auf drei Seiten skulptierte Kapitell mit der Darstellung der Fides und des zögernden Apostels war, ihm zufolge, für den Mittelpfeiler des Portals bestimmt, die vier anderen Kapitelle dagegen für dessen seitliche Rahmung. Enlart geht außerdem davon aus, daß die beiden großen bärtigen Köpfe (Apostel oder Propheten) zu den beiden Statuen gehören, die für die Seiten eines Portalpfeilers vorgesehen waren, der zur Stütze des Türsturzes diente. Die Anlage hätte damit Ähnlichkeit mit der des Portals von Romans (Isère).

Weitere Parallelen Enlarts betreffen die kannelierten Sockel unten am Westportal, die ähnlich gestaltet sind wie die der Portale der Kathedrale von Chartres und die der Kirche Notre-Dame von Étampes. Darüber hinaus kann man in Chartres wie in Étampes den gleichen Türmchenschmuck über erzählenden Kapitellen feststellen.

Die Datierung fällt bei den faszinierenden Skulpturen von Nazareth verhältnismäßig leicht. Sie wurden von den Fassadenskulpturen Burgunds und der Ile-de-France beeinflußt, und man kann davon ausgehen, daß dieser Einfluß im Heiligen Land mit einer gewissen zeitlichen Verzögerung zum Tragen kam.

Nach Meinung Enlarts wurde mit den großen Arbeiten an der Kathedrale von Nazareth nach denen in Saint-Denis und Chartres begonnen. Finanziert wurden sie offensichtlich durch die Schenkungen des byzantinischen Kaisers an den im Jahre 1158 in Konstantinopel verstorbenen Erzbischof von Nazareth, Acardus. Im Jahre 1187 war der herrliche Sakralbau von Nazareth sicher noch nicht fertiggestellt, und an dem Portal wurde gerade gearbeitet. Dann unterbrach ein tragisches Ereignis den Bauvorgang.

Wenn die zuvor angestellten Überlegungen stimmen, das heißt der Block mit den Köpfen noch weiter bearbeitet werden sollte und die

Kapitelle erst noch an ihren Bestimmungsort gebracht werden mußten, dann können wir sogar ein ganz präzises Datum für den Abbruch der Arbeiten ins Auge fassen. Am 4. Juli 1187 brachte Saladin den durch den König von Jerusalem, Guido von Lusignan, vereinten Streitkräften eine so furchtbare Niederlage bei, daß sich die Kreuzfahrerstaaten des Heiligen Landes davon nie mehr ganz erholten. Nach der Schlacht zog Saladin triumphierend durch Palästina und kam auf seinem Weg auch durch Nazareth. Als der Bildhauer, der zu jenem Zeitpunkt am Skulpturenschmuck der Kathedrale arbeitete, vom Herannahen des Feindes erfuhr, bangte er um seine Werke, da die Muslime die ihnen verhaßten Steinbilder ganz gewiß zerstört hätten, und versteckte sie in der Erwartung besserer Tage, die aber niemals kamen. Auf diese Weise sind uns die Skulpturen erhalten geblieben.

Die Richtigkeit unserer These wird durch die oben angestellten Vergleiche mit ähnlichen romanischen Skulpturen untermauert, die aus dem gleichen Zeitabschnitt stammen. Außerdem darf man behaupten, daß die faszinierenden Skulpturen von Nazareth von einem französischen Künstler ausgeführt wurden, der in Burgund und im Berry gearbeitet und sich dann im Heiligen Land ein neues Betätigungsfeld gesucht hatte. Hier konnte er an der Verkündigungskirche von Nazareth sein Talent unter Beweis stellen.

Die äußerst lebendigen Skulpturen von Nazareth zeugen von dem weitreichenden Einfluß der französischen Bildhauerei des 12. Jahrhunderts. In Nazareth dürfte geographisch der äußerste Punkt erreicht worden sein.

Anmerkungen zum Skulpturenschmuck im Heiligen Land

Wie wir gesehen haben, sind die erzählenden Kapitelle von Nazareth das Werk eines französischen Bildhauers; ihre Herkunft ist also eindeutig zu bestimmen. Im allgemeinen stellt uns die stilistische Zuordnung jedoch vor größere Probleme, da die meisten Schöpfungen der im Orient zur Zeit der Kreuzzüge tätigen Künstler unter dem Einfluß verschiedener Kulturströmungen standen. So finden wir vor allem Entlehnungen aus der frühchristlichen Kunst Syriens, der arabischen Kunst und der Kunst des Abendlandes. Die Verknüpfung dieser Stilelemente hat einige charakteristische Motive hervorgebracht, von denen ein Teil wiederum ins Abendland und insbesondere nach Frankreich gelangte. Unbestritten ist der Einfluß des Vorderen Orients im Bereich des Festungsbaus. Die französischen Kriegsbaumeister hatten auf den Kreuzzügen reichlich Gelegenheit, die Verteidigungsanlagen des Heiligen Landes zu studieren und ihre neuen Erkenntnisse später im eigenen Land in die Tat umzusetzen. Auf ähnliche Weise, wenngleich in geringerem Umfang, hat auch die Sakralkunst des Heiligen Landes, die viele Elemente von der französischen Kunst des 12. und 13. Jahrhunderts übernommen hat, einen rückwirkenden Einfluß auf Frankreich ausgeübt.

Als erstes Stilelement sollen die kleinen Säulen mit sehr kurzem Schaft erwähnt werden, die mit Kapitellen geschmückt sind, im rechten Winkel zur Wand hin abknicken und in diese hineinzuführen scheinen. Wir finden sie in Abu Gosh (Bild 65, 66 und 67), in Jerusalem (in den Nebengebäuden der Grabeskirche sowie in der Jakobuskirche), in der Kirche und dem Kloster von Montjoie in der Nähe von Jerusalem und in der Kathedrale von Ramla. In Frankreich tauchen sie vor allem im Kloster von La Celle (Var) sowie im Kloster von Silvacane (Bouches-du-Rhône) auf.

Das zweite charakteristische Stilelement sind die Faltenfriese, mit denen häufig die Bogenrundungen der Portale oder der Fenster versehen sind. In Jerusalem finden wir sie am Giebelfenster der Annenkirche (Bild 49, 50 und 51) und gleich viermal an der Fassade der Grabeskirche (am Doppelportal sowie an der Doppelfensteranlage; Bild 100, 101 und 102). Darüber hinaus zieren sie die Fenster der Marienkirche von Jerusalem, das Portal der Kirche von Ibelin im Süden von Jaffa, einen Bogen des Baptisteriums von Djebeil/Giblet (Bild 74) und ein Tor in der Nähe der Kathedrale von Tripolis. In Frankreich taucht dieser Skulpturenschmuck vor allem in Jazennes (Charente-Maritime), Marignac (Charente) und Soissons/Saint-Pierre-au-Parvis auf. In Italien ist er in Palermo vertreten, und zwar am Campanile der Kirche Santa Maria dell'Ammiraglio, bekannt unter dem Namen »La Martorana«, und an der sogenannten Cubula im Garten der Villa Napoli. An den Türmen des Tors Bab al Futuh in Kairo/Ägypten stoßen wir erneut auf die Faltenfriese; bei dem zwischen 1087 und 1091 von syrischen Baumeistern aus Edessa errichteten Tor dürfte es sich um eines der ersten Bauwerke mit diesem Dekor handeln, was darauf schließen läßt, daß die Faltenfriese ihren Ursprung im Morgenland haben.

Das dritte, für die Kunst des Heiligen Landes typische Stilelement verdient eine ausführlichere Beschreibung. Es handelt sich um ein Gesims, das sowohl die Portale als auch die Fenster an den Fassaden der Kreuzfahrerkirchen schmückt und in drei verschiedenen Varianten vorkommt. Die erste davon ist das Kämpfergesims in der Höhe der Abaki der Kapitelle, das sich über den Portal- beziehungsweise den Fensterrahmen hinaus in horizontaler Richtung an der Wand fortsetzt. Es wird gelegentlich, und das ist die zweite Variante, durch ein aus dem Abknicken der Archivolte in die Horizontale entstehendes Gesims verdoppelt, das parallel zu dem Kämpfergesims verläuft und von ihm meist durch nur eine Steinlage getrennt wird. Die dritte und am weitesten entwickelte Variante ist schließlich das Gesimsband auf der Grundlinie zwischen Tür- oder Fensteröffnungen, das in eine Archivolte übergeht und die Öffnungen einfaßt.

Zur ersten Variante lassen sich folgende Beispiele anführen:
- Jerusalem, Annenkirche, Portal und Fenster (Bild 49 und 50);
- Tartus, Kathedrale, großer Sockel im Norden des Kirchenschiffes (Bild 92 und 94), fünf Fassadenfenster (Bild 79) und Südportal (Bild 83);

- Jerusalem, Portal der Kirche über dem Mariengrab;
- Bethlehem, Nordportal der Geburtsgrotte;
- Gaza, Portal der Kathedrale;
- Tripolis, Westportal der Kathedrale;
- Krak des Chevaliers, Westportal der Kapelle.

Die zweite Variante finden wir an den folgenden Bauwerken:
- Giblet, Kathedrale, Südportal (Bild 72) und Arkaden des Baptisteriums;
- Abu Gosh, Nordportal der Kirche (Bild 64);
- Jerusalem, Grabeskirche, Doppelportal (Bild 100 und 101);
- Jerusalem, Brunnen in der Nähe des Maghrebinertors;
- Ramla, Westportal der Kathedrale;
- Hebron, Fenster an der Nordfassade der Kathedrale;
- Marqab, Portale der Burgkapelle (Bild 43).

Die dritte Gesimsvariante kann sowohl ein ganz schlichtes als auch ein reich skulptiertes Gesims sein, das sich wie eine Girlande um mehrere Öffnungen zieht und sie auf diese Weise miteinander verbindet. Das einfache Gesimsband faßt zum Beispiel die Bögen des Oktogons der Himmelfahrtskapelle von Jerusalem ein. Sein reich skulptiertes Pendant dagegen finden wir an den oberen Fassadenfenstern der Grabeskirche. Beide Formen sind ein geläufiges Schmuckelement in den großen Basiliken Zentralsyriens. Man erinnere sich an dieser Stelle an die Ostapsis des Simeonsklosters (Qalaat Seman; 480–490; Abb. 1, S. 340) und an die Mauern der Basilika von Qalb Lhose (6. Jahrhundert). Wir haben hier den konkreten Beweis dafür, daß sich die Kreuzfahrer von den frühchristlichen Kirchen des Heiligen Landes anregen ließen.

Gelegentlich findet das Gesimsband, nachdem es sich um eine ganze Reihe von Fenstern herumgewunden hat, keinen geraden Abschluß in der Horizontalen, sondern führt nach oben und bildet eine Spirale aus. Das ist der Fall in Dar Qita, Baqirha (546; Abb. 2), Khirbet Tezin (585; Abb. 3 und 4) und Qasr Iblizu. Doch auch in der Kreuzfahrerkirche von Abu Gosh tritt diese Art von Spirale auf, und zwar am unteren Ende einer Bogenrundung am Nordportal der Kirche (Bild 64), und im Krak des Chevaliers finden wir sie an der Archivolte einer Tür und an zwei Fenstern des Großen Saals (Abb. 5 und 6). Es soll an dieser Stelle daran erinnert werden, daß die Kirche von Abu Gosh wie auch der Krak des Chevaliers dem Johanniterorden angehörten.

Die drei Schmuckformen der Kreuzfahrerbauwerke, die wir in diesem Kapitel besonders hervorgehoben haben, treten in genügend großer Zahl auf, um sie als typisch bezeichnen zu können. Und, wie

1

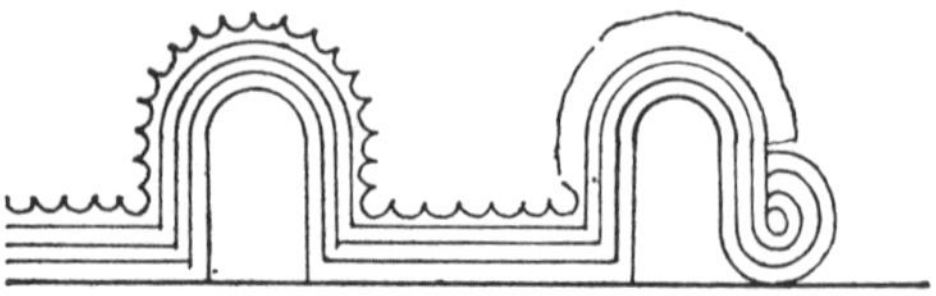

2

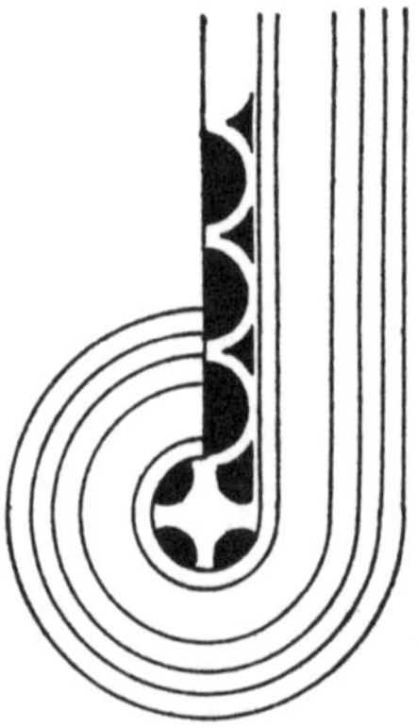

3

4

5

6

gesagt, es kann durchaus von einem Austausch der Stilelemente zwischen Frankreich und dem Heiligen Land gesprochen werden, da die Einflüsse aus beiden Richtungen kamen. Dazu sei zum Abschluß noch ein bedeutendes Beispiel aus dem französischen Raum angeführt:

Mehrere der oben genannten Schmuckformen finden wir in den Überresten der Abteikirche Saint-Ruf vor den Toren von Avignon vereint, die zu Ende des 12. Jahrhunderts errichtet wurde. Nachgewiesen ist, daß die Chorherren von Saint-Ruf, die der Ordensgemeinschaft der Augustiner angehörten, nach der Einnahme von Jerusalem ins Heilige Land geschickt wurden. Ab 1114 folgten dann die Chorherren der Grabeskirche den Glaubensregeln der Augustinermönche. Der Orden gewann in Palästina eine immer größere Bedeutung. In Jerusalem war er im *Templum Domini*, in der Himmelfahrtskirche und in der Basilika auf dem Zionberg vertreten. Und als die Kreuzfahrer im Jahre 1124 die Stadt Tyrus einnahmen, wurde deren Kathedrale unter die Obhut der Chorherren der Grabeskirche gestellt. In der Kathedrale von Akkon waren die Augustiner ebenfalls vertreten, und sie leiteten den Bau von mehreren Kirchen. Zu diesen gehören die Kirche von El Bireh (1146), die sich 15 Kilometer nördlich von Jerusalem erhebt und an die ein Hospiz angebaut wurde, sowie die Auferstehungskirche von Nablus (1167).

7

8

Es versteht sich von selbst, daß die Chorherren von Saint-Ruf die im Heiligen Land vorgefundenen Schmuckelemente in ihre Kirche einbrachten. Von ihrer Kirche bei Avignon ist heute nur noch die Hauptapsis erhalten, doch trotz dieses fragmentarischen Charakters haben wir es mit einem herrlichen Bauteil zu tun. Zwei Bogenrundungen des mittleren Apsisfensters sind mit Faltenfriesen geschmückt, dem Dekorelement, dem wir gleich viermal an den Portalen und den Fenstern der Grabeskirche begegnen. Die Laibung des Fensters ist in Saint-Ruf mit Traufenkanneluren versehen wie sie in den Monumenten Palästinas so häufig auftauchen (Abb. 7). Das Gesims, das unter der Halbkuppel der Apsis verläuft, weist als Schmuckform breite und an der Spitze leicht gebogene Blätter auf. Darin ähnelt es dem großen Portal der Auferstehungskirche von Nablus, die sich, wie bereits gesagt, in den Händen der Augustinermönche befand. Doch was Saint-Ruf wohl am meisten mit den Kirchen des Heiligen Landes verbindet, ist die Außenseite der fünfeckigen Apsis (Abb. 8). Ihre drei Fenster werden nämlich von dem uns gut bekannten Gesimsband umlaufen, das sich in der Horizontale, und zwar auf der Höhe der Abaki der Kapitelle fortsetzt. An dieser Stelle sei noch einmal darauf hingewiesen, daß wir den gleichen Dekor am Oktogon der Himmelfahrtskapelle sowie an den oberen Fenstern der Fassade der Grabeskirche finden und daß alle drei Sakralbauten den Augustinern gehörten.

Von Jerusalem bis Saint-Ruf reichen die Einflüsse der frühchristlichen Kirchen, deren imposante Überreste sich noch heute in dem Gebiet zwischen Antiochia und Aleppo erheben.

Erklärung von Fachbegriffen

Abakus	Deckplatte, die den oberen Abschluß eines Kapitells bildet.
Akanthus	am Mittelmeer verbreitetes staudenartiges Gewächs mit großen, ausgezackten und an der Spitze leicht eingerollten Blättern; Vorbild für das Ornament an korinthischen Kapitellen und in abgewandelter Form an vielen romanischen Kapitellen.
Apsis	meist halbkreisförmiger, von einer Halbkuppel überwölbter Raum, der sich an den Chor oder unmittelbar an das Schiff der Kirche anschließt.
Architrav	waagrechter Balken auf Stützgliedern.
Archivolte	Gesamtheit der dem Bogenlauf folgenden Profilierung; an vielen romanischen Portalen setzen die Archivolten die Gliederung des Gewändes in der Bogenlaibung fort; häufig mit Skulpturen geschmückt.
Arkade	Bogenstellung über Säulen und Pfeilern, meist fortlaufend.
Atrium	ursprünglich hofartiger Hauptraum des römischen Hauses mit mittlerer Öffnung im Dach. Bei frühchristlichen und mittelalterlichen Kirchen westlicher Vorhof mit Säulenumgang.
Basilika	mehrschiffiger Bau, im Innern durch Säulen oder Pfeiler unterteilt; das Mittelschiff ist in der Regel breiter und höher, so daß in die Wände, die die Seitenschiffe überragen, Fenster (Obergaden) eingelassen sind, durch die das Licht direkt in das Mittelschiff einfällt.
Birke	offene Zisterne.
Bossenquader	an der Vorderseite nur grob behauener Quader.
Chor	seit karolingischer Zeit der Raum zwischen Apsis und Querschiff, oft durch Chorschranken vom Gemeinderaum abgetrennt und ihm gegenüber erhöht. Erst in nachromanischer Zeit wird mitunter der gesamte Altarraum Chor genannt.
Donjon	wehrhafter Hauptturm einer Burg, zum Wohnen eingerichtet.
Esplanade	freier Raum zwischen der Zitadelle und der inneren Umwallung.
Fries	waagrechter Mauerstreifen zur Gliederung, Dekorierung oder zum Abschluß einer Wand.
Gewände	schräg eingeschnittene Mauerfläche (Laibung) seitlich eines Fensters oder eines Portals; das Gewölbe kann mit Säulen oder Figuren geschmückt sein.
Gußerker	Ausgußöffnung für Pech und Schwefel in glatten Mauern über Toren: auch als Pechnase bezeichnet.
Gurtbogen	von Pfeiler zu Pfeiler gespannter Gewölbebogen, der sowohl zur Verstärkung als auch zur Gliederung dient.
Hurden	Wehrgang auf auskragenden Balken.
Joch	Gewölbeeinheit innerhalb einer Abfolge gleichartiger Gewölbefelder, die sich in Längsrichtung des Schiffes aneinanderfügen und durch die Gliederung der Stützen zustande kommen.
Kämpfer	Steinlage, auf der ein Bogen oder ein Gewölbe ansetzt.
Kapitell	Kopfstück einer Säule, eines Pfeilers oder Pilasters; meist ornamental, pflanzlich oder figürlich ausgestaltet. Die Romanik zeichnet sich besonders durch das »erzählende« Kapitell aus, auf dem Szenen der Bibel oder Heiligenlegenden dargestellt sind.
Konsole	vorspringendes tragendes Element von Balken, Gesimsen, Bögen, Büsten und Figuren.
Kragstein	auskragender, also hervorstehender Stein, der Balken, Gesimse oder Bögen trägt und vielfach skulptiert ist.
Kreuzgratgewölbe	Gewölbeform, die dadurch entsteht, daß sich zwei gleich hohe Tonnengewölbe rechtwinklig durchdringen.
Krypta	unterirdischer Raum, der ursprünglich als Aufstellungsort für Reliquien diente; darüber befand sich meistens der Altar der Kirche.

Kurtine	Wall zwischen zwei Türmen einer Festung.
Lisenen	leicht vortretende, vertikale Mauerverstärkungen.
Maschikulis	Ausgußöffnungen für Pech und Schwefel zwischen den Konsolen des vorkragenden Wehrgangs einer Burg.
Minierung	Untergraben der Mauern einer Burg.
Mineure	die für die Minierung zuständigen Leute.
Obergaden	Fensterzone in der Mittelschiffswand der Basilika.
Okulus	kleines Rundfenster.
Palas	Wohnbau der mittelalterlichen Burg.
Palmette	pflanzliches, fächerartiges Ornament.
Pendentifs	dreieckige, konkav gewölbte Zwickel in den Ecken eines quadratischen Joches. Sie ermöglichen den Übergang vom quadratischen zum kreisförmigen oder polygonalen Grundriß der Kuppel.
Pilaster	der Wand vorgelagerter flacher Pfeiler.
Profilierung	Unterteilung und Begrenzung von Bauteilen.
Schiff	Innenraum der Kirche; Längsschiff (Langhaus): zwischen Fassade und Vierung/Chor (einschiffig oder mehrschiffig aus Hauptschiff und Seitenschiffen); Querschiff: der meist zwischen Längsschiff und Chor eingefügte Raum, durch den sich die Grundrißform des lateinischen Kreuzes ergibt.
Schlußstein	der als letztes eingesetzte Stein im Scheitelpunkt eines Bogens oder Kreuzrippengewölbes.
Spolie	wiederverwendetes Werkstück aus älteren Bauten.
Tonnengewölbe	die einfachste Gewölbeform mit meist halbkreisförmigem Querschnitt.
Talus	Hangpflaster vor der äußersten Festungsmauer.
Triumphbogen	Grenzbogen zwischen Langhaus und Vierung bzw. Chor.
Trompen	Ecktrichter, die schräg in die Ecken eines quadratischen Jochs eingestellt sind. So wird der Übergang von dem Grundrißquader zu einem Oktogon ermöglicht, über dem sich die Kuppel spannen kann.
Turkopolen	leicht bewaffnete Reiter, zum Christentum bekehrte einheimische Muslime.
Türsturz	der waagrechte Stein oder Balken, der den oberen Abschluß der Öffnung bildet.
Tympanon	Bogenfeld zwischen Türsturz und Archivolten.
Vierung	der zentrale Raumteil der Kirche, der dadurch entsteht, daß sich Längsschiff und Querschiff durchdringen.
Volute	Spiral- und Schneckenform, häufiges Ornament am romanischen Kapitell.
Wehrgang	Verteidigungsgang von Stadt- und Burgmauern, der nach außen geschützt und mit Schießscharten versehen war.
Wehrkirche	befestigte Kirche, die der Gemeinde als Zuflucht diente.
Zitadelle	Kernstück einer Festung oder einer befestigten Stadt.
Zwinger	Bereich zwischen Vor- und Hauptmauer einer Burg.

Begriffe aus dem Arabischen

Abu	Vater
Ain	Quelle
Atabeg	Titel des Prinzenerziehers oder des Vizekönigs, der gewöhnlich auch die Anwartschaft auf den Thron hatte.
Bab	Tor, Tür
Bir	Brunnen
Birket	Teich
Deir	Kloster
Djebel	Berg
Khirbet	Ruine
Nahr	Fluß
Qalaat	Festung
Qasr	Burg
Tell	künstlicher Siedlungshügel
Wadi	Trockental, Flußbett